나의 첫 생태도감

동물 편

나의 첫 생태도감

동물 편

최순규·박지환 지음

지성사

들어가는 글

아인슈타인은 어린아이와 함께 길을 걸으면 평소 5분이면 갈 수 있는 거리가 한 시간이 걸린다고 말을 한 적이 있습니다. 이는 아이의 걸음이 느려서가 아니라 어른이 보는 세상과 아이들이 보는 세상이 다르다는 것이지요. 아이들이 보는 자연은 신기하고 훨씬 더 복잡하며 궁금한 것들이 많은 곳일 겁니다.

요즘은 아이들과 캠핑, 여행, 체험 활동, 산책 등 다양한 형태로 야외에 나가는 일이 많아지고 생물과 접하는 기회가 늘어나고 있습니다. 어른들도 스마트폰, 디지털 카메라 그리고 SNS의 발전으로 생물에 대한 관심과 호기심 또한 높아지고 있습니다. 그러나 생물 이름을 몰라 답답해하고 아이가 물어 보면 당황하거나 외면하는 경우가 많습니다. 아이들이 기본적으로 생물의 이름을 알면 빨리 친해질 수 있고 스스로 보다 많은 자료를 습득할 수 있는 기회가 주어집니다.

이 책은 제가 지난 15년 동안 전국을 다니면서 관찰하고 수집한 자료를 바탕으로 우리 주변에서 비교적 흔하게 볼 수 있는 동물들과 초등 교과서에서 다루고 있는 우리나라 동물을 포함하여 약 800여 종을 한 권에 집약하였습니다. 1부는 아이들 눈높이에서 궁금한 동물의 이름을 쉽게 찾아보고 관찰할 수 있는 방법을 사진과 함께 구성하였고, 2부는 각 동물의 생태적 특성과 이름이 가지고 있는 의미를 알 수 있도록 정리하였습니다.

책이 출판되기까지 소중한 사진을 제공해 주시고 동정과 조언을 해주신 구준희(곤충), 박헌우(조류), 심헌섭(어류), 이우만(포유류), 이황구(어류), 장태호(해안동물), 조현덕(수서무척추동물) 님께 감사드립니다.

조사와 자료 수집을 위해 주말에도 야외로 나가는 가장을 이해해 주고 인생에서 가장 현명한 선택임을 깨닫게 해준 사랑하는 아내 정미에게 깊은 감사의 마음을 전합니다. 그리고 항상 웃어 주는 아들 서준, 서후 사랑하고 건강하게 자라길 바랍니다.

더불어 사는 세상을 꿈꾸며
최 순 규

저는 동물을 좋아하여 오랫동안 취미삼아 주변의 동물을 관찰해 왔습니다. 그동안 보지 못했던 새로운 동물을 만나면 이름을 알기 위해 다른 사람에게 물어보기도 하고, 도감을 펼치고 직접 찾아보기도 합니다. 하지만 자연에 나가 곤충, 거미, 새 등 다양한 동물을 보면서 그 이름을 찾으려면 동물의 가지 수만큼이나 다양한 도감이 필요하다는 것에 불편한 점이 한두 가지가 아니었습니다.

또 가족과 함께 공원을 산책하거나 캠핑을 가면 아이들은 크고 작은 동물을 잘도 찾아내어 이것저것 묻습니다. 어떨 때는 곤충을, 어떨 때는 거미를 물어오고 가끔은 개구리나 새를 스마트폰으로 찍어서 묻기도 합니다. 모처럼 자연과 함께 하며 이것저것 알아가려는 모습이 대견하고 사랑스럽습니다. 그런데 아이들의 궁금증을 시원하게 해결해 주지 못해 미안하고 답답할 때도 많았습니다.

그럴 때마다 우리 주변에서 흔히 볼 수 있는 동물만이라도 한 권에 모아 놓은 책이 있다면 참 좋겠다는 생각을 했고, 저와 같은 생각을 하는 사람이 주변에 많다는 것을 알게 되었습니다.

이 책은 가족과 함께 캠핑을 나서는 부모님과 아이들, 동물에 관심을 가지고 배우려는 일반인, 숲을 안내하기 위해 다양한 동물을 알아야 하는 숲 해설가 등 동물을 사랑하는 많은 사람들에게 좋은 벗이 될 것이라고 믿습니다.

좋은 책을 만들 수 있도록 잘못된 부분을 바로잡아 주시고 조언해 주신 곤충나라 식물나라의 멀가(김원근) 님, AMG(송재홍) 님, 왕개미(이준호) 님 그리고 귀한 사진을 아무 조건 없이 내어 주신 jasa(정광수) 님, space(박현규) 님, 빈손(김계형) 님께 진심으로 감사드립니다.

마지막으로 부족한 남편임에도 믿고 격려해 주는 아내 화은이, 예쁜 딸 수민이와 멋진 아들 건형이 모두모두 사랑합니다.

자연과 함께할 수 있어 행복한
칠복이 박 지 환

일러두기

● **구성과 순서**

〈**1부 형태로 이름 찾기**〉는 이 책은 생물학적 분류체계에 따르지 않고 우리가 주변에서 쉽고 자주 접하는 동물을 가장 먼저 소개했습니다. 자, 우리 주변에서 가장 쉽게 접하는 동물은 무엇일까요? 그래요, 곤충이에요. 곤충을 가장 먼저 소개하고, 그 다음으로 담수어류, 해안동물, 수서무척추동물, 양서류와 파충류, 조류, 포유류, 거미, 기타 동물의 순서입니다. 각 분류군에서 종의 순서는『한국동물명집』,『한국곤충명집』에 따라 구성했어요.

〈**2부 생태 특징**〉은 각 동물의 이름을 찾기 쉽게 '가나다' 순으로 정리했습니다.

● **활용 방법**

❶ 환경과 서식지 확인하기

동물의 이름을 찾기 전에 여러분이 숲 속에 있는지, 아니면 바닷가에 있는지를 헤아려 보세요. 그 다음 다섯 가지로 구분해 놓은 환경과 서식지 그림에서 가장 비슷하게 생긴 동물(곤충, 담수어류, 해안동물, 수서무척추동물, 양서류와 파충류, 조류, 포유류, 거미, 기타 동물)의 일반적인 특징을 설명하는 쪽으로 찾아 갑니다.

❷ 일반적 특징과 무리 확인하기

동물별로 각각의 특징을 설명하는 쪽에서 비슷한 동물의 일반적인 특징을 이해하고, 찾으려는 동물이 어떤 무리에 속하는지 확인하세요.

❸ 이름 확인하기

찾는 동물의 무리를 확인했다면 그 무리가 있는 쪽수를 찾아 확인하려는 동물의 형태와 모양을 하나씩 비교해 보세요. 여기에서 중요한 점은 확인하려는 동물의 형태 가운데 가장 눈에 띄는 부분을 중심으로 살펴보는 거예요. 같은 무리라 비슷비슷한 부분이 많거든요.

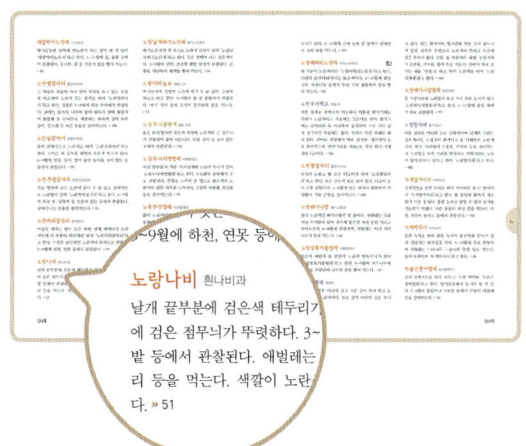

❹ 동물 생태 특징 알아보기

드디어 이름을 찾았군요. 자, 이름을 찾은 동물에 대해 보다 더 자세하게 알고 싶다면 〈2부 생태 특징〉에 설명이 있어요. 이때 확인한 동물의 이름 옆에 숫자는 그 동물의 생태 특징을 설명해 놓은 2부의 쪽수입니다. 그 쪽수를 펼치면 내가 찾은 동물의 특징을 알 수 있어요. 그리고 다시 한 번 내가 찾은 동물을 보고 싶다면 설명 끝에 있는 쪽수로 가면 동물 사진을 볼 수 있습니다.

❺ 비슷한 동물 관찰하기

이름을 찾은 동물과 비슷하거나 더 많은 동물을 관찰하고 싶다고요? 그렇다면 각 분류군 앞쪽의 관찰 방법을 읽고 주변에서 다른 동물을 찾아 관찰해 보기도 해요.

7

용어 설명

- **각질** 파충류, 새, 포유류 등의 비늘, 털, 뿔, 부리, 손톱 등을 이루는 단단한 물질
- **갑각류** 게나 새우처럼 몸 바깥쪽이 단단한 껍질로 싸여 있는 동물
- **겹눈** 게나 새우, 곤충 따위에 있는 수많은 낱눈이 벌집 모양으로 모여서 이루어진 눈
- **담수** 강이나 호수 따위의 짠맛이 나지 않는 물(=민물)
- **딱지날개** 딱정벌레 종류의 단단한 앞날개(=굳은날개)
- **똬리** 머리에 물건을 올리기 위해 돌돌 말아 놓은 물건
- **막질부** 노린재류의 앞날개에서 막처럼 얇은 부분
- **맹금류** 날카로운 부리와 발톱으로 다른 동물을 잡아먹는 사나운 새
- **무척추동물** 등뼈가 없는 동물을 모두 아우르는 말(↔ 척추동물)
- **밀랍** 꿀벌 일벌의 배마디에서 나오는 물질로 벌집을 만들 때 사용
- **번식기** 생물이 새끼를 낳아 기르는 시기로 동물은 혼인색, 화려한 깃털, 독특한 냄새 등을 갖기도 함
- **병원균** 동물의 몸에서 병을 일으키는 능력을 가진 세균
- **산란** 알을 낳음
- **산란관** 곤충의 배 끝에 있는 알을 낳는 기관
- **상층부** 위의 자리에 있는 부분
- **서식지** 생물이 자리를 잡고 사는 곳
- **수서곤충** 물에서 생활하는 곤충
- **수액** 나무의 상처 난 곳에서 나오는 액체(=나뭇진)
- **아가미** 물속에 사는 동물이 물속에서 숨을 쉴 때 사용하는 기관
- **야행성** 동물 따위가 주로 밤에 활동하는 성질
- **약충** 불완전탈바꿈을 하는 곤충이 알에서 나와 성충이 되기 전까지의 단계
- **연체동물** 뼈가 없고 부드러운 몸을 가진 동물의 한 무리로 오징어, 조개, 달팽이 등이 있음

- **옆줄** 물고기의 몸 양옆에 한 줄로 배열되어 있어 물의 흐름이나 속도, 압력 등을 느끼는 감각기관
- **우무질** 젤리처럼 말랑말랑하고 투명한 물질
- **유기물** 미생물이 분해한 작은 입자로 동물의 먹이가 되기도 함
- **유충** 완전탈바꿈을 하는 곤충이 알에서 나와 번데기가 되기 전까지의 단계
- **육질부** 연체동물에서 근육으로 되어 있어 이동이나 먹이 활동을 하는 부위
- **일광욕** 햇볕을 쬐는 행동
- **절지동물** 등뼈가 없는 동물 가운데 몸과 다리에 마디가 있는 동물 무리
- **점액** 끈적끈적한 액체 물질
- **중독** 음식이나 약물의 독성으로 몸이 제 기능을 하지 못하는 현상
- **천적** 잡아먹히는 동물 쪽에서 잡아먹는 동물을 이르는 말
- **체액** 피와 같은 몸속에 있는 액체 물질
- **초음파** 사람의 귀로는 들을 수 없는 높은 주파수의 소리
- **키틴질** 게나 새우, 곤충 등의 몸 표면을 이루는 단단한 물질
- **탈바꿈** 동물이 성장하는 과정에서 모양이나 형태가 바뀌는 것(=변태)
- **퇴화** 생물의 한 부분이 간단해지거나 크기가 점점 작아지는 것
- **플랑크톤** 스스로 움직이는 능력이 없거나 아주 약해서 물의 흐름에 따라 움직이는 물속생물로 동물성과 식물성이 있음
- **화석** 아주 오래전 지질 시대에 살았던 생물들의 사체나 활동 흔적이 퇴적되어 암석이 된 것
- **허물** 뱀, 곤충, 거미 따위가 자라면서 벗는 껍질
- **해조류** 바다에서 자라는 미역, 김, 다시마 등으로 엽록소를 가지고 있는 식물
- **혁질부** 노린재류의 앞날개에서 딘딘한 부분

● **몸길이 측정** 동물의 종류 별로 제시한 몸길이는 다음과 같은 기준으로 측정하였습니다.

동물을 관찰하는 방법

❶ 여러 장소를 찾아다닌다.

우리가 살아가는 장소가 각기 다르듯이 동물도 생태 습성에 따라 사는 장소가 달라요. 다양한 동물을 보려면 숲 속, 계곡, 강, 호수, 갯벌, 농경지, 집 주변 등 여러 장소를 찾아다녀야 해요.

❷ 조용히 이동하고 멈춰 서서 관찰한다.

야영장이나 공원 등 사람이 많고 시끄러운 곳에서는 동물을 만나기가 힘들어요. 하지만 그곳에서 조금 벗어나 한적한 곳을 살펴보면 생각지도 못했던 다양한 동물을 만날 수 있어요.

동물을 찾아 움직일 때는 소리 나지 않게 천천히 이동하고, 관찰할 때는 한 곳에 멈춰 서서 소리와 냄새를 확인하고 주변을 자세히 살펴보세요. 잠시 후, 나무 위나 덤불 속에서 움직이는 새를 볼 수 있고 소리도 들을 수 있어요. 또 나뭇잎 뒷면에 숨어 있는 곤충과 거미도 찾을 수 있지요. 물속에서는 헤엄치는 물고기를, 갯벌에서는 먹이를 먹는 게도 만날 수 있어요.

❸ 계절과 시간에 따라 관찰한다.

캠핑이나 체험 활동 등을 비롯한 야외 활동은 여름에 주로 하지요. 하지만 자연에서는 같은 장소일지라도 계절과 시간에 따라 서로 다른 동물을 만날 수 있어요.

봄에는 겨울잠에서 깨어난 개구리와 나비, 짝을 찾으려고 노래하는 새들을 만나고, 여름에는 우거진 숲과 들에서 온갖 곤충과 거미, 여름 철새를 만나지요. 가을에는 메뚜기와 잠자리, 겨울을 나려고 토실토실 살을 찌운 다람쥐도 볼 수 있어요. 겨울에는 추위를 피해 날아온 겨울 철새와 나뭇잎에 가려 보기 힘들었던 고라니와 삵 등의 포유류도 만날 수 있습니다.

동물 이름 알아보기

모든 생물은 사람과 마찬가지로 이름이 있어요. 만약 똑같은 생물을 사람마다 제각기 다른 이름으로 부르면 어떨까요? 아마도 많이 혼란스러울 거예요. 그래서 학자들은 생물 이름을 다음과 같이 세 가지 방식에 따라 붙이기로 약속했지요.

첫 번째 '학명'은 학술 이름으로, 전 세계에서 공통으로 사용하며 라틴어로 표기해요.
두 번째 '영명'은 해당하는 생물을 세계 공용어인 영어로 표기한 이름이지요.
세 번째 '국명'은 각 나라의 언어로 표기한 이름이에요. 예를 들어 우리나라에서 우리말로 붙인 이름을 말합니다.

이 세 가지 방식으로 붙인 생물 이름은 한번 정해지면 바뀌지 않아요. 각 나라의 언어 표기 규정이 바뀐다 해도 말이지요. 그리고 생물 이름은 고유명사라 띄어쓰기를 하지 않으며, 맞춤법에 어긋나는 이름도 몇몇 있어요. 예를 들면 다음과 같아요.

- 보기드믄소똥풍뎅이, 또아리물달팽이, 도마뱀부치

우리나라에서는 생물에 어떤 방식으로 '국명'을 붙였을까요? 대부분 오래전부터 부르던 이름을 그대로 사용했어요. 또 영명이나 학명의 뜻을 우리말로 풀어서 쓰기도 하고 중국과 일본에서 부르는 이름을 그대로 가져와 우리말로 쓰기도 했지요. 그리고 생물 이름 가운데 일제 강점기 때 일본식으로 붙인 이름을 골라 일정한 절차를 거쳐 우리말 이름으로 바꾸고 있어요.
최근에는 대부분 그 동물의 형태, 습성, 울음소리 등을 헤아려 이름을 붙이지요.

- 작은 크기를 의미하는 낱말: 왜, 쇠, 애, 꼬마, 좀, 아기
- 큰 크기를 의미하는 낱말: 말, 왕, 대왕, 큰, 장수
- 형태나 색깔을 의미하는 낱말: 꼬까, 비단, 광대, 알락, 얼룩
- 흔하거나 비슷한 종을 대표하는 낱말: 참, 진
- 비슷한 종과 구별하기 위한 낱말: 개, 사촌 등

동물의 환경과 서식지

1. 숲 속 동물 서식지

여러 가지 나무와 풀, 깨끗한 물이 흐르는 계곡, 그리고 큰 바위와 돌이 있는 숲은 먹이가 풍부하고 숨을 곳도 많아 다양한 동물이 살고 있어요.

새들은 나무 열매나 숲 속을 날아다니는 곤충과 애벌레를 잡아먹어요. 또 나뭇잎을 헤집어 지렁이나 거미를 잡아 새끼에게 먹이기도 하지요.

다람쥐, 청설모, 고라니 같은 포유동물은 풀을 뜯거나 나무 열매를 먹고, 때로는 풀숲에 웅크리고 잠을 자기도 해요.

숲에는 다른 동물을 잡아먹는 삵이나 족제비도 있어요.

뱀은 해가 뜨면 볕이 잘 드는 바위 위에서 체온을 올리고, 낮에는 먹이를 찾아 풀과 나무 사이를 오가지요. 기온이 떨어지는 밤에는 돌 밑이나 땅속으로 들어가 잠을 자요.

개구리와 도마뱀은 계곡이나 습기 많은 늪 수변에서 볼 수 있어요.

곤충들은 꽃을 찾아 꿀과 꽃가루를 먹고 나무에서 수액을 빨아 먹기도 해요.

물이 깊지 않은 계곡에는 버들치와 같은 물고기가 살고 있어요. 돌을 들추면 가재나 옆새우, 하루살이 애벌레도 볼 수 있지요.

2. 물가 동물 서식지

물이 빠르게 흐르거나 고여 있는 곳, 그리고 바닥이 바위와 자갈인 곳, 모래와 진흙인 곳에는 어떤 동물이 살고 있을까요?

물이 빠르게 흐르는 곳에는 쉬리나 갈겨니 등의 물고기와 수서곤충이 살고 있고, 물이 느리게 흐르거나 고여 있는 곳에는 붕어나 잉어가 살고 있어요. 물고기는 살아가는 환경과 먹이에 따라서 몸의 형태가 다른데, 어떤 것은 원통 모양이고 어떤 것은 납작한 모양이에요.

포유류는 물가에서 보기 드물지만 물고기를 먹는 수달은 물가에서 살아요. 또 고라니, 너구리, 족제비는 먹을 것을 찾거나 물을 마시려고 잠시 들르기도 하지요.

물가를 좋아하는 새들은 물까마귀, 물총새, 오리류, 백로류, 할미새류, 물떼새류가 있는데 물까마귀는 주로 물이 맑고 깨끗한 하천의 상류에서 만날 수 있어요.

물속에 사는 수서곤충도 있어요. 잠자리나 하루살이는 어린 시설을 물속에서 보내고 날개돋이할 때가 되면 물 밖으로 나오지요. 자갈, 모래, 나뭇잎 들로 집을 만들고 그 속에 들어가서 사는 날도래도 있어요. 어떤 수서곤충은 튼튼하고 날카롭게 생긴 다리로 물고기나 다른 곤충을 잡아먹지요. 여러 가지 모양의 집과 멋진 무기를 가지고 있는 수서곤충을 만나 보세요.

3. 바닷가 동물 서식지

우리나라는 삼면이 바다예요. 서해와 남해는 밀물과 썰물의 차가 커서 썰물 때 바닷물이 빠져 나가면 넓은 갯벌과 갯바위가 드러나지요. 동해는 드넓은 모래밭이 펼쳐져 있어요.

갯벌은 펄로 된 곳도 있고, 모래로 된 곳도 있어요. 어떤 곳은 펄과 모래, 자갈이 섞여 있기도 해요. 이렇게 환경이 다양한 만큼 갯벌에서 살아가는 동물도 다양하지요.

갯벌에서는 갯고둥과 민챙이, 큰구슬우렁이 들을 볼 수 있고 군데군데 돌을 들추면 여러 종류의 게도 볼 수 있어요. 바닷물이 빠지고 난 뒤에 드러난 갯바위에서는 따개비, 말미잘, 군부, 거북손, 갯강구 들도 만날 수 있지요. 갯벌에 고인 물웅덩이에서는 해삼, 군소, 민꽃게, 여러 가지 망둑어 들이 살고 있어요.

또 갯벌에 사는 작은 동물들을 먹으려고 찾아온 도요새, 물떼새, 갈매기 들도 만날 수 있지요. 바닷가 갯벌은 육지 생태계와 바다 생태계가 만나는 곳이라 많은 종류의 동물을 관찰할 수 있어요.

4. 야간 동물 서식지

　밤이 되면 우리는 잠자리에 들지만, 어떤 동물들은 밤에 더 활발하게 활동해요. 여행을 떠나 캠핑장이나 숲 속 펜션, 휴양림에 머물면서 밤에 활동하는 동물을 관찰해 보세요.
　고라니나 너구리, 족제비, 하늘다람쥐 같은 포유동물은 밤에 활동하기를 좋아하는 야행성 동물이에요. 해가 지고 주변이 어두워지면 먹이를 찾아 활동하기 시작하지요. 텐트나 숙소 안에서 조용히 관찰하면 우리가 생각했던 것보다 훨씬 더 가까이 우

리 주위로 다가와 기웃거려요.

밤하늘에서는 부엉이, 올빼미, 소쩍새 들이 쥐나 곤충, 새를 사냥해요. 또 곤충을 쫓아 박쥐나 쏙독새도 날아다니지요.

불빛이 환한 가로등 주변으로 나방, 사슴벌레, 하루살이 들이 모여들고, 이 곤충들을 잡아먹는 사마귀, 개구리, 두꺼비도 볼 수 있어요.

밤에는 풀숲에서 들려오는 여치, 귀뚜라미, 방울벌레 들의 풀벌레 소리와 소쩍새, 쏙독새 들의 울음소리도 들리네요.

5. 겨울 철새 도래지

　우리나라의 겨울은 날씨가 춥고 눈도 많이 내립니다. 이런 환경에서는 동물이 살아가기 힘들 것 같지만 막상 자연으로 나가 보면 많은 동물을 만날 수 있어요.
　강이나 저수지, 간척지 논에서는 기러기나 각종 오리, 논병아리 등 다양한 겨울 철새들이 활기차게 먹이 활동을 하지요.
　강가나 갯벌에서도 오리와 갈매기, 가마우지 들을 만날 수 있어요.
　오리 중에는 비오리나 흰죽지처럼 깊은 물에 잠수하여 먹이를 잡는 잠수성 오리

와 비교적 얕은 물에서 엉덩이를 하늘로 치켜 올리고 자맥질하며 먹이를 먹는 수면성 오리가 있지요.

새가 많이 모이는 곳에는 새를 사냥하려는 매나 수리도 눈에 띄어요.

또 눈이 쌓이면 야생동물의 발자국도 많이 볼 수 있지요. 눈 위에 찍힌 발자국을 잘 관찰하면 주변에 어떤 동물이 살고 있는지 알 수 있어요.

차례

들어가는 글　4
일러두기　6
용어 설명　8
동물을 관찰하는 방법　12
동물 이름 알아보기　13
동물의 환경과 서식지　14

1부. 형태로 이름 찾기

곤충

- **곤충 관찰 방법** … 30
- **곤충** … 34
  우리는 곤충이 아니에요 / 곤충의 탈바꿈 / 여러 가지 곤충 무리

  - **나비와 나방 무리** … 36
    한살이 과정 / 나비와 나방의 차이 / 여러 가지 나비와 나방

  - **딱정벌레 무리** … 38
    한살이 과정 / 딱정벌레 무리의 먹이 / 여러 가지 딱정벌레

  - **노린재와 매미 무리** … 40
    한살이 과정 / 여러 가지 노린재와 매미

  - **메뚜기 무리** … 42
    메뚜기의 천적 / 메뚜기류와 여치류 / 여러 가지 메뚜기

- 잠자리 무리 … 44
  한살이 과정 / 짝짓기 / 여러 가지 잠자리

- 벌 무리 … 46
  여러 가지 기생벌 / 꿀벌의 생활 / 여러 가지 벌과 개미

- 파리 무리 … 48
  한살이 과정 / 파리 무리의 먹이 / 여러 가지 등에와 파리

  [곤충 형태] … 50

  나비와 나방 무리 50 / 딱정벌레 무리 64 / 노린재와 매미 무리 80 / 메뚜기 무리 88 / 잠자리 무리 95 / 벌 무리 101 / 파리 무리 104

물고기

- 담수어류 관찰 방법 … 110
- 물고기 … 112
  물고기가 아닌 것 / 특이한 물고기 / 물고기의 혼인색

  [물고기 형태] … 114

해안동물

- 해안동물 관찰 방법 … 124
- 해안동물 … 126
  갯벌의 종류 / 여러 가지 해안동물 / 조간대 환경

  [해안동물 형태] … 128

수서 무척추동물

- **수서무척추동물 관찰 방법** ⋯ 144
- **수서무척추동물** ⋯ 146

  물속 환경 / 곤충이 아닌 무리 / 여러 가지 수서곤충

  `수서무척추동물 형태` ⋯ 148

양서류·파충류

- **양서류와 파충류 관찰 방법** ⋯ 158
- **양서류·파충류** ⋯ 162

  개구리의 한살이 / 양서류의 알과 파충류의 알

  `양서류·파충류 형태` ⋯ 164

새

- **조류 관찰 방법** ⋯ 172
- **새** ⋯ 176

  날 수 없는 새 / 새의 조상 '시조새' 화석 /
  우리나라에서 볼 수 있는 새 / 날기 위한 새의 진화

  `새 형태` ⋯ 178

  물 위(호수, 바다)에서 관찰되는 새 178
  물 주변(해안, 하천 주변)에서 관찰되는 새 184
  산림(산속)에서 관찰되는 새 189
  산림 주변(숲 가장자리)에서 관찰되는 새 193
  논, 밭(초원, 집 주변)에서 관찰되는 새 196

포유류

- **포유류 관찰 방법** … 200
- **포유류** … 204
  여러 가지 꼬리 / 여러 가지 포유동물 / 초음파로 사냥을 하는 박쥐

  `포유류 형태` … 206

거미

- **거미 관찰 방법** … 210
- **거미** … 212
  알을 지키는 거미 / 거미의 생활형 / 여러 가지 거미

  `거미 형태` … 214

기타 동물

- **기타 동물 관찰 방법** … 222

  `기타 동물 형태` … 226

  그리마류 226 / 지네류 226 / 노래기류 227 / 쥐며느리류 227 / 공벌레류 228 / 진드기류 228 / 흰개미류 228 / 의갈류 229 / 육상플라나리아류 229 / 톡토기류 229 / 달팽이류 230

2부. 생태 특징

ㄱ…234 / ㄴ…245 / ㄷ…250 / ㄹ…257 / ㅁ…257
ㅂ…265 / ㅅ…272 / ㅇ…278 / ㅈ…288 / ㅊ…294
ㅋ…297 / ㅌ…300 / ㅍ…301 / ㅎ…303

1부
형태로 이름 찾기

- 과 이름에서 '⋯▸'는 바뀌기 전과 바뀐 뒤의 이름을 가리킵니다.
- 쪽수의 오른쪽에 있는 반원 모양은 다음의 분류에 속해 있음을 뜻합니다.

곤충 50쪽 | 물고기 114쪽 | 해안동물 128쪽 | 수서 무척추동물 148쪽 | 양서류·파충류 164쪽 | 새 178쪽 | 포유류 206쪽 | 거미 214쪽 | 기타 동물 226쪽

곤충 관찰 방법

전체 동물 종에서 4분의 3을 차지하는 곤충은 종류가 많고, 살아가는 환경도 제각각이에요. 하늘, 땅, 풀밭, 물속 등 다양한 장소에서 관찰할 수 있고, 밤에 환한 불빛을 따라 그 주변으로 모여드는 곤충도 만날 수 있어요.

곤충을 관찰할 때는 자연스럽게 활동하는 모습을 살펴보거나 채집해서 살펴보는 것이 좋아요. 스마트 폰이나 카메라로 사진을 찍어 기록으로 남기는 것도 좋은 방법이지요. 말벌이나 독나방처럼 독이 있는 곤충도 있으니 조심해야 해요. 관찰이 끝나면 채집한 곤충은 발견한 곳에 다시 놓아주세요.

곤충은 종류에 따라 좋아하는 먹이가 달라요. 어떤 곤충은 식물을 먹고, 어떤 곤충은 죽은 동물을 먹지요. 또 어떤 곤충은 동물의 똥을 먹기도 해요. 관찰하고 싶은 곤충이 어떤 먹이를 좋아하는지 알면 어느 곳에서든 쉽게 찾을 수 있어요.

● **꽃을 찾는 곤충**

꽃이 피어 있는 곳에는 꿀과 꽃가루를 좋아하는 벌과 나비, 꽃등에, 꽃무지, 하늘소 들이 모여들어요. 꽃에 날아든 곤충을 잡아먹으려는 사마귀나 파리매,

쌍형꽃등에와 큰검정파리

네발나비

거미, 청개구리 들도 눈에 띄어요. 또 꽃 주변에는 식물 잎을 먹는 잎벌레나 노린재, 여러 종류의 나방 애벌레도 볼 수 있지요.

사람마다 좋아하는 음식이 있듯이 곤충도 종류에 따라 좋아하는 식물이 있어요. 여러 가지 꽃이 피어 있는 곳일수록 더 다양한 곤충을 만날 수 있겠지요?

넉점각시하늘소

● **수액에 모여드는 곤충**

나무줄기에 상처가 나면 수액이 흘러나와요. 특히 참나무 종류는 수액에 당분과 영양소가 풍부해 곤충이 많이 모여드는데, 낮과 밤에 모이는 곤충이 달라요. 낮에는 나비, 바구미, 풍이, 파리, 벌 들이고, 밤에는 방아벌레, 장수풍뎅이, 사슴벌레, 나무쑤시기, 거저리 들이지요.

수액에 모인 곤충을 살펴보면 어떤 곤충이 힘이 센지 알 수 있어요. 힘이 센 곤충은 좋은 자리를 차지하고 편안하게 수액을 먹지만, 힘이 약한 곤충은 주변을 맴돌며 기회를 노리고 있거든요.

장수풍뎅이, 꼬마장수말벌, 풍이, 왕오색나비

고려나무쑤시기, 흑색패인왕개미, 파리류

● 죽은 동물이나 똥에 모여드는 곤충

죽은 동물이나 다른 동물의 똥을 먹는 곤충도 있어요. 죽은 동물에는 파리, 송장벌레, 반날개, 밑빠진벌레 들이 모여들고, 똥이 있는 곳에는 나비나 파리를 볼 수 있어요. 똥 속을 뒤집어 보면 소똥구리, 금풍뎅이, 똥풍뎅이 들도 보이지요. 이처럼 죽은 동물이나 똥을 먹는 곤충은 주변 환경을 깨끗이 청소하여 생태계를 건강하게 만들어요.

꼬마검정송장벌레, 넉점박이송장벌레

극동혹개미

● 습기가 많고 어두운 곳을 좋아하는 곤충

나뭇잎이 쌓여 있는 곳, 바위 밑, 썩은 나무껍질 밑은 곤충이 숨어 지내거나 먹이를 먹기에 좋은 곳이에요. 특히 기온이 떨어지는 늦가을과 겨울에는 곤충이 겨울잠을 자려고 그곳에 모여들어요. 커다란 나뭇잎이 쌓여 있는 곳을 들추거나 넓적한 돌을 뒤집어 보고 썩은 나무껍질을 떼어 보면 먼지벌레, 거저리 따위의 곤충뿐만 아니라 노래기, 공벌레, 쥐며느리, 지네 같은 절지동물도 볼 수 있지요.

큰집게벌레

막대거저리

굴꼽등이

● 밤에 활동하는 곤충

우리가 생각하는 것보다 밤에 활동하는 곤충이 많아요. 으슥한 밤에 나무 수액이 흐르는 곳, 산과 논 주변의 배수로에 손전등을 비추고 살펴보면 사슴벌레, 풍뎅이, 딱정벌레, 먼지벌레 들을 관찰할 수 있어요. 밤에 풀벌레 소리가 나는 곳을 살펴보면 짝을 찾아 노래하는 여치, 베짱이, 귀뚜라미, 방울벌레 들도 보이지요.

어두운 밤, 전깃불을 켜놓은 곳에 곤충이 몰려드는 것을 보았을 거예요. 여름에는 나방, 풍뎅이, 딱정벌레, 반날개, 노린재, 사슴벌레 들이 주로 보이고, 가을에는 나방, 귀뚜라미, 메뚜기 들이 자주 보여요. 또 불빛 주위로 곤충을 잡아먹으려고 사마귀, 그리마, 개구리, 두꺼비 들도 모여들어요.

불빛 색깔과 전등의 종류에 따라 찾아드는 곤충이 달라 어떤 색깔에, 어떤 종류의 곤충이 모이는지 살펴보는 것도 재미있지요.

늦반딧불이

방울벌레

곤충

곤충의 몸은 머리, 가슴, 배 이렇게 세 부분으로 구분되고 가슴에는 다리가 세 쌍 있어요. 머리에는 더듬이가 있고, 대부분 가슴에 날개가 두 쌍 있습니다. 몸은 단단한 키틴질로 둘러싸여 있고 허물을 벗으며 자라지요. 곤충 중에는 애벌레(유충) 때의 모습과 어른벌레(성충) 때의 모습이 완전히 다른 종도 있어요.

다리 마디가 여러 개이며 종에 따라 걷는 다리, 뛰어 오르는 다리 등 다양하다. 다리 끝에는 발톱이 있어 미끄러운 곳도 잘 기어오른다.

뒷다리   앞다리
　　가운뎃다리

배 호흡기관, 소화기관, 생식기관 등 생명 유지에 필요한 대부분의 기관이 들어 있다.

숨구멍(기문) 공기가 들어오는 곳이다. 숨구멍으로 들어온 공기는 기관에서 호흡에 사용된다.

뒷날개 딱지날개(겉날개)를 들어 올리면 자동으로 뒷날개가 펼쳐진다. 딱정벌레류는 이 뒷날개로 날아다닌다. 파리류는 뒷날개가 곤봉 모양인 평형곤으로 변했다.

앞날개 딱정벌레류의 앞날개는 나는 대신 단단하게 변해 몸을 보호하며, 화려한 색을 띠기도 한다.

입 곤충은 종류에 따라 입 모양이 다양하다. 하루살이나 일부 나방의 어른벌레는 입이 퇴화되어 없다.

겹눈 수백 개의 낱눈으로 되어 있으며 주위의 모든 방향에서 일어나는 움직임을 알 수 있다.

더듬이 감각세포가 많이 있어 진동과 냄새, 공기의 이동 등을 느낄 수 있다. 곤충마다 크기와 모양이 달라 곤충을 구분하는 기준이 된다.

가슴 세 마디로 되어 있다. 첫째 마디에는 다리 한 쌍, 둘째와 셋째 마디에는 각각 날개와 다리 한 쌍씩 있다.

우리는 곤충이 아니에요

거미

공벌레

진드기

게

곤충의 탈바꿈 (변태)

곤충은 성장하면서 생김새가 바뀌는 탈바꿈을 한다. 나비나 파리는 탈바꿈 과정에 번데기 단계가 있는 완전탈바꿈을 하고, 사마귀나 메뚜기는 탈바꿈 과정에 번데기 단계가 없는 불완전탈바꿈을 한다.

완전탈바꿈 — 배추흰나비

불완전탈바꿈 — 사마귀

번데기 단계가 없어요

여러 가지 곤충 무리

나비와 나방 무리 50쪽

딱정벌레 무리 64쪽

노린재 무리 80쪽

매미 무리 85쪽

메뚜기 무리 88쪽

사마귀 무리 94쪽

집게벌레 무리 94쪽

잠자리 무리 95쪽

벌과 개미 무리 101쪽

등에와 파리 무리 104쪽

하루살이 무리 108쪽

강도래 무리 109쪽

나비와 나방 무리

나비와 나방은 날개가 비늘가루로 덮여 있고, 입은 긴 빨대 모양입니다. 우리나라에는 나비 280여 종, 나방 3400여 종으로 나방이 훨씬 많아요. 나비와 나방의 애벌레는 대부분 식물의 잎을 갉아먹어 피해를 주지만 성충이 되면 꽃가루를 옮겨주어 식물의 번식에 도움을 주기도 합니다.

머리 가슴 배

앞날개
뒷날개

날개 두 쌍이며 매우 넓다. 표면은 작은 비늘이 기왓장처럼 포개어 있다.

더듬이 끝이 면봉처럼 부풀어 있어 나방과 구분된다.

입 긴 빨대 모양이다. 태엽처럼 둥글게 말려 있다가 먹이를 먹을 때 쭉 뻗는다.

네발나비류는 앞다리 두 개가 퇴화되어 네 개만 보인다. 앞다리는 몸에 붙어 있어 보이지 않는다.

한살이 과정

나비와 나방은 모두 **알 ⋯ 애벌레 ⋯ 번데기 ⋯ 성충**의 과정을 거치는 완전탈바꿈을 한다. 일부 나방은 번데기 과정에서 고치를 만들기도 한다.

※ 종령은 번데기가 되기 바로 전 애벌레 단계를 말한다.

알

부화

나비와 나방의 차이

나비는 주로 낮에 활동하지만 나방은 주로 밤에 활동한다. 그 밖에 더듬이 모양, 앉는 모습이 다르다.

더듬이

나비는 더듬이 끝이 굵은 곤봉 모양이지만 나방은 깃털 모양이나 실 모양 등 다양하다.

호랑나비   팔랑나비

참나무산누에나방

앉는 모습

나비는 주로 날개를 세우고 앉지만, 나방은 날개를 펼치거나 텐트 모양으로 앉는다.

작은멋쟁이나비

신부짤름나방

암먹부전나비   연푸른꼬마밤나방

여러 가지 나비와 나방

호랑나비 무리 50쪽

흰나비 무리 51쪽

네발나비 무리 52쪽

부전나비 무리 55쪽

팔랑나비 무리 56쪽

불나방 무리 59쪽

밤나방 무리 60쪽

자나방 무리 61쪽

애벌레

애벌레 종령

번데기

성충

딱정벌레 무리

딱정벌레 무리의 성충은 모든 곤충 가운데 몸이 가장 단단합니다. 앞날개는 단단한 딱지날개로 변해 날아다닐 때 사용하는 뒷날개를 보호하지요. 우리나라에는 3600여 종이 기록되어 있어요.

큰턱 커다란 집게 모양이며 싸울 때 무기로 사용한다.

더듬이 머리에 한 쌍이 있다. 종마다 생김새가 달라 종을 구분하는 기준이 된다.

앞날개 단단한 딱지날개로 되어 있어 연약한 뒷날개와 몸을 보호한다.

뒷날개 앞날개 아래에 접혀 있다가 날 때 펼쳐진다.

입

더듬이

눈 커다란 겹눈이 한 쌍 있다.

화려한 딱정벌레들
- 길앞잡이
- 보라금풍뎅이
- 황초록바구미
- 황녹색호리비단벌레

한살이 과정

딱정벌레 무리는 알 ⋯▶ 애벌레 ⋯▶ 번데기 ⋯▶ 성충의 과정을 거치는 완전탈바꿈을 한다.

알　　　　　　　애벌레

38

딱정벌레 무리의 먹이

딱정벌레 무리는 식물, 동물, 버섯 심지어 동물의 똥까지 먹는다.

잎을 먹는
두꺼비잎벌레

버섯을 먹는
톱날무늬버섯벌레

꽃가루를 먹는
풀색꽃무지

동물의 사체를 먹는
곰보송장벌레

똥을 먹는
보기드믄소똥풍뎅이

방아벌레를 잡아먹는
이마무늬송장벌레

여러 가지 딱정벌레

딱정벌레 무리 64쪽

송장벌레 무리 66쪽

사슴벌레 무리 66쪽

풍뎅이 무리 67쪽

무당벌레 무리 71쪽

하늘소 무리 72쪽

바구미 무리 76쪽

잎벌레 무리 77쪽

애벌레

애벌레 종령

번데기

성충

노린재와 매미 무리

노린재 무리는 바늘처럼 생긴 입으로 식물이나 동물의 즙을 빨아 먹어요. 노린재 앞날개는 반은 단단하고 반은 막처럼 얇지요.
노린재를 만지면 뒷다리 근처에 있는 냄새 구멍에서 고약한 냄새가 나는 물질을 내보내기 때문에 방구벌레라는 별명도 가지고 있어요.

입 바늘처럼 생긴 입을 먹이에 찔러 즙을 빨아 먹는다.

눈 커다란 겹눈 한 쌍과 홑눈 2개가 있다.

홑눈
겹눈
더듬이
앞가슴등판
작은방패판
앞날개 막질부
앞날개 혁질부

날개 앞날개에서 단단한 혁질부는 날 때 사용하는 얇은 뒷날개를 보호한다.

앞다리 가운뎃다리 뒷다리

에사키뿔노린재
노린재 중에는 알이나 어린 새끼를 보호하는 종도 있다.

한살이 과정

노린재 무리는 **알** ⋯▸ **애벌레** ⋯▸ **성충**의 과정을 거치는 불완전탈바꿈을 한다. 어린 애벌레(약충)들은 무리를 지어 있는 경우가 많다.

알   애벌레

매미류는 주로 식물의 수액을 빨아 먹어 식물에 큰 피해를 주기도 해요. 매미류의 앞날개는 얇은 막으로 된 것이 많고, 날개가 없는 종류도 있지요.

겹눈 홑눈 더듬이

입

배딱지 그 밑에 진동막이 있다. 매미 수컷은 진동막을 떨어서 소리를 낸다.

날개

여러 가지 노린재와 매미

긴노린재 무리 80쪽　　허리노린재 무리 81쪽

노린재 무리 83쪽　　장님노린재 무리 84쪽

매미 무리 85쪽　　매미충 무리 86쪽

큰날개매미충 무리 86쪽　　거품벌레 무리 87쪽

애벌레　　애벌레 종령　　날개돋이　　성충

메뚜기 무리

메뚜기 무리는 뒷다리가 튼튼하여 멀리 뛸 수 있어요. 메뚜기라는 이름도 '뫼(山) + 뛰기'에서 온 말로 '산에서 뛰는 벌레'라는 뜻이지요. 메뚜기는 소리를 내어 신호를 보내는 종이 많아요. 우리나라에는 남북한을 포함하여 150여 종이 기록되어 있습니다.

날개 앞날개는 주변 환경과 무늬가 비슷해 천적의 눈을 피하고 넓은 뒷날개는 날 때 사용한다.

더듬이
겹눈
입
앞가슴등판
앞날개

다리 메뚜기 무리의 뒷다리 넓적다리마디는 매우 굵고 튼튼하여 멀리까지 뛸 수 있다.

앞다리
가운뎃다리
뒷다리

메뚜기의 천적

메뚜기는 주로 풀을 먹거나 다른 곤충을 잡아먹지만, 다른 동물의 먹잇감이기도 하다. 메뚜기의 천적은 사람, 새, 거미, 벌 등에서부터 눈에 보이지 않는 병원균까지 다양하다.

모래가리귀뚜라미를 사냥한 귀뚜라미벌

등검은메뚜기를 사냥한 긴호랑거미

병원균에 감염된 방아깨비

메뚜기류와 여치류

더듬이 메뚜기류는 더듬이가 몸길이보다 짧고 굵지만 여치류는 더듬이가 몸길이보다 길고 머리카락처럼 가늘다.

소리 메뚜기류 수컷은 다리와 날개를 비벼 소리를 내고 여치류의 수컷은 앞날개끼리 비벼서 소리를 낸다.

산란 메뚜기류 암컷은 산란관이 짧고 알을 무더기로 낳지만 여치류는 산란관이 길고 알을 하나씩 낳는다.

긴 산란관을 땅 속에 꽂아 알을 낳는 긴날개여치

활동시간 메뚜기류는 주로 낮에 활동하고 여치류는 주로 밤에 활동한다.

여러 가지 메뚜기

메뚜기 무리 88쪽   모메뚜기 무리 90쪽

꼽등이 무리 90쪽   귀뚜라미 무리 90쪽

여치 무리 91쪽   베짱이 무리 92쪽

메뚜기의 색

메뚜기는 몸 색이 주변 환경과 비슷하여 눈에 잘 띄지 않는다. 이러한 메뚜기의 몸 색은 유충의 성장 과정에서 기온, 습도, 먹이의 양, 주변 환경의 색, 메뚜기의 밀도 등에 따라 달라진다고 한다.

주변 환경과 비슷한 색을 띤 팥중이

메뚜기의 암수

메뚜기류는 수컷이 암컷에 비해 작고, 주로 암컷 등에 올라탄다.

잠자리 무리

잠자리 무리는 커다란 겹눈과 얇고 큰 날개가 네 장 있어요. 대부분의 잠자리는 날개를 접지 못하여 늘 펼치고 있는데, 먹이를 사냥하거나 천적의 공격을 피할 때는 순간적으로 날아오를 수 있어 장점이 되기도 해요. 성충은 주로 낮에 활동하고 작은 곤충을 사냥하지요. 우리나라에 120여 종이 알려져 있습니다.

다리 날카로운 가시털이 많이 나 있어 먹이를 잡아 가두는 역할을 한다.

입 턱 두 쌍이 교대로 움직여 날면서 먹이를 먹어도 떨어뜨리지 않는다.

더듬이

겹눈 2만 8천여 개의 낱눈으로 되어 있다. 곤충 중에서 가장 시력이 좋아 날아다니는 작은 먹잇감도 사냥할 수 있다.

앞다리
가운뎃다리
뒷다리
앞날개
뒷날개

날개 앞날개와 뒷날개를 번갈아 움직여 수직으로 오르내리고 정지 비행도 한다. 또 재빨리 속도를 높이거나 방향을 자유롭게 바꿀 수 있다.

한살이 과정

잠자리 무리는 알 ⋯> 애벌레 ⋯> 성충의 과정을 거치는 불완전탈바꿈을 한다. 애벌레는 물속에서 생활하고 날개돋이 전에 물 밖으로 나온다.

알

애벌레

짝짓기

❶ 수컷이 배 끝에 있는 교미부속기로 암컷의 목을 붙잡는다.

❷ 수컷이 배 끝에 있는 정소에서 배 둘째 마디, 셋째 마디에 있는 정자 저장소로 정자를 옮긴다.

❸ 암컷이 배를 구부려 수컷의 배 둘째 마디, 셋째 마디에 저장되어 있는 정자를 받는다.

여러 가지 잠자리

왕잠자리 무리 95쪽   측범잠자리 무리 95쪽

밀잠자리 무리 95쪽   좀잠자리 무리 97쪽

물잠자리 무리 99쪽   실잠자리 무리 99쪽

애벌레

잠자리 애벌레(수채라고도 한다)는 물속에서 작은 동물을 잡아먹으며 살아간다.

실잠자리류(등검은실잠자리)   좀잠자리류(된장잠자리)

애벌레   애벌레 종령   날개돋이   성충

벌 무리

벌 무리는 대부분 산란관이 변한 침이 있어 먹잇감을 마취시키거나 적의 공격에서 자신을 지키지요. 벌 무리에는 사회생활을 하는 꿀벌과 말벌, 애벌레가 식물의 잎을 먹는 잎벌, 다른 동물의 몸속에 알을 낳는 기생벌, 애벌레의 먹이를 마련해 주는 사냥벌 등이 있어요.

벌의 혀

입 꿀벌의 입은 꿀을 빨기 위한 길쭉한 입과 씹을 수 있는 큰턱이 함께 있다.

겹눈 꿀벌은 겹눈에도 털이 나 있다.

앞날개
뒷날개

앞다리 가운뎃다리 뒷다리

피부에 박힌 벌침

왕바다리의 침

벌침 꿀벌의 침은 거꾸로 된 갈고리가 있어 한번 쏘면 물체에 박혀 창자와 함께 벌에게서 분리된다. 말벌의 침은 물체에 박히지 않아 여러 번 계속해서 사용할 수 있다.

여러 가지 기생벌

벌 중에는 다른 곤충의 알이나 몸속에 알을 낳아 번식하는 종류도 있다. 알에서 깨어난 벌의 애벌레는 숙주(기생하는 생물에게 영양을 공급하는 생물)의 몸속에서 생활하다가 때가 되면 몸을 뚫고 밖으로 나온다.

네점박이노린재 알 속에 알을 낳는 금좀벌류

뱀눈박각시 애벌레의 몸을 뚫고 나와 고치를 지은 기생벌류

나무 속에 있는 송곳벌류 애벌레의 몸에 알을 낳는 일본납작혹벌

꿀벌의 생활

꿀벌은 일벌의 배에 있는 밀랍샘에서 분비된 밀랍으로 육각형 모양의 집을 짓고 여왕벌을 중심으로 사회생활을 한다.

일벌은 꿀과 꽃가루를 모으는 일에서부터 집 짓는 일, 여왕벌과 애벌레를 돌보는 일 등 모든 일을 나눠서 처리한다.

수벌(가운데)은 결혼 비행으로 여왕벌에게 정자를 제공한다.

여왕벌(가운데)은 알을 낳아 가족을 늘인다.

분봉 꿀벌은 무리가 커지면 늙은 여왕이 일벌 일부를 데리고 나와 새로운 곳에 집을 만드는데 이것을 분봉이라고 한다.

벌집 밀랍으로 지은 방은 꿀과 꽃가루를 저장하고 새끼를 기르는 장소이다.

여러 가지 벌과 개미

말벌 무리 101쪽

호리병벌 무리 102쪽

대모벌 무리 102쪽

꿀벌 무리 102쪽

잎벌 무리 102쪽

개미 무리 103쪽

개미의 생활

우리나라에는 개미가 130여 종 있으며 대부분 여왕개미를 중심으로 사회생활을 한다.

사냥한 먹이를 함께 끌고 가는 곰개미

47

파리 무리

파리 무리는 앞날개 한 쌍과 뒷날개가 퇴화한 곤봉 모양의 '평형곤'이 있어요. 파리는 적응력이 뛰어나 한겨울 눈 위에서도 볼 수 있지요. 일부 파리는 질병을 퍼뜨리기도 하지만, 식물의 꽃가루를 옮겨주고 죽은 동물의 몸이나 배설물을 청소하는 등 생태계에서 없어서는 안 될 중요한 존재입니다.

- 앞날개
- 더듬이
- 겹눈
- 앞다리
- 가운뎃다리
- 뒷다리

평형곤 곤봉 모양에 날 때 몸의 균형을 잡는 역할을 한다.

스즈키나나니등에의 평형곤

입 파리 무리의 입은 핥는 입, 모기나 등에, 파리매처럼 찌르는 입 등이 있다.

음식물을 핥고 있는 검정볼기쉬파리

찌르는 입을 가진 왕파리매

한살이 과정

파리 무리는 알 ⋯> 애벌레 ⋯> 번데기 ⋯> 성충 과정을 거치는 완전탈바꿈을 한다. 파리의 애벌레는 구더기, 모기의 애벌레는 장구벌레라고 한다.

알

애벌레

파리 무리의 먹이

파리의 먹이는 각종 음식물, 죽은 동물의 몸, 꽃가루, 진딧물, 직접 사냥한 곤충 등 매우 다양하다.

죽은 뱀의 몸을 먹는 연두금파리

꽃가루를 먹는 꼬마꽃등에

벌을 사냥하여 체액을 빨고 있는 왕파리매

여러 가지 등에와 파리

꽃등에 무리 104쪽 　　　등에 무리 106쪽

동애등에 무리 106쪽 　　각다귀 무리 106쪽

검정파리 무리 107쪽 　　파리매 무리 107쪽

파리의 애벌레인 구더기는 죽은 동물을 먹어 치워 자연을 깨끗하게 만들어 준다.

번데기 　　　　　　성충

 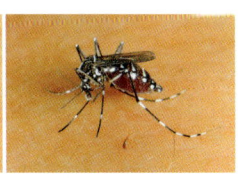

피를 빨고 있는 모기

호랑나비과
모시나비 » 260

날개를 편 길이 25~38mm

호랑나비과
청띠제비나비 » 296

날개를 편 길이 60~90mm

청띠제비나비

호랑나비과
꼬리명주나비 » 243

수컷

암컷

날개를 편 길이 53~75mm

호랑나비과
호랑나비 » 304

날개를 편 길이 80~120mm

비슷한 종

애호랑나비

호랑나비과

긴꼬리제비나비 » 241

호랑나비과

제비나비 » 291

날개를 편 길이 85~100mm

날개를 편 길이 80~120mm

제비나비

흰나비과

노랑나비 » 248

수컷

암컷

날개를 편 길이 40~50mm

흰나비과

상제나비 » 274

흰나비과

큰줄흰나비 » 300

날개를 편 길이 72~86mm

날개를 편 길이 50~60mm

흰나비과
배추흰나비 » 267

날개를 편 길이 40~47mm

흰나비과
갈구리나비 » 235

날개를 편 길이 45~50mm

갈구리나비

네발나비과
뿔나비 » 272

날개를 편 길이 40~50mm

네발나비과
굴뚝나비 » 240

날개를 편 길이 50~65mm

네발나비과
애물결나비 » 280

날개를 편 길이 33~40mm

애물결나비

네발나비과
큰멋쟁이나비 » 299

날개를 편 길이 45~60mm

네발나비과
작은멋쟁이나비 » 288

날개를 편 길이 40~50mm

네발나비과
청띠신선나비 » 296

날개를 편 길이 50~65mm

청띠신선나비

네발나비과
네발나비 » 247

날개를 편 길이 50~60mm

53

네발나비과

부처나비 » 269

날개를 편 길이 40~50mm

네발나비과

왕오색나비 » 284

날개를 편 길이 75~100mm

네발나비과

암끝검은표범나비 » 280

수컷 　 암컷

날개를 편 길이 60~70mm

네발나비과

흰줄표범나비 » 308

날개를 편 길이 55~70mm

흰줄표범나비

네발나비과

애기세줄나비 » 280

날개를 편 길이 45~55mm

54

부전나비과

남방부전나비 »246

날개를 편 길이 20~29mm

부전나비과

암먹부전나비 »280

날개를 편 길이 20~30mm

부전나비과

암먹부전나비

부전나비과

푸른부전나비 »302

날개를 편 길이 15~20mm

부전나비과

부전나비 »269

날개를 편 길이 27~30mm

부전나비과

부전나비

부전나비과

작은주홍부전나비 »288

날개를 편 길이 27~35mm

55

부전나비과
큰주홍부전나비 » 300

부전나비과
쇳빛부전나비 » 276

날개를 편 길이 30~40mm   날개를 편 길이 25~29mm

팔랑나비과
멧팔랑나비 » 260

팔랑나비과
왕자팔랑나비 » 284

날개를 편 길이 36~42mm   날개를 편 길이 33~36mm

왕자팔랑나비

팔랑나비과
유리창떠들썩팔랑나비 » 286

날개를 편 길이 37~40mm

팔랑나비과

줄점팔랑나비 » 293

누에나방과

멧누에나방 » 260

날개를 편 길이 34~40mm

날개를 편 길이 35~40mm

누에나방과

누에나방(누에) » 250

애벌레   고치와 번데기

날개를 편 길이 수컷 40~45mm · 암컷 42~49mm

산누에나방과

긴꼬리산누에나방 » 241

산누에나방과

밤나무산누에나방 » 266

고치

날개를 편 길이 100~110mm

날개를 편 길이 100~120mm

산누에나방과	박각시과	
유리산누에나방 »286	**박각시** »265	

날개를 편 길이 75~90mm 　　　　날개를 편 길이 42~50mm

박각시과	박각시과	박각시과
물결박각시 »262	**갈고리박각시** »235	**등줄박각시** »256

날개를 편 길이 80~90mm 　날개를 편 길이 62~81mm 　날개를 편 길이 102~110mm

박각시과	박각시과	박각시과
녹색박각시 »249	**벚나무박각시** »268	**검정황나꼬리박각시** »238

날개를 편 길이 62~81mm 　날개를 편 길이 96~118mm 　날개를 편 길이 43~54mm

박각시과

작은검은꼬리박각시 » 288

날개를 편 길이 41~44mm

박각시과

머루박각시 » 259

날개를 편 길이 70~80mm

박각시과

주홍박각시 » 292

날개를 편 길이 57~63mm

박각시과

줄박각시 » 292

날개를 편 길이 55~69mm

불나방과

알락주홍불나방 » 279

날개를 편 길이 29~35mm

불나방과

톱날무늬노랑불나방 » 301

날개를 편 길이 15~20mm

불나방과

알락노랑불나방 » 279

날개를 편 길이 29~35mm

불나방과

흰무늬왕불나방 » 307

날개를 편 길이 80~90mm

불나방과

줄점불나방 » 293

날개를 편 길이 40~45mm

불나방과
배붉은흰불나방 » 267

날개를 편 길이 60~70mm

독나방과
독나방 » 253

날개를 편 길이 30~44mm

독나방과
황다리독나방 » 305

날개를 편 길이 43~60mm

독나방과
흰독나방 » 307

날개를 편 길이
수컷 17~30mm · 암컷 32~39mm

독나방과
매미나방 » 259

수컷

날개를 편 길이
수컷 40~60mm · 암컷 70~90mm

매미나방

암컷

쐐기나방과
노랑쐐기나방 » 249

날개를 편 길이 32~35mm

밤나방과
세줄무늬수염나방 » 275

날개를 편 길이 26~30mm

밤나방과	밤나방과	밤나방과
회색붉은뒷날개나방 » 306	**신부짤름나방** » 277	**흰줄태극나방** » 308

날개를 편 길이 60~75mm	날개를 편 길이 28~32mm	날개를 편 길이 68~76mm
왕갈고리나방과	자나방과	자나방과
왕갈고리나방 » 283	**흰줄푸른자나방** » 308	**붉은무늬푸른자나방** » 270

날개를 편 길이 62~76mm	날개를 편 길이 38~40mm	날개를 편 길이 18~26mm
자나방과	자나방과	자나방과
무늬박이푸른자나방 » 261	**붉은날개애기자나방** » 270	**줄노랑흰애기자나방** » 292

날개를 편 길이 20~25mm	날개를 편 길이 48~52mm	날개를 편 길이 40~43mm

자나방과	자나방과	자나방과
두줄점가지나방 » 255	**흰그물왕가지나방** » 306	**끝짤룩노랑가지나방** » 245

날개를 편 길이 32~35mm　　날개를 편 길이 58~62mm　　날개를 편 길이 30~38mm

제비나방과	뿔나비나방과	솔나방과
제비나방 » 290	**뿔나비나방** » 272	**버들나방** » 267

날개를 편 길이 30~35mm　　날개를 편 길이 30~34mm　　날개를 편 길이 37~58mm

솔나방과	솔나방과	재주나방과
별나방 » 268	**대만나방** » 251	**먹무늬재주나방** » 259

날개를 편 길이 45~55mm　　날개를 편 길이 60~90mm　　날개를 편 길이 45~55mm

먹무늬재주나방

명나방과
목화바둑명나방 » 261

날개를 편 길이 20~25mm

명나방과
회양목명나방 » 306

날개를 편 길이 40~50mm

명나방과
흰띠명나방 » 307

날개를 편 길이 20~25mm

명나방과
줄검은들명나방 » 292

날개를 편 길이 58~63mm

명나방과
앞붉은명나방 » 280

날개를 편 길이 22~28mm

창나방과
깜둥이창나방 » 243

날개를 편 길이 14~17mm

곡식좀나방과
도롱이벌레(주머니나방애벌레) » 252

주머니 길이 30~35mm

딱정벌레과

길앞잡이(비단길앞잡이) » 242

몸길이 20~21mm

딱정벌레과

아이누길앞잡이 » 279

몸길이 16~17mm

아이누길앞잡이

딱정벌레과

참길앞잡이 » 294

짝짓기

짝짓기

몸길이 8~13mm

딱정벌레과

꼬마길앞잡이 » 244

짝짓기

몸길이 8~11mm

딱정벌레과

먼지벌레 » 259

몸길이 12~13mm

딱정벌레과	딱정벌레과	딱정벌레과
큰조롱박먼지벌레 » 300	**끝무늬먼지벌레** » 245	**검은띠목대장먼지벌레** » 237

몸길이 28~38mm	몸길이 15~17mm	몸길이 10mm

딱정벌레과	딱정벌레과
청띠호리먼지벌레 » 296	**폭탄먼지벌레** » 301

몸길이 9~10mm	몸길이 11~18mm

딱정벌레과	딱정벌레과	딱정벌레과
검정명주딱정벌레 » 238	**큰명주딱정벌레** » 299	**멋쟁이딱정벌레** » 259
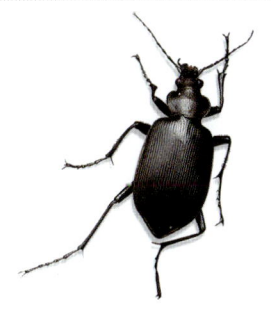		
몸길이 22~31mm	몸길이 20~31mm	몸길이 35~40mm

딱정벌레과
홍단딱정벌레 » 305

몸길이 30~45mm

송장벌레과
곰보송장벌레 » 239

몸길이 10~12mm

송장벌레과
점박이송장벌레 » 290

몸길이 12~17mm

송장벌레과
큰넓적송장벌레 » 298

몸길이 20~23mm

송장벌레과
이마무늬송장벌레 » 287

몸길이 15~18mm

반날개과
청딱지개미반날개 » 296

몸길이 6~7mm

반날개과
홍딱지반날개 » 305

몸길이 15~19mm

사슴벌레과
사슴벌레 » 272

몸길이
수컷 33~72mm · 암컷 32~39mm

사슴벌레과
왕사슴벌레 » 284

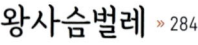

몸길이
수컷 27~53mm · 암컷 25~40mm

사슴벌레과
애사슴벌레 » 280

몸길이
수컷 15~48mm · 암컷 12~32mm

사슴벌레과
넓적사슴벌레 » 247

몸길이
수컷 38~85mm · 암컷 28~44mm

사슴벌레과
톱사슴벌레 » 301

몸길이
수컷 36~71mm · 암컷 24~30mm

톱사슴벌레

단치형(집게 작은 것)

검정풍뎅이과
큰검정풍뎅이 » 298

몸길이 17~22mm

검정풍뎅이과
왕풍뎅이 » 285

몸길이 30~40mm

검정풍뎅이과
애우단풍뎅이 » 280

몸길이 7~8mm

장수풍뎅이과
장수풍뎅이 » 289

수컷

암컷

몸길이 40~70mm

풍뎅이과

주둥무늬차색풍뎅이 »292

몸길이 9~12mm

풍뎅이과

콩풍뎅이 »298

비슷한 종

참콩풍뎅이

몸길이 10~13mm

풍뎅이과

풍뎅이 »302

몸길이 17~23mm

풍뎅이과

등얼룩풍뎅이 »256

몸길이 8~14mm

금풍뎅이과

보라금풍뎅이 »269

몸길이 16~22mm

꽃무지과

풀색꽃무지 »302

몸길이 11~15mm

꽃무지과
호랑꽃무지 » 304

몸길이 10~11mm

꽃무지과
사슴풍뎅이 » 272

수컷 　　　　　 암컷
몸길이 21~35mm

꽃무지과
풍이 » 302

몸길이 23~29mm

소똥구리과
소똥구리 » 275

몸길이 15~17mm

소똥구리과
렌지소똥풍뎅이 » 257

몸길이 6~12mm

반딧불이과
늦반딧불이 » 250

수컷　　　　　　암컷
몸길이
수컷 15~17mm · 암컷 28~32mm

비단벌레과
비단벌레 » 271

몸길이 30~40mm

비단벌레과
소나무비단벌레 » 275

몸길이 24~40mm

방아벌레과
왕빗살방아벌레 » 284

몸길이 30~35mm

방아벌레과
대유동방아벌레 » 252

몸길이 9~12mm

방아벌레과
녹슬은방아벌레 » 249

몸길이 12~16mm

개미붙이과
참개미붙이 » 294

몸길이 7~10mm

병대벌레과
서울병대벌레 » 274

몸길이 10~13mm

의병벌레과
노랑무늬의병벌레 » 248

몸길이 5~6mm

나무쑤시기과
고려나무쑤시기 » 238

몸길이 12~19mm

버섯벌레과
고오람왕버섯벌레 » 239

몸길이 11~15mm

무당벌레과

무당벌레 » 261

몸길이 7~8mm

무당벌레과	무당벌레과	무당벌레과
애홍점박이무당벌레 » 281	**남생이무당벌레** » 246	**칠성무당벌레** » 297

몸길이 3.5~5mm　　몸길이 11~13mm　　몸길이 7~8mm

무당벌레과

꼬마남생이무당벌레 » 244

몸길이 3.5~5mm

무당벌레과

노랑무당벌레 » 248

몸길이 4~5mm

무당벌레과

큰이십팔점박이무당벌레
» 299

몸길이 6~8mm

무당벌레붙이과

무당벌레붙이 » 261

몸길이 4.5~5mm

하늘소과

장수하늘소 » 289

몸길이
수컷 66~100mm · 암컷 60~90mm

하늘소과

하늘소 » 303

몸길이 34~57mm

하늘소과

버들하늘소 » 268

몸길이 30~55mm

하늘소과

톱하늘소 » 301

수컷   암컷

몸길이 18~45mm

하늘소과

긴알락꽃하늘소 » 242

몸길이 12~18mm

하늘소과

붉은산꽃하늘소 » 271

몸길이 12~22mm

하늘소과

청줄하늘소 » 297

몸길이 15~35mm

하늘소과

무늬소주홍하늘소 » 261

몸길이 14~19mm

하늘소과

벚나무사향하늘소 » 268

몸길이 25~35 mm

하늘소과

노랑띠하늘소 » 248

몸길이 15~20mm

하늘소과

범하늘소 » 268

몸길이 8~16mm

하늘소과
육점박이범하늘소 » 287

몸길이 7~13mm

하늘소과
남색초원하늘소 » 246

몸길이 12~18mm

하늘소과
우리목하늘소 » 286

몸길이 25~35mm

하늘소과
알락하늘소 » 279

몸길이 30~35mm

하늘소과
털두꺼비하늘소 » 300

몸길이 16~27mm

하늘소과
점박이염소하늘소 » 290

몸길이 12~13mm

하늘소과
국화하늘소 » 240

몸길이 6~9mm

가뢰과
남가뢰 » 246

몸길이 12~30mm

비슷한 종

둥글목남가뢰

거위벌레과

거위벌레 » 237

수컷　　　　　암컷

몸길이 6~10mm

거위벌레과

등빨간거위벌레 » 255

몸길이 6.5~7mm

등빨간거위벌레

거위벌레과

노랑배거위벌레 » 248

몸길이 3.5~5.5mm

거위벌레과

왕거위벌레 » 283

수컷　　　　　암컷

몸길이 8~12mm

거저리과

작은모래거저리 » 288

몸길이 8~9mm

거저리과
구슬무당거저리 » 240

몸길이 9~10mm

거저리과
보라거저리 » 269

몸길이 14~16mm

거저리과
산맴돌이거저리 » 272

몸길이 15~18mm

왕바구미과
왕바구미 » 284

몸길이 12~24mm

바구미과
도토리밤바구미 » 253

몸길이 5.5~15mm

바구미과
배자바구미 » 267

몸길이 9~10mm

배자바구미

짝짓기

바구미과
왕주둥이바구미 » 285

몸길이 6.5~9.5mm

바구미과
혹바구미 » 304

몸길이 12~16mm

바구미과
털보바구미 » 300

수컷　　　　　　　　　암컷

몸길이 8~13mm

바구미과
길쭉바구미 » 242

몸길이 10~12mm

잎벌레과
배노랑긴가슴잎벌레 » 266

몸길이 5~6.5mm

잎벌레과
적갈색긴가슴잎벌레 » 290

몸길이 5.5~6.2mm

잎벌레과
등빨간남색잎벌레 » 256

몸길이 5.6~6mm

잎벌레과
밤나무잎벌레 » 266

몸길이 5~5.5mm

잎벌레과
중국청람색잎벌레 » 293

몸길이 11~23mm

잎벌레과
청줄보라잎벌레 » 297

몸길이 11~15mm

잎벌레과

좀남색잎벌레 » 291

몸길이 5~6mm

잎벌레과

사시나무잎벌레 » 272

몸길이 10~12mm

잎벌레과

버들잎벌레 » 268

몸길이 7~9mm

잎벌레과

열점박이별잎벌레 » 282

몸길이 10~14mm

잎벌레과

돼지풀잎벌레 » 254

몸길이 4~7mm

잎벌레과

상아잎벌레 » 274

몸길이 7~10mm

잎벌레과	잎벌레과	잎벌레과
오리나무잎벌레 » 283	**검정오이잎벌레** » 238	**크로바잎벌레** » 298

몸길이 6~7mm 　　　몸길이 6~7mm 　　　몸길이 3.5~4mm

잎벌레과	잎벌레과
노랑테가시잎벌레 » 249	**남생이잎벌레** » 246

몸길이 3.3~4.2mm 　　　　　　몸길이 6~7mm

잎벌레과	잎벌레과	잎벌레과
금자라남생이잎벌레 » 241	**큰남생이잎벌레** » 298	**루이스큰남생이잎벌레** » 257

몸길이 7~8.5mm 　　몸길이 7.5~8.5mm 　　몸길이 5.2~6.8mm

실노린재과
실노린재 » 277

몸길이 6~7mm

긴노린재과
큰딱부리긴노린재 » 299

몸길이 4~6mm

긴노린재과
흰점빨간긴노린재 » 308

몸길이 10~13mm

긴노린재과
십자무늬긴노린재 » 277

몸길이 9~12mm

뿔노린재과
긴가위뿔노린재 » 241

수컷

몸길이 16~19mm

긴가위뿔노린재

암컷

뿔노린재과
에사키뿔노린재 » 282

몸길이 10~13mm

비슷한 종

노랑무늬뿔노린재

허리노린재과
꽈리허리노린재 » 244

몸길이 10~14mm

허리노린재과
넓적배허리노린재 » 247

몸길이 11~16mm

허리노린재과
떼허리노린재 » 257

몸길이 8~12mm

허리노린재과
장수허리노린재 » 289

수컷

암컷
몸길이 18~20mm

허리노린재과
우리가시허리노린재 » 286

몸길이 10~13mm

허리노린재과
노랑배허리노린재 » 249

몸길이 13~18mm

허리노린재과
큰허리노린재 » 300

몸길이 20~25mm

잡초노린재과
점흑다리잡초노린재 » 290

몸길이 6~8mm

알노린재과
무당알노린재 » 262

호리허리노린재과
톱다리개미허리노린재 » 301

몸길이 13~18mm 　　약충

몸길이 4~6mm

광대노린재과
도토리노린재 » 253

몸길이 9~10mm

광대노린재과
방패광대노린재 » 266

몸길이 19~26mm

광대노린재과
광대노린재 » 240

(무광택형)　　　　　(광택형)

몸길이 17~20mm

광대노린재과
큰광대노린재 » 298

몸길이 17~20mm

노린재과	노린재과	노린재과
주둥이노린재 » 292	**메추리노린재** » 260	**홍비단노린재** » 305

몸길이 10~16mm	몸길이 8~10mm	몸길이 6~8mm
노린재과	노린재과	노린재과
북쪽비단노린재 » 270	**알락수염노린재** » 279	**네점박이노린재** » 248

몸길이 6~9mm	몸길이 9~15mm	몸길이 11~14mm
노린재과	노린재과	노린재과
썩덩나무노린재 » 278	**열점박이노린재** » 282	**깜보라노린재** » 243

몸길이 12~18mm	몸길이 15~24mm	몸길이 7~10mm

노린재과

풀색노린재 » 302

몸길이 11~17mm

노린재과

북방풀노린재 » 270

몸길이 12~16mm

노린재과

갈색날개노린재 » 235

몸길이 10~13mm

노린재과

홍줄노린재 » 305

몸길이 9~12mm

쐐기노린재과

노랑날개쐐기노린재 » 248

몸길이 5~9mm

장님노린재과

변색장님노린재 » 268

몸길이 7~9mm

장님노린재과

탈장님노린재 » 300

몸길이 7~8mm

장님노린재과

밀감무늬검정장님노린재 » 265

몸길이 8~9mm

침노린재과

왕침노린재 » 285

몸길이 20~25mm

침노린재과

고추침노린재 » 239

몸길이 14~17mm

침노린재과

다리무늬침노린재 » 250

몸길이 12~16mm

매미과

참매미 » 295

몸길이 33~36mm

매미과

말매미 » 258

몸길이 40~48mm

매미과

유지매미 » 286

몸길이 34~36mm

매미과

애매미 » 280

몸길이 28~35mm

매미과

쓰름매미 » 278

몸길이 30~33mm

매미과

털매미 » 300

몸길이 20~25mm

꽃매미과

꽃매미 » 244

약충

몸길이 14~15mm

매미충과
말매미충 » 258

매미충과
끝검은말매미충 » 245

매미충과
제비말매미충 » 291

몸길이 8~10mm

몸길이 11~14mm

몸길이 6~7mm

큰날개매미충과
부채날개매미충 » 269

큰날개매미충과
일본날개매미충 » 287

선녀벌레과
미국선녀벌레 » 263

몸길이 9~10mm

몸길이 9~11mm

몸길이 5~7mm

쥐머리거품벌레과

쥐머리거품벌레 » 293

몸길이 6~8.5mm

거품벌레과

광대거품벌레 » 239

몸길이 6~8mm

비슷한 종

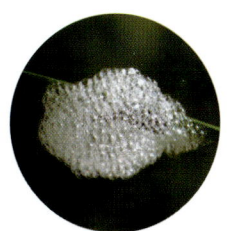

거품벌레 애벌레
(애벌레가 만든 거품)

거품벌레과

노랑얼룩거품벌레 » 249

몸길이 10.5~12.5mm

거품벌레과

만주거품벌레 » 258

몸길이 10~12mm

긴날개멸구과

주홍긴날개멸구 » 292

몸길이 4~5mm

상투벌레과

나카노상투벌레 » 246

몸길이 13~15mm

상투벌레과

깃동상투벌레 » 242

몸길이 11~13mm

진딧물과

인도볼록진딧물 » 287

몸길이 4~4.4mm

메뚜기과
우리벼메뚜기 » 286

수컷

몸길이 23~40mm

메뚜기과
밑들이메뚜기 » 265

몸길이
수컷 18~22mm · 암컷 23~29mm

메뚜기과
긴날개밑들이메뚜기 » 242

암컷

몸길이
수컷 24~28mm · 암컷 29~35mm

메뚜기과
각시메뚜기 » 235

암컷

몸길이
수컷 34~46mm · 암컷 46~60mm

메뚜기과
등검은메뚜기 » 255

암컷

몸길이
수컷 25~32mm · 암컷 37~41mm

등검은메뚜기

메뚜기과
삽사리 » 274

암컷

몸길이
수컷 19~23mm · 암컷 24~32mm

메뚜기과

방아깨비 » 266

암컷

몸길이
수컷 42~55mm · 암컷 68~86mm

메뚜기과

청분홍메뚜기 » 296

암컷

몸길이
수컷 26~30mm · 암컷 31~39mm

메뚜기과

풀무치 » 302

암컷

몸길이
수컷 43~70mm · 암컷 58~85mm

메뚜기과

콩중이 » 297

수컷

몸길이
수컷 37~43mm · 암컷 53~59mm

콩중이

암컷

메뚜기과

팥중이 » 301

수컷

몸길이
수컷 28~33mm · 암컷 39~46mm

메뚜기과

두꺼비메뚜기 » 254

수컷

몸길이
수컷 23~26mm · 암컷 30~34mm

메뚜기과

섬서구메뚜기 » 274

암컷

몸길이
수컷 23~28mm · 암컷 40~47mm

모메뚜기과

모메뚜기 » 260

암컷
몸길이 8~13mm

꼽등이과

알락꼽등이 » 279

암컷

몸길이 12~18mm, 산란관 10~15mm

꼽등이과

장수꼽등이 » 289

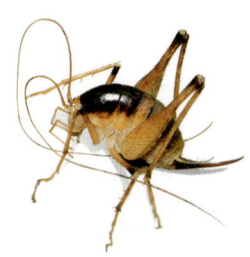

암컷

몸길이 16~25mm, 산란관 12~16mm

귀뚜라미과

왕귀뚜라미 » 283

암컷

몸길이 17~24mm, 산란관 19~22mm

귀뚜라미과

먹종다리 » 259

암컷

몸길이 4~5mm, 산란관 2mm

귀뚜라미과

긴꼬리 » 241

수컷　　몸길이 14~20mm, 산란관 10mm

귀뚜라미과

방울벌레 » 266

수컷　　암컷

몸길이 17~18mm, 산란관 12~13mm

귀뚜라미과

홀쭉귀뚜라미 » 305

수컷

몸길이 11~12mm, 산란관 12~13mm

여치과

여치 » 282

수컷　　암컷

몸길이 30~37mm, 산란관 20~23mm

여치과

잔날개여치 » 288

수컷   암컷

몸길이 16~25mm, 산란관 10mm

여치과

갈색여치 » 236

수컷

몸길이 25~33mm, 산란관 26~30mm

갈색여치

암컷

여치과

긴날개여치 » 242

수컷   암컷

몸길이 28~38mm, 산란관 25~28mm

여치과

베짱이 » 268

수컷

몸길이 31~40mm, 산란관 14~16mm

여치과

실베짱이 » 277

암컷

몸길이 29~37mm

여치과
큰실베짱이 » 299

수컷
몸길이 34~50mm

여치과
검은다리실베짱이 » 237

암컷
몸길이 29~36mm

여치과
줄베짱이 » 292

수컷
몸길이 35~40mm

줄베짱이

암컷

여치과
쌕쌔기 » 278

암컷
몸길이 14~20mm, 산란관 7mm

여치과
등줄어리쌕쌔기 » 256

암컷
몸길이 21~23mm, 산란관 9~10mm

여치과
긴꼬리쌕쌔기 » 241

수컷

암컷

몸길이 24~31mm, 산란관 26~30mm

땅강아지과
땅강아지 » 256

수컷
몸길이 23~24mm

사마귀과
사마귀 » 272

몸길이 60~85mm

사마귀과
좀사마귀 » 291

몸길이 48~65mm

사마귀과
왕사마귀 » 284

몸길이 70~95mm

대벌레과
대벌레 » 251

몸길이 70~100mm

긴수염대벌레과
긴수염대벌레 » 242

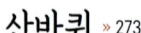
몸길이 50~100mm

민집게벌레과
끝마디통통집게벌레 » 245

몸길이 70~100mm

집게벌레과
못뽑이집게벌레 » 261

몸길이 20~36mm

집게벌레과
고마로브집게벌레 » 238

몸길이 15~22mm

바퀴벌레과
산바퀴 » 273

몸길이 11~14mm

왕잠자리과
왕잠자리 » 284

몸길이 70~75mm

왕잠자리과
긴무늬왕잠자리 » 242

암컷
몸길이 62~68mm

측범잠자리과
자루측범잠자리 » 288

암컷
몸길이 48~50mm

측범잠자리과
쇠측범잠자리 » 276

암컷
몸길이 40~44mm

측범잠자리과
노란측범잠자리 » 248

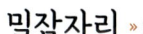

수컷
몸길이 54~56mm

측범잠자리과
부채장수잠자리 » 269

수컷
몸길이 65~70mm

장수잠자리과
장수잠자리 » 289

수컷
몸길이 90~105mm

잠자리과
밀잠자리 » 265

수컷
몸길이 48~54mm

암컷

잠자리과

큰밀잠자리 » 299

수컷

암컷

몸길이 51~53mm

잠자리과

꼬마잠자리 » 244

수컷

몸길이 17~19mm

꼬마잠자리

암컷

잠자리과

고추잠자리 » 239

수컷

암컷

몸길이 44~50mm

잠자리과

배치레잠자리 » 267

수컷

암컷

몸길이 34~38mm

수컷(미성숙 개체)

잠자리과

깃동잠자리 » 242

수컷

암컷

몸길이 42~48mm

수컷(미성숙 개체)

잠자리과

진노란잠자리 » 293

암컷

몸길이 42~48mm

잠자리과

두점박이좀잠자리 » 255

수컷

암컷

몸길이 32~38mm

잠자리과

고추좀잠자리 » 239

수컷

수컷(미성숙 개체)

암컷(적색형)

암컷(황색형)

몸길이 42~48mm

잠자리과

흰얼굴좀잠자리 » 308

수컷

암컷
몸길이 34~37mm

수컷(미성숙 개체)

잠자리과

날개띠좀잠자리 » 246

수컷

암컷
몸길이 32~38mm

수컷(미성숙 개체)

잠자리과

된장잠자리 » 254

수컷

암컷
몸길이 37~42mm

잠자리과

나비잠자리 » 246

수컷
몸길이 36~42mm

잠자리과

노란허리잠자리 » 248

수컷

몸길이 40~46mm

물잠자리과

물잠자리 » 263

수컷　　　　　　　　　　암컷

몸길이 55~57mm

청실잠자리과

묵은실잠자리 » 262

암컷

몸길이 34~38mm

실잠자리과

노란실잠자리 » 248

수컷　　　　　　　　　　암컷

몸길이 38~42mm

실잠자리과

아시아실잠자리 » 279

수컷　　　　　　암컷　　　　　　암컷(미성숙 개체)

몸길이 24~30mm

실잠자리과

왕실잠자리 » 284

수컷

암컷

짝짓기

몸길이 28~34mm

실잠자리과

참실잠자리 » 295

방울실잠자리과

큰자실잠자리 » 300

짝짓기

수컷

몸길이 30~34mm

몸길이 40~50mm

큰자실잠자리

방울실잠자리과

방울실잠자리 » 266

암컷

수컷

암컷

몸길이 38~40mm

말벌과

말벌 » 258

집

몸길이
일벌 20~27mm

말벌과

좀말벌 » 291

몸길이
일벌 22~27mm

말벌과

장수말벌 » 289

몸길이
일벌 30~35mm, 여왕벌 40~45mm

말벌과

땅벌 » 256

몸길이
일벌 10~12mm

말벌과

뱀허물쌍살벌 » 267

몸길이 10~22mm   집

말벌과

왕바다리 » 284

몸길이 19~24mm

호리병벌과
호리병벌 » 304

몸길이 25~30mm

대모벌과
대모벌 » 251

몸길이 22~25mm

구멍벌과
나나니 » 245

몸길이 20~25mm

꿀벌과
어리호박벌 » 281

몸길이 21~22mm

꿀벌과
좀뒤영벌 » 291

몸길이 14~16mm

암컷

꿀벌과
호박벌 » 304

몸길이
일벌 12~19mm

꿀벌과
꿀벌(양봉꿀벌) » 245

몸길이
일벌 10~13mm

등에잎벌과
극동등에잎벌 » 241

몸길이 8~9mm

개미과	개미과
일본왕개미 » 287	**곰개미** » 239

몸길이
일개미 7~13mm

몸길이
일개미 4~5mm

개미와 진딧물 공생

개미과	개미과	개미과
한국홍가슴개미 » 304	**불개미** » 270	**가시개미** » 234

몸길이
일개미 8~12mm

몸길이
일개미 5~8mm

몸길이
일개미 6~8mm

개미과	개미과	개미과
시베리아개미 » 277	**마쓰무라꼬리치레개미** » 257	**주름개미** » 292

몸길이
일개미 3~3.5mm

몸길이
일개미 3mm

몸길이
일개미 3~3.5mm

꽃등에과	꽃등에과	꽃등에과
꽃등에 » 244	**끝노랑꽃등에** » 245	**호리꽃등에** » 304

몸길이 14~15mm   몸길이 15~17mm   몸길이 8~11mm

꽃등에과	꽃등에과	꽃등에과
물결넓적꽃등에 » 262	**꼬마꽃등에** » 244	**오스트리아꽃등에** » 283

몸길이 10~12mm   몸길이 8~9mm   몸길이 8~10mm

꽃등에과	꽃등에과
이나노대모꽃등에 » 287	**덩굴꽃등에** » 252

수컷　　　　　암컷

몸길이 18~20mm   몸길이 10~11mm

꽃등에과

배짧은꽃등에 » 267

수컷　　　　　　　암컷

몸길이 11~13mm

꽃등에과

왕꽃등에 » 284

몸길이 12~16mm

꽃등에과

수중다리꽃등에 » 277

몸길이 12~14mm

꽃등에과

노랑배수중다리꽃등에 » 248

몸길이 11~13mm

꽃등에과

쌍형꽃등에 » 278

몸길이 17~20mm

꽃등에과

삼색꽃등에 » 274

몸길이 13~16mm

꽃등에과

알통다리꽃등에 » 280

몸길이 6.5~9.5mm

꽃등에과

배세줄꽃등에 » 267

몸길이 11~13mm

105

등에과
황등에붙이 » 305

몸길이 12~14mm

동애등에과
동애등에 » 253

몸길이 15~28mm

동애등에과
범동애등에 » 268

몸길이 10~13mm

재니등에과
빌로오드재니등에 » 271

몸길이 8~12mm

각다귀과
잠자리각다귀 » 289

몸길이 28~40mm

각다귀과
황나각다귀 » 305

몸길이 10~12mm

알락파리과
날개알락파리 » 246

몸길이 5~20mm

과실파리과
호박꽃과실파리 » 304

몸길이 7~8mm

검정파리과

금파리 » 241

비슷한 종

검정뺨금파리   연두금파리

몸길이 6~12mm

검정파리과
큰검정파리 » 298

검정파리과
검정볼기쉬파리 » 238

장다리파리과
얼룩장다리파리 » 281

몸길이 10~13mm   몸길이 7~13mm   몸길이 5~6mm

파리매과
파리매 » 301

파리매과
왕파리매 » 285

보날개풀잠자리과
모시보날개풀잠자리 » 261

몸길이 25~28mm   몸길이 20~28mm   몸길이 10~15mm

뱀잠자리과
노란뱀잠자리 » 248

뱀잠자리과
얼룩뱀잠자리 » 281

몸길이 35~45mm

몸길이 40~50mm

명주잠자리과
별박이명주잠자리 » 268

뿔잠자리과
노랑뿔잠자리 » 249

풀잠자리과
칠성풀잠자리 » 297

몸길이 30~35mm

몸길이 22~25mm

몸길이 13~15mm

강하루살이과
강하루살이 » 236

하루살이과
동양하루살이 » 254

아성충

몸길이 28~30mm

몸길이 10~20mm

민강도래과
총채민강도래 » 297

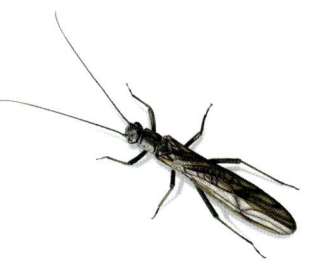

몸길이 10~30mm

민강도래과
민강도래 » 264

몸길이 18~20mm

강도래과
한국강도래 » 303

몸길이 18~30mm

강도래과
진강도래 » 293

몸길이 20~30mm

각날도래과
수염치레각날도래 » 277

몸길이 20~22mm

우묵날도래과
우묵날도래 » 286

몸길이 20~25mm

밑들이과
참밑들이 » 295

수컷

암컷

몸길이 12~15mm

돌좀과
납작돌좀 » 247

몸길이 8~12mm

담수어류 관찰 방법

 우리 주변의 강이나 하천에는 어떤 물고기가 살고 있을까요? 물의 깊이, 속도, 온도, 깨끗한 정도에 따라 여러 종류의 물고기를 만날 수 있어요. 이렇게 강과 하천의 환경이 어떤지, 그 특징을 알면 어떤 물고기가 살고 있는지 대강 알 수 있지요.

 물고기는 직접 눈으로 확인해야 그 종류를 정확히 알 수 있어요. 족대, 어항, 통발 들로 채집하여 물고기를 관찰한 뒤에는 다시 놓아 주어야 해요. 우리나라 하천 대부분이 물고기를 마음대로 잡아서는 안 되는 보호구역이라 조심해야 해요.

● **강 상류에 사는 물고기**
 계곡과 같이 나무로 둘러싸인 강 상류는 물의 깊이가 얕고 속도가 빠르며 온도가 낮아요. 대부분 큰 바위나 호박돌이 많은 대신 모래는 적지요. 이런 환경에서는 주로 버들치, 둑중개, 갈겨니, 산천어, 어름치, 자가사리 들을 볼 수 있어요.

어름치

산천어

● 강 중류에 사는 물고기

　강의 폭이 넓어지고 나무가 가린 공간이 없어요. 물의 깊이나 속도가 곳곳에 따라 달라 여러 종류의 물고기가 살아가지요. 큰 바위는 거의 보기 힘들고 자갈과 모래가 많아요. 피라미, 갈겨니, 납자루, 모래무지, 돌고기, 쉬리, 동사리, 밀어 등 여러 물고기를 만날 수 있어요.

● 강 하류에 사는 물고기

　강의 하류는 바닥이 편편하여 물의 속도가 느려지고 물의 온도는 햇빛이 비치는 곳은 높고, 그렇지 않은 곳은 조금 낮아요. 강바닥에는 상류에서 떠내려온 알갱이가 고운 진흙과 모래가 쌓여 있어 유기물이 많고 플랑크톤도 아주 풍부해요. 이런 환경에서는 메기, 잉어, 붕어, 문절망둑, 참붕어 들을 만날 수 있어요. 바다와 만나는 곳에서는 망둑어 종류가 많이 보이고 바다와 민물을 오가는 숭어, 황어, 연어, 은어 들도 보이지요.

쉬리

메기

붕어

물고기

물속에 사는 물고기는 아가미로 숨을 쉬며, 지느러미로 헤엄치고 균형을 잡아요. 또 대부분 몸이 비늘로 덮여 있지요.

- **눈**
- **콧구멍**
- **입** 먹이를 먹고 숨을 쉰다.
- **수염** 감각을 느낀다.
- **등지느러미**
- **옆줄** 물의 흐름이나 다른 동물이 일으킨 물의 움직임을 느낄 수 있다.
- **아가미** 물고기가 아가미와 입을 끊임없이 움직이는 것은 숨을 쉬기 위함이다. 아가미는 물속에 녹아 있는 산소를 받아들이고 몸에 생긴 이산화탄소를 내보내는 호흡 기관이다.
- **가슴지느러미**
- **배지느러미**
- **뒷지느러미**
- **꼬리지느러미**

머리 / 몸통 / 꼬리

물고기가 아닌 것

오징어나 문어 등은 물속에 살지만 물고기가 아니라 연체동물이다. 또 돌고래나 물개 등도 물고기가 아닌 포유동물에 속한다. 불가사리, 해파리 등도 물고기가 아니다.

오징어

돌고래

특이한 물고기

땅 위를 걷는 말뚝망둥어
갯벌에 사는 말뚝망둥어는 가슴지느러미로 바닷물이 빠져나간 갯벌 위를 걷거나 꼬리를 탁탁 튕기며 팔딱팔딱 뛰어다닌다. 또한 아가미 안쪽 공간에 저장한 물로 숨을 쉰다.

둥지를 짓는 수컷 가시고기
번식기가 되면 가시고기 수컷은 안전한 곳에 자리를 정하고 물풀 줄기 등을 몸에서 나오는 끈끈한 점액으로 붙여 둥지를 만든다. 암컷이 둥지에 알을 낳으면 수컷은 새끼가 부화할 때까지 알을 지키며 지느러미로 부채질하듯 산소가 풍부한 물을 끊임없이 돌게 한다.

물고기의 혼인색

납자루, 피라미, 황어, 버들붕어 등의 수컷은 번식기가 되면 몸 색이 화려하게 변하는데 이를 혼인색이라고 한다.

칼납자루

피라미

황어

버들붕어

잉어과	잉어과
잉어 » 288	**이스라엘잉어(향어)** » 287

몸길이 최대 120cm

몸길이 30~40cm

잉어과	잉어과
붕어 » 271	**각시붕어** » 235

몸길이 20~43cm

수컷　　　　　　　암컷

몸길이 3~6cm

잉어과	잉어과	잉어과
납자루 » 246	**칼납자루** » 297	**줄납자루** » 292

몸길이 5~9cm　　　몸길이 4~8cm　　　몸길이 12~16cm

잉어과
큰납지리 » 298

잉어과
참붕어 » 295

몸길이 18~20cm

몸길이 6~8cm

잉어과
돌고기 » 253

비슷한 종

몸길이 7~10cm

가는돌고기

감돌고기

잉어과
쉬리 » 277

잉어과
몰개 » 261

잉어과
누치 » 250

몸길이 10~15cm

몸길이 8~14cm

몸길이 25~60cm

잉어과	잉어과
참마자 » 295	**모래무지** » 260

몸길이 15~30cm 　　　　몸길이 13~15cm

잉어과	잉어과	잉어과
어름치 » 281	**왜매치** » 285	**황어** » 306

몸길이 20~45cm 　몸길이 6~8cm 　몸길이 25~40cm

잉어과		잉어과
버들치 » 268		**금강모치** » 241

몸길이 6~12cm 　　　　몸길이 7~10cm

잉어과

참갈겨니 » 294

비슷한 종

혼인색 수컷

갈겨니

몸길이 13~20cm

잉어과

피라미 » 303

잉어과

왜몰개 » 285

수컷

암컷

몸길이 12~17cm

몸길이 4~6cm

왜몰개

종개과

쌀미꾸리 » 277

미꾸리과

미꾸라지 » 264

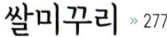

몸길이 5~6cm

몸길이 18~20cm

117

미꾸리과

참종개 » 295

비슷한 종

기름종개

몸길이 10~18cm

미꾸리과

미꾸리 » 264

미꾸리과

새코미꾸리 » 274

몸길이 10~17cm

몸길이 12~20cm

새코미꾸리

메기과

메기 » 259

몸길이 30~50cm

동자개과

동자개 » 254

비슷한 종

몸길이 18~20cm

꼬치동자개 10cm 미만

대농갱이

퉁가리과

자가사리 » 288

바다빙어과

은어 » 287

몸길이 6~10cm

몸길이 20~30cm

은어

연어과

산천어·송어 » 273

송어 60cm(강해형)

산천어 20cm(육봉형)

※같은 종이지만, 강에서 태어나 바다로 내려가지 않고 그대로 강에서 살아가는 무리를 산천어(육봉형), 바다로 내려가서 살아가는 무리를 송어(강해형)이라 한다.

송사리과
송사리 » 275

수컷

암컷

몸길이 4cm

송사리과
대륙송사리 » 251

수컷

몸길이 3~4cm

대륙송사리

큰가시고기과
가시고기 » 234

큰가시고기과
잔가시고기 » 288

암컷

몸길이 9cm

몸길이 7cm

둑중개과
둑중개 » 255

꺽지과
꺽지 » 243

몸길이 15cm

몸길이 15~30cm

꺽지

꺽지과
쏘가리 » 278

황쏘가리

몸길이 60~70cm

검정우럭과
블루길(파랑볼우럭) » 271

몸길이 15~25cm

검정우럭과
배스(큰입배스) » 267

몸길이 45~60cm

배스(큰입배스)

동사리과
동사리 » 253

몸길이 15~18cm

동사리과

얼룩동사리 » 281

몸길이 15~20cm

망둑어과

꾹저구 » 245

몸길이 10~12cm

망둑어과

밀어 » 265

몸길이 6~8cm

망둑어과

민물검정망둑 » 264

몸길이 10~15cm

민물검정망둑

버들붕어과

버들붕어 » 267

몸길이 7cm

가물치과

가물치 » 234

몸길이 50~80cm

사라져 가는 우리 물고기

물고기는 환경 변화에 매우 민감해요. 곳곳에 도로와 건물이 들어서고, 하천을 마구 파헤쳐 물고기의 서식지가 많이 파괴되었지요. 이제는 그 수가 눈에 띄게 줄어들어 보기 힘든 물고기가 늘어나고 있어요.

지구상에서 사라질 위기에 처한 생물을 멸종 위기종으로 정하고, 전 세계가 보호하려고 노력하고 있어요. 우리나라 멸종 위기 1급 물고기는 감돌고기, 꼬치동자개, 남방동사리, 미호종개, 얼룩새코미꾸리, 여울마자, 임실납자루, 퉁사리, 흰수마자 들이고, 멸종 위기 2급 물고기에는 가는돌고기, 가시고기, 꺽저기, 꾸구리, 다묵장어, 돌상어, 모래주사, 묵납자루, 백조어, 버들가지, 부안종개, 열목어, 좀수수치, 칠성장어, 한강납줄개, 한둑중개 들이 있어요.

해안동물 관찰방법

삼면이 바다로 둘러싸인 우리나라는 해안동물을 관찰하기에 매우 좋아요. 서해와 남해는 밀물과 썰물의 차이가 커서 바닷물이 빠지면 넓은 갯벌과 갯바위가 드러나고, 동해는 드넓은 모래밭이 발달해 있고 갯바위도 볼 수 있어요.

갯벌과 갯바위에는 수많은 동물이 살고 있지만, 막상 그곳에 들어가 보면 잘 눈에 띄지 않아요. 해안동물은 우리가 가까이 다가가면 위험을 느끼고 숨어 버리기 때문이지요. 이때 걸음을 멈추고 조용히 기다리면 해안동물이 조금씩 모습을 드러내며 움직이는 것을 볼 수 있을 거예요. 쌍안경이나 망원경으로 관찰하는 것도 좋은 방법이지요.

갯벌이나 갯바위에서 해안동물을 채집하려면 날카로운 굴 껍데기와 바위들에 긁히거나 다칠 수 있으니 먼저 장갑을 끼고 장화를 신어야 해요.

● 진흙 갯벌에 사는 동물

갯벌은 바닷물이 빠져나간 뒤에 드러나는 넓은 땅을 말해요. 갯벌에는 양분이 많아 다양한 동물이 살고 있어요. 갯고둥, 민챙이, 왕좁쌀무늬고둥, 말뚝망둥어, 짱뚱어, 밤게 들이 갯벌 위를 기어 다니지요. 갯벌에 있는 돌을 들추면 풀게, 납작게도 볼 수 있어요. 호미로 질척한 진흙을 파 보면 꼬막, 동죽, 모시조개, 갯지렁이 들도 만날 수 있지요.

● 모래 갯벌에 사는 동물

진흙 갯벌과는 달리 모래 갯벌은 발이 잘 빠지지 않아 걸어 다니기에 좋아요. 걸음을 멈추고 가만히 기다리면 엽낭게와 달랑게가 굴 밖으로 나와 먹이를 먹는 모습을 볼 수 있어요.

물이 빠지는 곳을 따라 걷다 보면 비단고둥, 큰구슬우렁이, 갯고둥 들이 보이고, 작은 구멍이 송송 뚫린 곳을 파 보면 맛조개, 개맛, 쏙, 백합 들이 보이지요.

● 갯바위에 사는 동물

갯바위는 바닷물이 빠지는 정도에 따라 붙어 사는 동물의 종류가 달라요. 물에 잠기지 않고 파도가 스쳐 언제나 축축한 바위에는 거북손, 조무래기따개비, 울타리고둥, 갯강구 들이 살고 있지요.

밀물 때만 물에 잠기는 바위에는 별불가사리, 삿갓조개, 말미잘, 군부, 성게, 담치, 배무래기, 가시굴 등 다양한 동물과 함께 해조류도 볼 수 있어요.

● 조수 웅덩이와 바위 갯벌에 사는 동물

썰물 때 물이 빠지면 움푹 파여 바닷물이 고인 곳을 조수 웅덩이라고 해요. 그리고 바다에 잠겨 있는 바위가 드러나기도 하지요. 이곳에는 썰물을 피해 미처 바다로 가지 못한 동물이 많아요. 해삼, 말미잘, 집게, 바위게, 민꽃게, 새우, 점망둑, 군소, 아무르불가사리, 보라성게 등 다양한 동물을 찾아볼 수 있지요.

● 바닷가 주변에서 동물 흔적 찾기

파도가 밀려온 흔적이 있는 곳을 살펴보면 다양한 종류의 조개와 고둥 껍데기를 볼 수 있어요. 파도가 높이 친 다음 날에는 해조류와 파도에 휩쓸려온 쓰레기가 바닷가에 쌓여 있는데, 해조류 사이에 옆새우, 게 등 작은 갑각류가 보여요.

옆새우류

해안 동물

우리가 해안에서 동물을 관찰하려면 바닷물이 빠져나간 썰물일 때라야 해요. 바닷물이 빠져서 공기에 드러나는 공간을 '조간대'라고 하는데, 조간대에서는 다양한 동물을 관찰할 수 있어요. 조간대에는 고둥류, 조개류, 게류 그리고 망둑어류와 크고 작은 여러 종류의 동물들이 살고 있지요.

조간대 밀물일 때는 바닷물에 잠기고 썰물일 때는 공기에 드러나는 공간으로, 물이 빠져나간 시간만큼 견딜 수 있는 생물이 살고 있다.

조하대 썰물이 되어도 물이 빠지지 않고 항상 잠겨 있는 공간으로, 이곳에 사는 생물은 공기 중에 노출되면 살 수 없다.

갯벌의 종류

진흙 갯벌

모래 갯벌

혼합(진흙+모래+작은 돌) 갯벌

여러 가지 해안동물

고둥 무리 129쪽

군소 무리 131쪽

조개 무리 132쪽

게 무리 133쪽

거북손 무리 138쪽

따개비 무리 138쪽

불가사리 무리 139쪽

말미잘 무리 139쪽

갯지렁이 무리 140쪽

해삼 무리 140쪽

성게 무리 141쪽

망둑어 무리 142쪽

조간대 환경

갯바위

조수 웅덩이

조수 웅덩이

127

군부과

군부 » 240

몸길이 5cm

비슷한 종

털군부

좀털군부

가는줄연두군부

전복과

전복 » 290

몸길이 10cm

흰삿갓조개과

배무래기 » 266

몸길이 3cm

삿갓조개과

진주배말 » 294

몸길이 3cm

비슷한 종

흑색배말

시볼트삿갓조개

애기삿갓조개

밤고둥과
개울타리고둥 » 236

밤고둥과
서해비단고둥 » 274

몸길이 1.5cm

몸길이 약 2cm

서해비단고둥

갈고둥과
갈고둥 » 235

몸길이 약 2cm

총알고둥과
총알고둥 » 297

구슬우렁이과
큰구슬우렁이 » 298

몸길이 약 1.2cm

몸길이 약 7cm

구슬우렁이과
갯우렁이 » 237

갯고둥과
댕가리 » 252

비슷한 종

갯고둥

몸길이 약 5cm

몸길이 약 3cm

뱀고둥과
큰뱀고둥 » 299

좁쌀무늬고둥과
왕좁쌀무늬고둥 » 285

몸길이 약 4cm

몸길이 약 1cm

왕좁쌀무늬고둥

무륵과
고운띠무륵 » 239

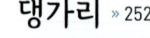

몸길이 약 1.5cm

뿔소라과

대수리 » 252

몸길이 2.5cm

민챙이과

민챙이 » 264

몸길이 4cm

민챙이

군소과

군소 » 240

몸길이 30cm

홍합과

홍합 » 305

몸길이 14cm

홍합과	굴과
굵은줄격판담치 » 240	**굴** » 240

어린 개체

몸길이 5cm　　　　　　　　나이에 따라 다양하나 10cm 이상 자라기도 한다.

가리맛조개과	백합과
가리맛조개 » 234	**대복** » 251

몸길이 10cm　　　　　　　　　　　　　　몸길이 5cm

백합과	백합과	백합과
바지락 » 265	**떡조개** » 256	**말백합** » 258

몸길이 4cm　　　　몸길이 7cm　　　　몸길이 7cm

백합과	개량조개과	돌조개과
가무락조개 » 234	**동죽** » 254	**새꼬막** » 274

몸길이 6cm	몸길이 5cm	몸길이 5cm

개맛과		밤게과
개맛 » 236		**밤게** » 265

몸길이 17cm		다리를 제외한 길이 약 2.2cm

금게과	달랑게과
그물무늬금게 » 241	**농게** » 250

다리를 제외한 길이 약 4cm	다리를 제외한 길이 약 3.5cm

달랑게과
흰발농게 » 307

달랑게과
칠게 » 297

다리를 제외한 길이 약 2cm

다리를 제외한 길이 약 4.5cm

칠게

달랑게과
길게 » 242

다리를 제외한 길이 약 4.5cm

달랑게과
달랑게 » 251

다리를 제외한 길이 2cm

달랑게과

펄콩게 » 301

다리를 제외한 길이 약 1.5cm

달랑게과

엽낭게 » 282

다리를 제외한 길이 1.2cm

엽낭게

꽃게과

민꽃게 » 264

다리를 제외한 길이 약 9cm

바위게과

도둑게 » 252

다리를 제외한 길이 약 3cm

도둑게

바위게과

말똥게 » 258

다리를 제외한 길이 약 3cm

바위게과	바위게과
붉은발말똥게 » 270	**가지게** » 234

다리를 제외한 길이 약 3cm 다리를 제외한 길이 약 2cm

	바위게과
가지게	**무늬발게** » 261

다리를 제외한 길이 약 2.8cm

바위게과	바위게과
납작게 » 247	**방게** » 266

다리를 제외한 길이 약 2.5cm 다리를 제외한 길이 약 3cm

방게

바위게과
풀게 » 302

다리를 제외한 길이 약 3cm

집게과
참집게 » 295

비슷한 종

빗참집게

다리를 뺀 길이 0.6cm   집에서 나온 참집게

갯가재과
갯가재 » 236

쏙과
쏙 » 278

몸길이 10~15cm   몸길이 10cm

갯강구과
갯강구 » 236

딱총새우과
딱총새우 » 256

몸길이 4.5cm

몸길이 5cm

징거미새우과
붉은줄참새우 » 271

거북손과
거북손 » 237

몸길이 4cm

거북손 촉수

몸길이 5cm

사각따개비과
검은큰따개비 » 238

조무래기따개비과
조무래기따개비 » 291

따개비 촉수

몸통 지름 약 4cm

몸길이 0.5cm

빗살거미불가사리과
살시빗살거미불가사리 » 273

별불가사리과
별불가사리 » 269

불가사리과
아무르불가사리 » 278

팔을 포함한 몸통 길이 7cm

팔을 포함한 몸통 길이 10cm

팔을 포함한 몸통 길이 25cm

해변말미잘과
풀색꽃해변말미잘 » 302

몸통 지름 4cm

비슷한 종

검정꽃해변말미잘

갈색꽃해변말미잘

담황줄말미잘

참갯지렁이과

흰이빨참갯지렁이 » 308

비슷한 종

몸길이 56cm

두토막눈썹참갯지렁이

집갯지렁이과

털보집갯지렁이 » 300

비슷한 종

몸길이 15cm

밀짚날개집갯지렁이

석회관갯지렁이과

우산석회관갯지렁이 » 286

돌기해삼과

가시닻해삼 » 234

몸길이 5cm

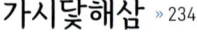
촉수

몸길이 약 10cm

140

돌기해삼과
돌기해삼 » 253

몸길이 15cm

만두성게과
보라성게 » 269

가시를 제외한 지름 6cm

둥근성게과
말똥성게 » 258

가시를 제외한 지름 6cm

보라해면과
보라해면 » 269

일정한 크기 없음

비슷한 종

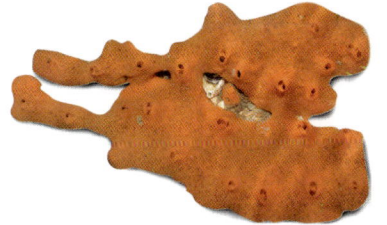

주황해변해면

숭어과
가숭어 » 234

몸길이 60cm

망둑어과
짱뚱어 » 294

몸길이 18cm

망둑어과
말뚝망둥어 » 258

몸길이 10cm

망둑어과
두줄망둑 » 255

몸길이 10cm

두줄망둑

망둑어과
문절망둑 » 262

몸길이 23cm

망둑어과
날개망둑 » 246

몸길이 10cm

망둑어과
미끈망둑 » 264

몸길이 9cm

미끈망둑

망둑어과
점망둑 » 290

몸길이 7cm

청베도라치과
앞동갈베도라치 » 280

몸길이 10cm

수서무척추동물 관찰방법

물속에 사는 물고기를 제외하고 우리 눈으로 관찰할 수 있는 크기의 동물을 수서무척추동물이라고 해요. 몸이 마디로 된 가재, 새우, 게아재비, 물방개 들과 몸에 마디가 없고 유연한 조개, 우렁이, 거머리, 플라나리아 등 종류가 많고 생김새도 흥미로운 동물이지요.

수서무척추동물은 환경 변화에 민감해요. 물의 온도나 속도, 하천 바닥의 상태 등 환경에 따라 사는 종류가 달라요. 따라서 하천에 사는 수서무척추동물을 조사하면 물속의 환경 조건이나 오염 정도를 알 수 있어 물속 생태계의 지표종(특정한 환경 조건을 보여주는 생물)으로 활용하고 있지요. 수서무척추동물은 우리가 조금만 관심을 가지면 쉽게 관찰할 수 있어요.

물속에 사는 수서무척추동물을 관찰하려면 먼저 채집해야겠지요?

물자라, 게아재비, 왕잠자리, 조개, 우렁이처럼 크기가 큰 종은 족대로 채집하고, 하루살이나 강도래 애벌레, 물진드기 등 크기가 작은 종은 주방에서 쓰는 구멍이 작은 튀김용 체로 채집하면 돼요.

수서무척추동물을 채집할 때는 강바닥이 미끄러워 자칫 넘어지거나 날카로운 돌과 깨진 유리 조각에 발을 다칠 수 있으니 장화를 신고 물에 들어가거나 물 밖에서 채집해야 해요.

• 물속에 사는 수서곤충은 대부분 애벌레(유충)이지만 정확한 이름을 알 수 없는 종들이 많아 'KUa', 'KUb'라고 구분한다. KU는 고려대학교(Korea University)를 뜻하고 a, b, c는 구분한 순서를 나타낸다.

- **살아가는 방식이 다양한 수서무척추동물**

　수서무척추동물은 살아가는 방식에 따라 다음과 같이 구분해요.

　물위를 미끄러지듯이 지치는 무리, 떠다니는 무리, 잠수하는 무리, 헤엄치는 무리, 돌이나 나무에 붙는 무리, 기어 다니는 무리, 굴을 파는 무리 등, 환경에 적응하면서 살아가는 방식에 따라 몸의 구조도 다양하게 진화해 왔지요.

　또한 먹이 종류에 따라 식물을 먹는 무리, 다른 동물을 잡아먹는 무리, 썩은 낙엽이나 동물을 먹는 무리로 구분하기도 해요.

헤엄치는 무리　먹이를 찾아 물속을 자유롭게 헤엄치며 돌아다니는 무리에는 물방개, 잠자리 애벌레, 물자라, 게아제비, 물장군, 가재, 옆새우 등이 있다.

돌 아래에 붙어 있는 무리　컴컴한 돌 아래에 단단히 붙어서 살아가는 무리에는 물날도래류 애벌레, 다슬기, 뱀잠자리 애벌레, 물달팽이, 납작하루살이류 애벌레, 넙적거머리류 등이 있다.

기어 다니거나 굴을 파는 무리　기어 다니면서 굴을 파는 무리에는 동양하루살이 애벌레와 무늬하루살이 애벌레 같은 종류가 있다.

물위를 지치는 무리　소금쟁이처럼 물위를 미끄러지듯이 지치며 살아간다.

집을 만드는 무리　천적을 피해 몸의 일부분을 집 형태로 만들고 사는 무리에는 달팽이, 우렁이, 다슬기, 조개 등이 있다.

　또 우묵날도래류 애벌레와 광택날도래 애벌레처럼 작은 돌이나 낙엽 등으로 집을 만들어 몸을 보호하는 무리도 있다.

체로 떠서 채집한 수서동물

수서무척추동물

냇가, 계곡, 하천, 저수지 등에서 사는 뼈가 없는 동물을 수서무척추동물이라고 해요. 대부분 식물이나 돌에 붙어 있는 유기물을 먹거나 작은 동물을 잡아먹으며 살아가지요. 물의 온도나 속도, 바닥의 상태 등 물속 환경에 따라 사는 종류가 달라요.

수서무척추동물 가운데 어른이 되기 전에 어린 시절(애벌레)을 물속에서 보내는 수서곤충이 60퍼센트 넘게 차지하고 있으며, 나머지는 연체동물, 절지동물 등이 살고 있지요.

물속 환경

계곡 환경은 대부분 하천의 가장 상류에 있어 물의 속도가 빠르고 온도가 낮다. 옆새우, 가재, 하루살이, 날도래, 강도래 들이 주로 살고 있다.

여울 환경은 물의 깊이가 낮아 속도가 빠르고 물속에 산소가 많아 수서무척추동물이 좋아하는 환경이다. 주로 돌에 붙어서 사는 날도래, 하루살이, 다슬기 들을 볼 수 있다.

수초 환경은 물가 식물이 많은 환경으로, 물의 깊이가 깊고 바닥에 모래나 펄이 많아 땅속이나 물 위에 사는 동물이 모여든다. 깔따구, 소금쟁이, 게아재비, 물자라, 조개, 다슬기 들이 주로 살고 있다.

연못 환경은 물이 거의 흐르지 않아 바닥이 펄로 되어 있고 물의 온도가 높다. 주로 헤엄을 잘 치지 못하거나 느리게 움직이는 물달팽이, 우렁이, 하루살이, 깔따구, 잠자리 애벌레(수채) 들이 살고 있다.

곤충이 아닌 무리

플라나리아와 거머리 무리 148쪽

달팽이와 조개 무리 149쪽

곤충을 제외한 절지동물 150쪽

여러 가지 수서곤충

하루살이 애벌레 무리 151쪽

잠자리 애벌레 무리 152쪽

강도래 애벌레 무리 153쪽

물장군과 장구애비 무리 153쪽

물방개 무리 155쪽

파리 애벌레 무리 156쪽

날도래 애벌레 무리 156쪽

플라나리아과	연가시과
플라나리아 » 302	**연가시** » 282

몸길이 1~3cm 몸길이 10~90cm

거머리과	넙적거머리과
녹색말거머리 » 249	**갈색넙적거머리** » 235

몸길이 4~6cm 몸길이 1~2.5cm

사과우렁이과	논우렁이과
왕우렁이 » 284	**논우렁이** » 250

알

몸길이 4~6cm 몸길이 4~6cm

논우렁이

왼돌이물달팽이과

왼돌이물달팽이 »285

몸길이 1~1.2cm

물달팽이과

물달팽이 »262

몸길이 1~2cm

또아리물달팽이과

또아리물달팽이 »257

몸길이 0.2~0.5cm

다슬기과

다슬기 »251

몸길이 2~6cm

좀주름다슬기

주름다슬기

석패과

펄조개 » 301

몸길이 10~13cm

재첩과

재첩 » 290

몸길이 2~3.5cm

물벌레과

물벌레 » 263

몸길이 8~10cm

투구새우과

긴꼬리투구새우 » 242

몸길이 3~10cm

가지머리풍년새우과

풍년새우 » 302

몸길이 2~3cm

옆새우과

옆새우류 » 282

몸길이 0.5~1.5cm

새뱅이과

새뱅이 » 274

징거미새우과

줄새우 » 292

몸길이 2~2.5cm

몸길이 4~6cm

가재과

가재 » 234

강하루살이과

강하루살이 애벌레 » 236

몸길이 4~5cm

몸길이 2.5~3cm

강하루살이 애벌레

하루살이과

무늬하루살이 애벌레 » 261

몸길이 2~3cm

피라미하루살이과
피라미하루살이 애벌레 » 303

알락하루살이과
뿔하루살이 애벌레 » 272

몸길이 1~1.5cm

몸길이 1.5~2cm

알락하루살이과
민하루살이 애벌레 » 265

납작하루살이과
흰부채하루살이 애벌레 » 307

비슷한 종

부채하루살이 애벌레

몸길이 0.7~1cm

몸길이 1~1.5cm

실잠자리과
등검은실잠자리 애벌레 » 255

물잠자리과
검은물잠자리 애벌레 » 237

왕잠자리과
왕잠자리 애벌레 » 285

몸길이 1.5~1.7cm

몸길이 4.5~4.7cm

몸길이 3.8~5cm

측범잠자리과
마아키측범잠자리 애벌레
» 257

몸길이 2.2~2.4cm

측범잠자리과
어리장수잠자리 애벌레 » 281

몸길이 3.4~4cm

잔산잠자리과
잔산잠자리 애벌레 » 289

몸길이 2.5~3cm

잠자리과
된장잠자리 애벌레 » 254

몸길이 2~2.5cm

큰그물강도래과
한국큰그물강도래 애벌레
» 303

몸길이 4.5~5cm

강도래과
한국강도래 애벌레 » 303

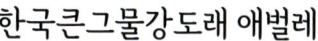

비슷한 종

그물강도래 애벌레

몸길이 2.5~3cm

물벌레과
방물벌레 » 266

몸길이 0.5~0.8cm

송장헤엄치게과
송장헤엄치게 » 275

물장군과
물장군 » 263

아랫면

몸길이 1~1.5cm

몸길이 5~7cm

물장군과
물자라 » 263

장구애비과
장구애비 » 289

장구애비과
게아재비 » 238

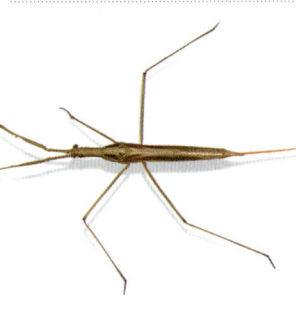

몸길이 2~3cm

몸길이 3.5~4cm

몸길이 4~5cm

소금쟁이과
소금쟁이 » 275

비슷한 종

광대소금쟁이

몸길이 1~1.6cm

뱀잠자리과	물맴이과	
뱀잠자리붙이 애벌레 »267	**물맴이** »263	

몸길이 4~5cm   몸길이 0.6~0.8cm

물방개과	비슷한 종	물방개과
물방개 »263		**꼬마줄물방개** »244

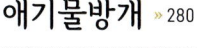

몸길이 3.5~4.5cm   검정물방개   몸길이 0.8~1cm
                      몸길이 2~2.5cm

물방개과	물방개과	물방개과
혹외줄물방개 »305	**노랑무늬물방개** »248	**애기물방개** »280

몸길이 0.4~0.6cm   몸길이 0.3~0.5cm   몸길이 1.2~1.5cm

물삿갓벌레과
둥근물삿갓벌레 KUa 애벌레 » 255

아랫면

몸길이 1~1.5cm

모기과
얼룩날개모기류 애벌레
» 281

몸길이 2~3cm

깔따구과
깔따구류 애벌레 » 243

깔따구 붉은색

몸길이 1~1.5cm

각다귀과
각다귀 KUa 애벌레 » 235

몸길이 5.5~6cm

줄날도래과
동양줄날도래 애벌레 » 253

몸길이 1~1.5cm

각날도래과
연날개수염치레각날도래 애벌레 » 282

몸길이 4~5cm

광택날도래과

광택날도래 KUa 애벌레 » 240

몸길이 0.8~1.2cm

우묵날도래과

띠무늬우묵날도래 애벌레
» 257

몸길이 3~3.5cm

띠무늬우묵날도래 애벌레

우묵날도래과

애우묵날도래 KUa 애벌레 » 281

몸길이 0.8~1cm

바수염날도래과

수염치레날도래 애벌레 » 277

몸길이 1~1.2cm

네모집날도래과

네모집날도래 KUb 애벌레 » 247

몸길이 1~1.2cm

양서류와 파충류 관찰 방법

우리나라에서 살고 있는 양서류는 개구리, 도롱뇽, 두꺼비 등이고, 파충류는 뱀, 도마뱀, 거북 등이에요. 양서류와 파충류의 관찰 방법은 다음과 같아요.

● **양서류 찾기**

대부분 울음소리를 내어 짝을 찾는 양서류는 그 울음소리로 있는 곳을 알아낼 수 있어요. 하지만 그 소리를 듣고 다가가면 금세 소리를 그치고 조용히 있거나 물속으로 몸을 감추고 말아요. 이때 걸음을 멈추고 조용히 기다리면 한참 뒤에 다시 울기 시작해요. 울음소리가 다르고 소리를 내는 시기와 장소도 종류마다 달라 소리만으로 어떤 종인지 구별할 수 있어요.

짝을 찾은 양서류는 물속에 알을 낳아요. 종류에 따라 알을 낳는 장소, 알 덩이의 형태나 크기가 달라 어떤 동물의 알인지 짐작할 수 있지요. 시간이 지나 알에서 나온 올챙이는 물속에서 생활하다가 꼬리가 없어지고 다리가 생기면서 점점 어른이 되어요. 어른이 되면 물과 땅을 오가며 생활하지요.

도롱뇽과 알

계곡산개구리의 알

도롱뇽과 산개구리 종류의 알과 올챙이는 물이 맑고 깨끗한 계곡이나 그 주변의 논에서 볼 수 있어요. 어른이 되면 산의 축축한 돌 밑이나 낙엽 밑, 계곡에서 주로 지내요. 청개구리와 참개구리는 산 주변의 습지, 논, 연못에서 볼 수 있고, 두꺼비의 알은 산에서 가까운 논이나 연못에서 주로 볼 수 있어요. 두꺼비는 주로 밤에 활동하는데, 가로등 불빛에 모여드는 곤충을 잡아먹기도 하지요.

먹이를 먹는 두꺼비

● **파충류 찾기**

예민하고 소리 없이 움직이는 파충류는 정말 만나기가 힘들지만 습성만 잘 알면 만날 수 있어요.

뱀, 자라, 도마뱀 등의 파충류는 체온이 높아져야 제대로 활동해요. 해가 뜨기 시작하는 오전이나 비가 그친 뒤, 먹이를 먹은 뒤에는 체온을 올리려고 일광욕을 하지요. 숲 속의 햇볕이 잘 드는 길, 나무나 바위 위 등을 살펴보면 일광욕을

일광욕을 하는 살모사

일광욕을 하는 남생이

다시 자라고 있는 표범장지뱀의 꼬리

하는 파충류를 만날 수 있어요.

살모사류나 유혈목이 같은 뱀은 산속 바위가 많은 곳이나 물가에서 쉽게 만나기도 해요. 장지뱀이나 도마뱀은 묘지 주변, 돌담, 화단 주변에서 볼 수 있지요.

자라나 붉은귀거북은 하천 가운데에 있는 넓은 바위나 물에 떠 있는 나무토막 위에서 찾을 수 있어요.

파충류는 순하고 조용한 동물이지만 잘못 건드리면 사람을 공격하기도 해요. 특히 살모사류나 유혈목이는 강한 독을 가지고 있어 물리면 위험해요. 그러니 뱀은 잡지 말고 되도록 거리를 두고 관찰해야 합니다.

자라나 붉은귀거북은 독은 없지만 물리면 큰 상처를 입을 수 있으니 조심해야 해요. 도마뱀이나 장지뱀은 위험을 느끼면 스스로 꼬리를 자르고 도망가는 습성이 있으니 놀라지 않게 조심조심 움직여야 합니다. 잘린 꼬리는 시간이 지나면 다시 자라나요.

● 독이 있는 독사

뱀은 온순하고 겁이 많아 먼저 사람을 공격하는 일이 거의 없어요. 그러나 사람이 일부러 또는 자기도 모르게 뱀에게 위협을 가하면 뱀은 스스로를 방어하려고 사람을 공격하기도 해요. 독이 있는 뱀에게 물리면 물린 부위가 퉁퉁 부어오르고 통증이 아주 심하지요. 서둘러 치료를 하지 않으면 생명이 위험해질 수도 있어요.

● 독니를 감추고 있는 살모사

우리나라에는 쇠살모사, 살모사, 까치살모사, 유혈목이 들이 독이 있는 뱀이에요. 살모사는 위에서 내려다보면 머리 모양이 정삼각형에 가깝고, 몸에는 검은색이나 갈색 계통의 끊어진 점무늬가 새겨 있어요. 이에 비해 독이 없는 뱀들은 대부분 몸에 줄무늬가 죽 이어져 있지요.

살모사의 삼각형 머리

또 독사의 꼬리 끝은 노란색을 띠고, 방울뱀처럼 꼬리를 떨어 적을 위협하기도 해요. 살모사류는 평소에 갈고리 모양의 독니를 위턱에 감추고 있다가 먹이를 먹을 때나 적의 공격을 받았을 때 독니가 튀어나와 먹이나 적을 물지요. 독은 한번 분비하면 곧바로 생기지 않아 대부분의 독사는 먹이를 잡거나 위급한 상황이 아니면 잘 물지 않는다고 해요.

독니를 감추고 있는 살모사

독사 가운데 매우 무늬가 화려하고 우리나라 어디에서나 만날 수 아주 흔한 뱀은 바로 유혈목이예요. 유혈목이는 살모사와 달리 어금니 깊이 독니가 있어 먹이를 먹을 때 빼고는 독에 중독될 확률이 살모사에 비해 낮아요.

독사에게 물리면 물린 부위에서 심장 쪽으로 20센티미터 정도 부위에 손가락 하나가 들어갈 여유를 두고 묶어 독이 몸으로 퍼지는 것을 막아야 해요. 그리고 곧바로 병원으로 달려가 치료를 받는 것이 무엇보다 가장 안전하지요.

쇠살모사의 반점무늬와 삼각형 머리

화려한 무늬의 독사 유혈목이

양서류

양서류는 주위 온도에 따라 체온이 변하는 변온동물이에요. 대부분 어린 시절은 물속에서 생활하고 자란 후에는 물과 땅을 오가며 생활하지요. 피부에 털이나 깃털, 비늘이 없어 매끄러워요. 또 허파와 함께 피부로도 호흡을 할 수 있지요. 양서류에는 개구리, 두꺼비, 맹꽁이, 도롱뇽 들이 있어요.

피부 양서류는 피부로 숨을 쉬며 수분을 빨아들이거나 내보내는 일을 한다. 이러한 피부를 보호하기 위해 점액질을 분비하여 항상 촉촉하고 매끄럽다.

물갈퀴 뒷발가락 사이에 물갈퀴가 있어 헤엄을 치는데 편리하다.

귀 · 눈 · 콧구멍 · 입
발가락 · 뒷다리 · 앞다리 · 발가락

독이 있는 개구리
두꺼비, 물두꺼비, 옴개구리, 무당개구리는 피부에 강한 독을 지니고 있다.

두꺼비
무당개구리 
옴개구리 

개구리의 한살이

알 → 올챙이 → 아가미로 호흡 →
뒷다리 생김 ← 앞다리가 생김 ← 꼬리가 없어짐 ← 개구리

파충류

파충류도 주위 온도에 따라 체온이 변하는 변온동물이지요. 피부는 단단한 비늘로 덮여 있어 건조한 환경에서도 몸의 습기를 유지할 수 있어요. 대부분 알을 낳아 번식하지만 새끼를 낳는 종도 있지요. 파충류에는 뱀, 도마뱀, 악어, 거북 들이 있어요.

코
눈

피트 기관 열을 감지하여 아주 어두운 곳에서도 먹이를 정확히 찾아내는 기관이다. 살모사류에서 주로 볼 수 있다.

혀 가늘고 긴 두 갈래 혀를 날름거리면서 주변의 냄새를 맡거나 흔적을 찾아 먹이를 쫓는다.

비늘 손톱과 같은 각질 성분으로 되어 있으며, 몸을 보호하고 몸 안의 수분이 밖으로 빠져나가는 것을 막는 역할을 한다. 뱀은 자라면서 낡은 비늘(허물)을 벗는다.

양서류의 알과 파충류의 알

양서류의 알은 젤리처럼 말랑말랑한 우무질로 싸여 있어 물 밖에서는 물기가 쉽게 말라버리기 때문에 물속에 낳아야 한다. 그러나 파충류의 알은 질긴 껍실로 싸여 있어 물기가 쉽게 마르지 않기 때문에 물 밖에 낳는다.

도롱뇽의 알

대륙유혈목이의 알

도롱뇽과
도롱뇽 » 252

어린 개체

알

몸길이 9~13cm

도롱뇽과
꼬리치레도롱뇽 » 243

미주도롱뇽과
이끼도롱뇽 » 287

몸길이 12~19cm

어린 개체

꼬리를 제외한 몸길이 6~10cm

무당개구리과
무당개구리 » 261

몸길이 4~5cm

아랫면

방어행동 – 몸을 뒤로 젖혀서 배를 보임

청개구리과

청개구리 » 296

울음주머니

몸길이 3~4cm

두꺼비과

두꺼비 » 254

올챙이 알

몸길이 6~12cm

두꺼비과

물두꺼비 » 263

개구리과

계곡산개구리 » 238

짝짓기

몸길이 4~7cm   몸길이 4~6cm

개구리과	개구리과
한국산개구리 » 303	**북방산개구리** » 269

몸길이 3~5cm　　　　　　　　　몸길이 5~7cm

북방산개구리	개구리과
	금개구리 » 241

몸길이 4~7cm

개구리과

참개구리 » 294

몸길이 6~10cm

166

개구리과	개구리과
황소개구리 » 306	**옴개구리** » 283

몸길이 13.8~46cm　　　　　　　　몸길이 4~6cm

옴개구리　　　　맹꽁이과
　　　　　　　　맹꽁이 » 259

짝짓기

몸길이 4~6cm

남생이과	자라과
남생이 » 246	**자라** » 288

어린 개체

몸길이 25~45cm　　　　　　　　몸길이 25~30cm

붉은귀거북과
붉은귀거북 » 270

도마뱀과
도마뱀 » 252

몸길이 20~30cm

몸길이 6~9cm

도마뱀

도마뱀부치과
도마뱀부치 » 252

몸길이 10~14cm

장지뱀과
아무르장지뱀 » 279

장지뱀과
줄장지뱀 » 293

몸길이 12~16cm

몸길이 10~14cm

줄장지뱀

장지뱀과

표범장지뱀 » 302

꼬리가 재생되고 있음

몸길이 6~10cm

뱀과

누룩뱀 » 250

몸길이 70~90cm

뱀과

유혈목이 » 286

몸길이 60~100cm

뱀과

유혈목이

뱀과

무자치 » 262

몸길이 50~70cm

뱀과	뱀과	살모사과
능구렁이 » 250	**대륙유혈목이** » 251	**살모사** » 273

몸길이 60~110cm

몸길이 40~65cm

몸길이 30~55cm

	살모사과
살모사	**쇠살모사** » 276

검은색의 살모사 혀

몸길이 25~50cm

살모사과

까치살모사 » 243

몸길이 40~70cm

사라져 가는 우리 양서류와 파충류

양서류와 파충류는 주위 온도에 따라 몸의 온도가 변하는 대표적인 동물이지요. 양서류는 허파호흡과 피부호흡을 하는 동물이라 오염된 물이나 농약을 뿌린 논에서는 절대 살 수 없어요. 요즘에는 도시뿐만 아니라 농촌에서도 개구리나 뱀을 만나기가 쉽지 않아요.

많은 양서류와 파충류가 우리 주변에서 사라져 가고 있지만, 특히 그 수가 너무 빨리 줄어들어 멸종 위기에 처해 있는 동물들이 있어요.

수원청개구리, 비바리뱀 들이 멸종 위기 1급 동물이고, 금개구리, 남생이, 맹꽁이, 표범장지뱀, 구렁이 들이 멸종 위기 2급 동물이라고 해요. 다른 동물도 보호해야 하지만, 멸종 위기에 처한 동물들이 우리 주변에서 영원히 사라지지 않게 꼭 지켜야 해요.

생태계를 어지럽히는 양서류와 파충류

멸종 위기에 처해 있어 보호해야 할 동물도 있지만, 우리 주변에는 다른 나라에서 들여와 우리 생태계에 나쁜 영향을 주는 동물도 있어요.

다른 나라에서 식용으로 들여온 황소개구리와 애완용으로 들여온 붉은귀거북이 대표적인 동물이지요. 특히 황소개구리는 커다란 덩치와 무엇이든 잘 먹는 식성 때문에 우리나라 개구리와 뱀을 잡아 먹어 생태계에 나쁜 영향을 줍니다. 다른 나라에서 동물이나 식물을 들여올 때는 우리나라 생태계에 혹시 피해를 주는 것은 아닌지 먼저 꼼꼼하게 따져 봐야겠지요?

조류 관찰 방법

새는 숲과 계곡, 바닷가, 갯벌 등 사는 곳이 다양해요. 새를 찾고 관찰하는 방법을 알면 더 많은 새를 볼 수 있어요.

● **새의 움직임을 살핀다**

새는 시력이 좋고 귀도 밝아요. 또 천적을 피하려고 위장하거나 덤불, 나무 등에 숨어 있어서 찾기가 아주 힘들어요. 그래서 새를 찾으려면 조용히 움직여야 하고 소리에 귀를 기울여야 해요. 처음부터 한곳을 집중해서 찾지 말고 전체적으로 둘러보면서 새들이 내는 소리와 움직임을 먼저 느껴 보세요. 방향을 잡고 맨눈으로 대충 위치를 파악한 다음, 쌍안경으로 다시 살펴봅니다. 번식을 하는 봄이나 초여름에는 새가 잘 울기 때문에 더욱 주의 깊게 귀를 기울여야 해요. 또 한낮보다는 새가 활발하게 활동하는 아침이 관찰하기에 더 좋아요.

목욕을 하는 호사도요

먹이를 먹는 직박구리

모래톱에서 쉬고 있는 새

● 새가 모이는 장소를 찾는다

 새는 먹이를 먹고 목욕을 하며 휴식을 취합니다. 그러니 먹이가 있는 곳, 목욕하는 곳, 휴식하는 곳 등을 알면 새를 찾을 수 있어요. 먹이가 있는 곳은 열매가 있는 나무나 덤불, 밭 주변, 갯벌이나 강 하구, 항구 등이에요. 또 목욕하는 곳은 물이 고여 있는 웅덩이, 계곡, 강 하구의 모래톱 주변 등이지요. 휴식을 취하는 곳은 천적의 움직임을 알 수 있는 높은 나무 위, 전봇대나 전깃줄, 높은 절벽, 강 하구의 모래톱 등이에요. 한편, 매나 황조롱이 같은 맹금류는 먹이를 찾아 하늘을 맴도는 습성이 있으니 하늘을 살피는 것도 잊지 마세요.

● 새를 유인한다

 강물이 얼고 눈이 쌓이는 추운 겨울에는 새가 먹이를 찾기가 힘들어요. 이때 새가 좋아하는 조, 땅콩, 들깨 등 견과류와 곡식을 뿌려 놓거나 돼지비계를 나무에 매달거나 큰 바위에 올려놓으면 숲에서 새가 날아올 수도 있어요. 또 쟁반에 물을 담아 놓으면 목욕을 하거나 물을 마시려고 날아오기도 해요.

돼지비계를 먹으러 찾아온 쇠동고비

 새는 번식기가 되면 짝을 찾거나 영역을 지키려고 소리를 냅니다. 따라서 번식기에 새의 소리를 흉내 내어 새를 모을 수도 있어요. 그러나 새를 유인하는 방법은 새의 생활에 사람이 참견하는 행동이니까 자주 하지 않는 것이 좋아요.

놓아둔 물을 찾아온 진박새

뿌려 놓은 먹이를 먹는 양진이

🐦 새는 왜 알을 낳을까?

새 하면 가장 먼저 떠오르는 모습이 무엇인가요? 그래요, 날아다니는 모습이에요. 하지만 날기를 포기한 타조, 에뮤, 펭귄 같은 새들도 있어요. 그렇다면 모든 새의 공통적인 특징은 무엇일까요? 바로 알을 낳는 것이에요.

그런데 왜 새는 깨지기 쉬운 알을 낳는 것일까요?

새는 먹이를 찾거나 천적을 피해 날아가려면 몸이 가벼워야 해요. 포유류처럼 몸속에서 새끼를 오랫동안 키우고 있으면 몸이 무거워 잘 날 수 없어서 사냥을 못 하고 천적을 피해 쉽게 달아나지도 못해요. 그래서 둥지를 만들고 알을 낳아 새끼를 키우지요.

그러면 세상에서 가장 큰 새의 알은 무엇일까요? 덩치가 가장 큰 타조의 알이 세상에서 가장 큽니다. 알의 긴 지름이 무려 13~15센티미터나 되고 무게는 1.4킬로그램 정도로 달걀 30개의 무게라고 해요.

세상에서 가장 작은 새의 알은 무엇일까요? 몸집이 가장 작은 벌새의 알이에요. 벌새는 완두콩만 한 알을 낳는다고 해요. 가장 작은 벌새는 몸길이가 5.5센티미터라고 하니 완두콩만 한 알도 어미 크기에 비해 매우 큰 편이지요.

🐦 새의 알은 모두 동그란 모양일까?

알은 타원형도 있고 동그란 모양도 있어요. 이렇게 모양이 다른 것은 둥지를 만드는 장소에 따라 알을 잘 보호하기 위해서라고 해요. 예를 들어 안전한 나무속이나 땅속에 알을 낳는 올빼미, 청호반새는 알이 굴러 떨어질 염려가 없으니까 모양이 동그란 알을 낳고, 나무 위나 절벽에 둥지를 만들어 알을 낳는 갈매기, 가마우지, 백로는 알이 굴러가지 않게 타원형이나 길쭉한 알을 낳습니다.

또 새의 알은 둥지를 만드는 재료와 환경에 따라 여러 가지 색깔을 띠는데 종류가 같은 새라도 알을 낳는 장소나 어미가 먹은 먹이에 따라 색이 달라요.

❶ 땅에 둥지를 짓는 검은머리물떼새 알

❷ 밥그릇 모양의 둥지를 짓는 때까치 알

❸ 밥그릇 모양의 둥지를 짓는 멧새 알

❹ 나무 위에 가지로 둥지를 짓는 황로 알

❺ 갯바위 절벽에 둥지를 짓는 바다쇠오리 알

❻ 나무 구멍에 둥지를 짓는 올빼미 알

🐦 새가 살아가는 환경

오랜 시간이 흐르면서 새는 좋아하는 먹이나 사는 환경에 따라 부리 모양, 날개 모양, 깃털 색깔 등이 변화해 왔어요. 이러한 변화를 '진화'라고 하는데 새뿐만 아니라 모든 생물은 자신이 살아가는 환경에 알맞게 진화하고 있지요.

새는 사는 환경이 다양하고 그에 따라 종류도 달라요. 새를 관찰하고 구별할 때에 사는 환경을 알면 더욱 쉽게 구분할 수 있어요.

여기에서는 물 위(호수, 바다)에서 관찰되는 새, 물 주변(해안, 하천 주변)에서 관찰되는 새, 산림(산속)에서 관찰되는 새, 산림 주변(숲 가장자리)에서 관찰되는 새, 논과 밭(들판, 집 주변)에서 관찰되는 새 등으로 모아 놓았어요. 새 이름 가운데 '구리, 가리, 치' 등은 모두 새를 의미하는 우리 옛말이에요.

새

새는 몸이 깃털로 덮여 있고, 앞다리가 변한 날개가 있어 대부분 하늘을 자유롭게 날아다니지요. 몸 형태는 앞부분이 곡선이고 뒤쪽으로 갈수록 뾰족한 유선형이며, 시력이 뛰어나고 체온(약 섭씨 40도)이 높아요.

- 눈
- 귀깃 밑에 가려 있는 귀
- 목
- 등
- 허리
- 날개
- 꼬리
- 콧구멍
- 윗부리
- 아랫부리
- 멱
- 가슴
- 배
- 다리
- 발가락

날 수 없는 새

타조는 몸무게가 120킬로그램이지만 이에 비해 날개는 매우 작고 연약하여 날 수 없다. 대신 다리가 튼튼하여 시속 65킬로미터 이상으로 달릴 수 있다.

펭귄은 날개가 지느러미발로 변해 하늘을 날 수는 없지만 물속에서는 마치 날아다니는 것처럼 헤엄칠 수 있다.

타조

훔볼트펭귄

새의 조상 '시조새' 화석

1861년 독일에서 귀중한 화석이 발견되었다. 이 화석에는 새의 특징인 날개와 깃털뿐만 아니라, 파충류에서 볼 수 있는 이빨과 긴 꼬리도 있었다. 과학자들은 이 생물을 새의 조상이란 의미로 '시조새'라고 이름 붙였다.

우리나라에서 볼 수 있는 새

❶ **텃새(참새)** 같은 장소에서 일 년 내내 볼 수 있는 새로 참새, 박새, 황조롱이 등이 있다.
❷ **여름 철새(제비)** 봄부터 여름까지 우리나라에서 번식하고 가을에 따뜻한 남쪽으로 이동하는 새로 제비, 꾀꼬리, 뻐꾸기 등이 있다.
❸ **겨울 철새(청둥오리)** 가을에 우리나라로 와서 겨울을 보내고 이듬해 봄에 북쪽으로 올라가는 새로 청둥오리, 기러기 등이 있다.
❹ **나그네새(붉은갯도요)** 북쪽 번식지와 남쪽 월동지를 이동하면서 우리나라를 거쳐 가는 새로 도요새, 물떼새 등이 있다.

날기 위한 새의 진화

하늘을 나는 새는 오랜 세월 동안 다양한 방식으로 진화해 왔다. 길고 튼튼한 날개, 큰 가슴 근육, 몸은 유선형이라 균형이 잘 맞는다. 시력이 뛰어나고 보온이 잘되는 깃털도 날기 위한 중요한 요소이다. 무엇보다도 몸의 무게를 줄이기 위해 어떻게 진화하였는지 살펴보자.

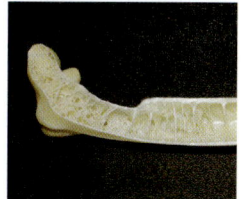

독수리 뼈

뼈의 무게를 줄이기 위하여 뼈 속이 비어 있다. 하늘을 날지 않거나 잠수를 하는 새는 뼈 속이 비어 있지 않다.

큰부리까마귀

무거운 이빨 대신 가벼우면서도 강한 부리가 있다. 새는 부리로 깃털을 다듬고 둥지를 짓는 등 정교한 일도 한다.

물총새 알

알을 낳는다. 포유류처럼 배 속에 새끼를 품고 있으면 무거워서 날기 힘들 것이다.

수리부엉이 구토물

장이 매우 짧아 배설물을 저장하지 않는다. 또 소화되지 않은 먹이를 입으로 토해내 몸을 가볍게 유지한다.

물 위(호수, 바다)에서 관찰되는 새

논병아리과
논병아리 » 250

번식깃

비번식깃

몸길이 23~29cm

논병아리과
뿔논병아리 » 272

번식깃

비번식깃

몸길이 46~51cm

아비과
큰회색머리아비 » 300

몸길이 62~75cm

오리과
쇠기러기 » 275

몸길이 65~78cm

오리과
큰기러기 » 298

몸길이 75~90cm

오리과
혹부리오리 » 304

몸길이 55~65cm

오리과
청둥오리 » 296

수컷   암컷

몸길이 56~65cm

오리과
원앙 » 286

수컷   암컷

몸길이 43~51cm

오리과
큰고니 » 298

어린새

몸길이 130~150cm

오리과	오리과

흰뺨검둥오리 » 308   **쇠오리** » 276

수컷

몸길이 58~61cm   몸길이 32~35cm

쇠오리	오리과

가창오리 » 235

암컷   수컷   암컷

몸길이 39~43cm

오리과	오리과

넓적부리 » 247   **흰죽지** » 308

수컷   암컷   수컷

몸길이 44~52cm   몸길이 42~49cm

흰죽지

오리과
검은머리흰죽지 » 237

암컷

수컷

암컷

몸길이 42~51cm

오리과
댕기흰죽지 » 252

오리과
흰뺨오리 » 308

수컷

암컷

수컷

몸길이 40~47cm 몸길이 40~48cm

흰뺨오리

오리과
고방오리 » 238

암컷

수컷

암컷

몸길이 51~76cm

오리과

흰비오리 » 307

수컷

암컷

몸길이 38~44cm

오리과

비오리 » 271

수컷

암컷

몸길이 58~68cm

매과

매 » 258

몸길이 38~51cm

매

물수리과

물수리 » 263

몸길이 54~64cm

수리과
흰꼬리수리 » 306

가마우지과
민물가마우지 » 264

몸길이 74~95cm

몸길이 77~94cm

물꿩과
물꿩 » 262

뜸부기과
쇠물닭 » 276

몸길이 31~58cm

몸길이 30~38cm

쇠물닭

뜸부기과
물닭 » 262

몸길이 36~40cm

물 주변(해안, 하천 주변)에서 관찰되는 새

백로과
왜가리 » 285

몸길이 84~102cm

백로과
쇠백로 » 276

몸길이 55~65cm

백로과
노랑부리백로 » 249

몸길이 65~68cm

백로과
중대백로 » 293

몸길이 80~90cm

백로과
황로 » 305

몸길이 46~56cm

백로과
해오라기 » 304

어린새
몸길이 58~65cm

184

백로과

검은댕기해오라기 » 237

몸길이 35~48cm

저어새과

저어새 » 290

몸길이 75~80cm

비슷한 종

노랑부리저어새

황새과

황새 » 306

몸길이 100~112cm

물떼새과

개꿩 » 236

몸길이 27~31cm

물떼새과

꼬마물떼새 » 244

몸길이 14~17cm

꼬마물떼새

물떼새과

흰물떼새 » 307

수컷

암컷

몸길이 15~17cm

검은머리물떼새과
검은머리물떼새 » 237

몸길이 40~47.5cm

도요과
좀도요 » 291

몸길이 13~16cm

도요과
민물도요 » 264

몸길이 16~22cm

도요과
붉은어깨도요 » 271

몸길이 26~28cm

도요과
꼬까도요 » 243

몸길이 21~23cm

도요과
세가락도요 » 275

몸길이 20~21cm

도요과
청다리도요 » 296

몸길이 30~34cm

도요과
삑삑도요 » 272

몸길이 21~24cm

도요과
알락도요 » 279

몸길이 19~21cm

도요과	도요과
깝작도요 » 243	**큰뒷부리도요** » 299

몸길이 19~21cm　　　　　　　　몸길이 37~41cm

도요과	도요과	갈매기과
알락꼬리마도요 » 279	**중부리도요** » 293	**붉은부리갈매기** » 271

몸길이 55~62cm　　몸길이 40~46cm　　몸길이 37~43cm

	갈매기과
붉은부리갈매기	**재갈매기** » 289

어린새　　　　　　　　어린새

몸길이 55~67cm

갈매기과
갈매기 » 235

갈매기과
괭이갈매기 » 240

어린새

몸길이 40~46cm

몸길이 44~48cm

갈매기과
쇠제비갈매기 » 276

물총새과
물총새 » 263

몸길이 22~28cm

몸길이 16~20cm

할미새과
노랑할미새 » 249

할미새과
알락할미새 » 280

할미새과
백할미새 » 267

몸길이 17~20cm

몸길이 16.5~18cm

몸길이 17~20cm

할미새과
검은등할미새 » 237

몸길이 21~23cm

휘파람새과
휘파람새 » 306

몸길이 16.5~18cm

개개비과
개개비 » 236

몸길이 18~20cm

지빠귀과 … 솔딱새과
바다직박구리 » 265

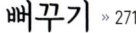
수컷 　　　　　암컷

몸길이 22~23cm

물까마귀과
물까마귀 » 262

몸길이 21~23cm

산림(산속)에서 관찰되는 새

두견이과
뻐꾸기 » 271

몸길이 32~36cm

올빼미과
수리부엉이 » 276

몸길이 56~75cm

올빼미과	올빼미과	
올빼미 » 283	**소쩍새** » 275	

몸길이 45~47cm

몸길이 18~21cm

쏙독새과	굴뚝새과	지빠귀과
쏙독새 » 278	**굴뚝새** » 240	**호랑지빠귀** » 304

몸길이 27~32cm 몸길이 9~10cm 몸길이 28~30cm

지빠귀과	지빠귀과	휘파람새과
되지빠귀 » 254	**흰배지빠귀** » 307	**숲새** » 277

몸길이 20~23cm 몸길이 23~24cm 몸길이 9.5~10.5cm

휘파람새과 … 솔새과	딱새과 … 솔딱새과

산솔새 » 273

몸길이 12~13cm

큰유리새 » 299

수컷　　　　　　　암컷

몸길이 15.5~16.5cm

딱새과 … 솔딱새과	오목눈이과	박새과

흰눈썹황금새 » 307

몸길이 13~13.5cm

오목눈이 » 283

몸길이 13.5~14.5cm

박새 » 265

몸길이 14~15cm

박새과	박새과	박새과

곤줄박이 » 239

몸길이 11~15cm

진박새 » 294

몸길이 10~12cm

쇠박새 » 276

몸길이 11~12.5cm

동고비과
동고비 » 253

몸길이 13.5~14cm

멧새과
노랑턱멧새 » 249

수컷   암컷

몸길이 14.5~16cm

까마귀과
어치 » 281

몸길이 33~34cm

까마귀과
큰부리까마귀 » 299

몸길이 46~59cm

딱다구리과
쇠딱다구리 » 276

몸길이 13~15cm

딱다구리과
청딱다구리 » 296

몸길이 26~33cm

딱다구리과
오색딱다구리 » 283

몸길이 20~24cm

비슷한 종

큰오색딱다구리

산림 주변(숲 가장자리)에서 관찰되는 새

수리과
참매 » 295

몸길이 46~63cm

수리과
붉은배새매 » 270

몸길이 25~33cm

매과
새호리기 » 274

몸길이 28~35cm

새호리기

비둘기과
멧비둘기 » 260

몸길이 33~35cm

비슷한 종

집비둘기

꾀꼬리과
꾀꼬리 » 244

직박구리과
직박구리 » 293

몸길이 26~27cm

몸길이 27~30cm

박새과
동박새 » 253

딱새과 → 솔딱새과
딱새 » 256

수컷

암컷

몸길이 11~12.5cm

몸길이 14~15.5cm

지빠귀과
개똥지빠귀 » 236

비슷한 종

까마귀과
까치 » 243

몸길이 23~25cm

노랑지빠귀

몸길이 43~46cm

까마귀과
물까치 » 262

몸길이 37~38cm

멧새과
멧새 » 260

수컷　　　　　　　암컷

몸길이 16~17cm

파랑새과
파랑새 » 301

몸길이 27~32cm

후투티과
후투티 » 306

몸길이 26~32cm

때까치과
때까치 » 256

꿩과
꿩 » 245

수컷　　　　암컷　　　　　　수컷(장끼)　　　　　암컷(까투리)

몸길이 19~20cm　　　　　　　몸길이 53~89cm

논, 밭(초원, 집 주변)에서 관찰되는 새

수리과
말똥가리 » 258
몸길이 40~56cm

수리과
독수리 » 253
몸길이 100~120cm

종다리과
종다리 » 291
몸길이 16~19cm

되새과
콩새 » 297
몸길이 16~19cm

되새과
방울새 » 266
수컷 암컷
몸길이 13~16cm

찌르레기과	제비과	제비과
찌르레기 » 294	**제비** » 290	**귀제비** » 241

몸길이 22~24cm　　　몸길이 17~19cm　　　몸길이 17~19cm

딱새과 ⋯ 솔딱새과		붉은머리오목눈이과 ⋯ 꼬리치레과
유리딱새 » 286		**붉은머리오목눈이** » 270

수컷　　암컷

몸길이 13~15cm　　　　　　몸길이 12~13cm

까마귀과

떼까마귀 » 257

비슷한 종

까마귀

몸길이 44~47cm

참새과		꿩과	
참새 » 295		**메추라기** » 259	

어린새

몸길이 14~15cm 몸길이 17~20cm

매과
황조롱이 » 306

수컷 암컷

몸길이 27~38cm

두루미과	두루미과
두루미 » 255	**재두루미** » 290

어린새

몸길이 138~152cm 몸길이 120~153cm

사라져 가는 우리 새

우리나라에는 새의 종류가 많지만 환경 파괴로 서식지가 줄어들면서 과거에 비해 만나기 힘든 새가 늘어나고 있어요.

멸종 위기 1급 조류는 크낙새, 참수리, 노랑부리백로, 저어새, 두루미, 넓적부리도요, 청다리도요사촌, 검독수리, 매 등 12종이고, 멸종 위기 2급 조류는 48종(검은머리갈매기 등)이나 됩니다. 한편, 천연기념물로 지정하여 보호하는 조류도 46종(솔부엉이 등)이 있어요.

멸종 위기에 있는 조류는 우리가 관심을 가지고 보호하지 않으면 더 이상 볼 수 없을지도 몰라요.

청다리도요사촌

검은머리갈매기

솔부엉이

넓적부리도요

참수리

포유류 관찰 방법

어미가 젖을 먹여 새끼를 키우는 동물을 포유류라고 해요. 개, 고양이, 고래 등은 모두 어미가 새끼에게 젖을 먹여 키우니 포유류에 속하지요. 포유류는 뼈와 근육이 발달하여 네 다리로 민첩하게 움직이고, 이빨로 먹이를 자르거나 씹을 수 있다는 점이 가장 큰 특징이에요.

우리나라에는 멧돼지, 고래, 박쥐 등 포유류가 약 100여 종이 기록되어 있어요. 하지만 우리가 야외에서 흔히 볼 수 있는 포유류는 다람쥐, 청설모 등 10여 종밖에 되지 않아요. 그 까닭은 포유류 대부분이 야행성으로 낮에는 안전한 곳에서 잠을 자거나 쉬고 있다가 밤에 주로 활동하기 때문이지요. 또 매우 예민하여 사람이 있으면 몸을 피해 숨기 때문에 만나기가 쉽지 않아요. 그러므로 우리 주변에 어떤 포유류가 있는지 알아보려면 포유류가 남긴 여러 흔적을 찾아보아야 해요.

● **똥을 살펴본다**

동물은 먹이를 먹고 똥을 눕니다. 똥을 보고 어떤 동물인지 정확히 알기는 쉽지 않지만 모양이나 크기, 냄새, 똥을 눈 장소 등으로 짐작할 수 있어요.

너구리의 똥자리

수달 똥

다람쥐, 하늘다람쥐, 멧토끼, 고라니처럼 식물을 주로 먹는 동물은 동글동글하고 마른똥을 누며 냄새가 심하지 않아요. 그러나 족제비, 수달, 삵, 너구리 등 주로 동물성 먹이를 먹는 동물은 모양이 길쭉하고 끈적거리며 냄새도 지독해요.

수달은 바위 위에 똥을 누고 똥에 물고기 가시가 많이 있어요. 삵은 눈에 잘 띄는 마른땅 위에 똥을 누며 똥에 동물 털이 많이 섞여 있지요. 가끔 새의 깃털이나 작은 뼈, 식물 잎이 섞여 있기도 해요.

너구리는 사람이 자주 다니지 않는 길이나 그 주변에 자리를 정해 놓고 똥이 수북하게 쌓일 때까지 계속 똥을 누어요. 너구리 똥에는 식물의 씨, 도토리 껍질, 쥐나 새의 뼈 등이 섞여 있어요. 때로는 똥 무더기에 비닐, 고무장갑 조각 등 쓰레기가 섞였을 때도 있지요.

계곡이나 강 주변의 바위, 동물의 흔적이 있는 산길, 웅덩이 주변, 산속의 풀밭을 잘 살펴보면 족제비, 수달, 삵, 고라니, 멧돼지, 멧토끼 등의 똥을 찾을 수 있어요.

고라니 똥

멧토끼 똥

● **발자국을 살펴본다**

발자국은 어느 동물이 우리 주변에 왔다 갔는지 알 수 있는 중요한 증거이지요. 포유류는 주로 밤에 활동하니까 발자국은 아침에 찾아보는 것이 좋아요. 진흙이나 젖은 모래, 눈 위에 찍힌 발자국은 선명하여 알아보기 쉽지요.

동물의 발자국은 종에 따라 모양이 달라요. 따라서 발자국 모양과 발자국 사이의 거리 등을 살펴보면 어떤 동물인지 짐작할 수 있어요. 또 발자국이 찍힌 형태를 보고 혼자 움직였는지 아니면 가족이 움직였는지, 걸어갔는지 먹이를 쫓아 달려갔는지 등을 알 수 있지요.

동물의 발자국이 많이 보이는 곳은 오고가는 사람이 드문 논이나 밭, 하천 주변의 모래밭, 진흙이 있는 길가 등이에요.

멧돼지 발자국

고라니 발자국

● 보금자리나 굴을 찾아본다

포유동물은 새끼를 기르거나 잠을 자기 위해 보금자리를 만들고, 천적을 피해 도망가려고 굴을 파기도 해요. 이런 보금자리나 굴의 형태를 보면 어떤 종류의 동물인지 알 수 있어요. 다람쥐나 하늘다람쥐는 나무 위에 구멍을 뚫어 보금자리를 만들고, 멧밭쥐는 풀을 엮어서 풀줄기 위에 새집처럼 둥근 형태로 보금자리를 만들어요. 두더지와 땃쥐는 먹이를 찾거나 천적을 피해 굴을 파서 움직이므로 땅에 있는 굴의 형태를 보면 어떤 동물이 살고 있는지 알 수 있지요.

숲 속의 나무 위, 습지의 갈대밭이나 산 중턱의 억새가 많은 풀밭, 들판의 땅 위 등을 잘 살펴보면 보금자리와 굴을 찾을 수 있을 거예요.

멧밭쥐 보금자리

두더지의 굴 흔적

하늘다람쥐 보금자리

포유류

체온을 늘 일정하게 유지하는 항온동물이며 몸은 대부분 털로 덮여 있어요. 어미는 알이 아닌 새끼를 낳고 새끼에게 젖을 먹여 키우지요. 호랑이, 사슴, 고래, 박쥐 등이 있어요.

눈 다른 동물에 비해 시력이 좋다. 대부분의 포유류는 세상을 흑백으로 본다.

수염 다른 털에 비해 길다. 또 감각세포와 연결되어 있어 모든 움직임을 느낄 수 있다.

털 공기를 털 속에 저장하여 더위와 추위, 바람과 비 등에서 몸을 보호한다. 주변 환경과 비슷한 색을 띠어 천적에게서 몸을 지키는 역할도 한다.

꼬리 포유류는 대부분 꼬리가 있고, 동물마다 크기와 모양이 다르다. 균형잡기, 매달리기, 신호나 감정 표현, 파리 쫓기 등 꼬리를 다양하게 사용한다.

여러 가지 꼬리

고라니

청설모

멧토끼

땃쥐

여러 가지 포유동물

너구리

족제비

박쥐

삵

고라니

말

초음파로 사냥을 하는 박쥐

박쥐는 포유류 중에서 유일하게 새처럼 하늘을 나는 동물로, 코나 입에서 초음파를 쏘고 물체에 부딪쳐 되돌아오는 소리를 귀로 듣는다. 박쥐는 되돌아오는 메아리를 감지하여 먹이의 종류와 위치를 파악하고 쫓아가 잡는다.

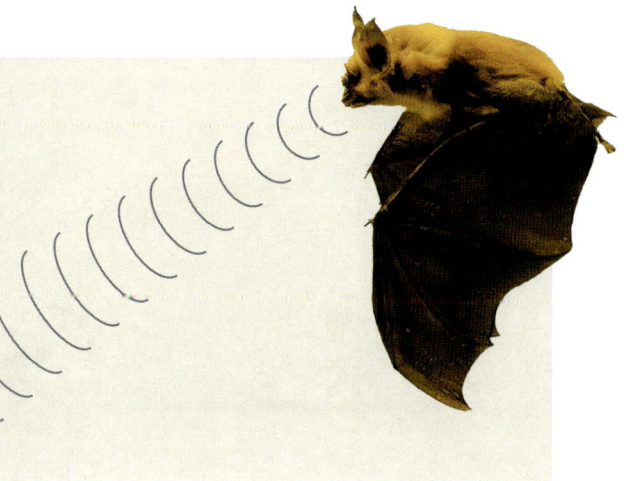

고슴도치과
고슴도치 » 239

몸길이 20~23cm

개과
너구리 » 247

몸길이 50~68cm • 꼬리 길이 15~18cm

땃쥐과
땃쥐 » 256

몸길이 6~10cm

족제비과
족제비 » 291

몸길이 25~40cm • 꼬리 길이 8~22cm

족제비과
수달 » 276

몸길이 63~75cm • 꼬리 길이 41~50cm

다람쥐과
다람쥐 » 250

몸길이 12~20cm • 꼬리 길이 7~13cm

다람쥐과	다람쥐과
청설모 » 296	**하늘다람쥐** » 303

몸길이 20~25cm · 꼬리 길이 12~20cm 　　　몸길이 10~20cm · 꼬리 길이 7~12cm

쥐과	쥐과
등줄쥐 » 256	**멧밭쥐** » 260

새끼

몸길이 7~12cm · 꼬리 길이 5~10cm 　　　몸길이 5~6cm · 꼬리 길이 5~9cm

쥐과	두더지과
집쥐 » 294	**두더지** » 254

몸길이 22~26cm · 꼬리 길이 17~20cm 　　　몸길이 13~17cm

관박쥐과
관박쥐 » 239

몸길이 9~12cm

고양이과
삵 » 273

몸길이 55~90cm・꼬리 길이 25~33cm

토끼과
멧토끼 » 260

몸길이 45~49cm

멧돼지과
멧돼지 » 260

몸길이 100~180cm

사슴과
고라니 » 238

송곳니(견치)가 발달한 수컷

암컷
몸길이 77~100cm

● 포유류의 서식 흔적

거미 관찰 방법

거미는 곤충과 다르게 날개가 없고, 다리는 여덟 개이며, 몸은 머리가슴과 배 이렇게 두 부분으로 구분해요. 거미의 가장 큰 특징은 배 꽁무니에 있는 실젖에서 거미줄을 만든다는 점이에요. 거미줄은 먹이를 사냥할 때, 적을 피해 달아날 때 주로 사용하지요. 또 거미줄을 길게 늘어뜨린 뒤 바람에 날리게 하여 거미줄과 함께 비행하기도 해요.

거미는 숲 속, 땅속, 바위틈, 건물의 틈, 도시의 집 안, 심지어 물속까지 여러 환경에서 살아가지요. 먹이로는 살아 있는 곤충은 물론 지네, 개구리, 쥐, 새도 잡아먹어요.

거미를 관찰하려면 거미줄을 찾거나 먹이를 찾아다니는 거미를 직접 관찰해야 해요.

● **거미줄 찾아 관찰하기**

종류에 따라 거미줄의 모양과 치는 장소가 달라요. 거미줄을 찾으면 거미줄 주변에 머물러 있는 거미를 쉽게 발견할 수 있어요. 가로등 주변이나 처마 밑,

건물의 모서리에 그물을 친 말꼬마거미

풀줄기 사이에 그물을 친 긴호랑거미

나뭇가지 위에 그물을 친 들풀거미

나뭇가지 사이 등에는 산왕거미가 친 커다란 둥근 그물을 볼 수 있지요. 풀밭이나 나뭇가지 사이에는 긴호랑거미나 호랑거미의 둥근 그물, 무당거미의 불규칙한 그물이 있어요. 돌이나 건물 틈에는 한국깔때기거미가 친 깔때기 모양의 거미줄이 있고, 건물의 턱 밑이나 모서리에는 불규칙한 말꼬마거미 거미줄이 보이기도 해요. 이 밖에도 나무 위, 돌돌 말린 나뭇잎, 건물 벽 등에서도 거미줄을 볼 수 있어요.

● 줄을 치지 않고 돌아다니는 거미 관찰하기

거미 가운데 반 이상은 줄을 치지 않고 땅 위나 식물 위 등을 돌아다니며 먹이를 찾아요. 이처럼 거미줄을 치지 않는 거미는 거미줄을 치는 거미보다 시력이 좋고 점프도 잘하며 어떤 종류는 매우 빠르기까지 해요.

주로 논이나 밭, 빈터, 냇가 등에서 돌아다니는 거미를 볼 수 있지요. 땅 위에서는 먹이를 찾아 빠르게 돌아다니는 늑대거미를 만날 수 있어요. 또한 풀밭이나 빈터, 돌이나 나무 위 등에서는 천천히 돌아다니며 먹이를 찾는 깡충거미, 서성거미, 닻거미, 스라소니거미 등이 보이지요. 꽃이나 풀잎 위에는 주변과 비슷한 색으로 위장한 꽃게거미나 새우게거미 등을 만나기도 해요.

낙엽 위를 돌아다니는 가시늑대거미

꽃에서 먹이를 기다리는 꽃게거미

바위 위에서 먹이를 찾는 청띠깡충거미

거미

거미는 머리가슴과 배 두 부분으로 구분되며, 다리 네 쌍과 더듬이다리 한 쌍이 있어요. 눈은 홑눈으로 보통 8개이지만 6개, 4개, 2개인 종도 있지요. 큰턱에 있는 엄니에서는 독액이 나와 먹이를 잡고 소화시키는 데 중요한 역할을 해요.

눈 대부분 홑눈 8개가 두 줄로 배열되어 있다.

거미의 독
모든 거미는 독을 가지고 있다. 날카롭고 강한 엄니로 먹이를 물어 독을 넣으면 독이 소화액으로 작용하여 먹이를 액체상태로 만들고 거미는 이것을 다시 빨아먹는다.
우리나라에는 사람에게 해를 끼칠 만큼 강한 독을 가진 거미는 없다.

알을 지키는 거미

알집을 감싸고 보호하는 게거미류

알집을 배 끝에 달고 다니는 늑대거미류

알집을 입에 물고 다니는 닷거미류

거미의 생활형

거미는 줄을 치거나 땅속 등에 집을 짓고 한곳에 머물면서 생활하는 정주성 거미와 일정한 주거지가 없이 땅 위, 풀밭, 꽃잎이나 나뭇잎 위를 돌아다니며 먹이를 잡는 배회성 거미가 있다.
배회성 거미에는 늑대거미, 닷거미, 깡충거미, 게거미, 스라소니거미 등이 있다.

줄을 치고 그곳에 머물면서 먹이를 잡는 긴호랑거미

풀잎 위를 돌아다니며 먹이를 사냥하는 스라소니거미

여러 가지 거미

왕거미 무리 214쪽

꼬마거미 무리 215쪽

늑대거미 무리 216쪽

닷거미 무리 216쪽

스라소니거미 무리 217쪽

게거미 무리 217쪽

깡충거미 무리 219쪽

통거미

머리가슴과 배가 구분되지 않고 한 덩어리로 보여 '통거미'라고 하며, 긴 다리로 더듬거리며 걷는 모습이 장님 같다고 해 '장님거미'라고도 한다. 실젖이 없어 거미줄이 나오지 않으며 독샘도 없다. 대신 냄새를 분비하는 샘이 있다. 통거미는 작은 곤충을 잡아먹거나 썩은 동식물, 새똥, 버섯 등을 먹는다.

티끌거미과	왕거미과	왕거미과
대륙납거미 » 251	**산왕거미** » 273	**지이어리왕거미** » 293

몸길이 암컷 8~10mm	몸길이 암컷 20~30mm	몸길이 암컷 12~15mm
왕거미과	왕거미과	왕거미과
적갈어리왕거미 » 290	**각시어리왕거미** » 235	**연두어리왕거미** » 282

몸길이 암컷 10~13mm	몸길이 암컷 6~9mm	몸길이 암컷 8~10mm

왕거미과		왕거미과
긴호랑거미 » 242		**호랑거미** » 304

	몸길이 암컷 20~25mm · 수컷 8~12mm	몸길이 암컷 20~25mm

왕거미과

큰새똥거미 » 299

몸길이 암컷 10~13mm

왕거미과

여덟혹먼지거미 » 282

몸길이
암컷 12~15mm・수컷 7~8mm

왕거미과

가시거미 » 234

몸길이 암컷 6~8mm

무당거미과…왕거미과

무당거미 » 261

몸길이
암컷 20~30mm・수컷 6~10mm

꼬마거미과

넓은잎꼬마거미 » 247

몸길이
암컷 5~6mm・수컷 4~5mm

꼬마거미과

말꼬마거미 » 258

몸길이 암컷 6~8mm

꼬마거미과	꼬마거미과	갈거미과
삼각접연두꼬마거미 »273	**주홍더부살이거미** »292	**비늘갈거미** »271

몸길이 암컷 2.5~3.5mm　　몸길이 암컷 4~5mm　　몸길이 암컷 7~9mm

갈거미과	늑대거미과
장수갈거미 »289	**흰표늑대거미** »308

몸길이
암컷 13~15mm · 수컷 10~12mm　　몸길이 암컷 5~6mm

늑대거미과	늑대거미과	닷거미과
별늑대거미 »268	**들늑대거미** »255	**황닷거미** »305

몸길이 암컷 7~10mm　　몸길이 암컷 10~13mm　　몸길이 암컷 20~28mm

216

황닷거미

닷거미과

아기늪서성거미 » 278

비슷한 종

닻표늪서성거미

몸길이 암컷 10~13mm

스라소니거미과

낯표스라소니거미 » 247

몸길이 암컷 9~11mm

스라소니거미과

아기스라소니거미 » 278

몸길이 암컷 6.5~9.5mm

가게거미과

들풀거미 » 255

몸길이 암컷 15~19mm

새우게거미과

나무결새우게거미 » 245

몸길이 암컷 6~8mm

게거미과

사마귀게거미 » 272

몸길이 암컷 8~12mm

게거미과

꽃게거미 » 244

몸길이 암컷 6~8mm

게거미과

줄연두게거미 » 292

몸길이
암컷 10~13mm・수컷 8~10mm

줄연두게거미

게거미과

불짜게거미 » 270

몸길이 암컷 5~8mm

게거미과

오각게거미 » 282

몸길이
암컷 8~10mm・수컷 5~6mm

게거미과
살받이게거미 » 273

몸길이 암컷 6~8mm

게거미과
참범게거미 » 295

몸길이 암컷 5~8mm

게거미과
대륙게거미 » 251

몸길이 암컷 6~12mm

깡충거미과
털보깡충거미 » 300

몸길이
암컷 7~9mm · 수컷 5~7mm

깡충거미과
흰눈썹깡충거미 » 307

몸길이 암컷 7~8mm

흰눈썹깡충거미

몸길이 수컷 5~6mm

깡충거미과
배띠깡충거미(배띠산길깡충거미) » 266

몸길이
암컷 6~7mm · 수컷 5~6mm

219

깡충거미과

왕어리두줄깡충거미 »284

몸길이 암컷 6~7mm

깡충거미과

왕깡충거미 »283

몸길이
암컷 10~12mm · 수컷 8~10mm

깡충거미과

어리수검은깡충거미 »281

몸길이 암컷 9~11mm

깡충거미과

청띠깡충거미 »296

몸길이
암컷 5~7mm · 수컷 5~6mm

깡충거미과

까치깡충거미 »243

몸길이 암컷 6~8mm

깡충거미과

검은날개무늬깡충거미 »237

몸길이
암컷 9~11mm · 수컷 8~10mm

깡충거미과
여우깡충거미 » 282

몸길이 암컷 5~6mm

깡충거미과
불개미거미 » 270

몸길이
암컷 7~8mm · 수컷 5~6mm

깡충거미과
멋쟁이눈깡충거미 » 259

몸길이 암컷 4.5~5.3mm

굳은몸통거미과
왕통거미(등가시통거미) » 285

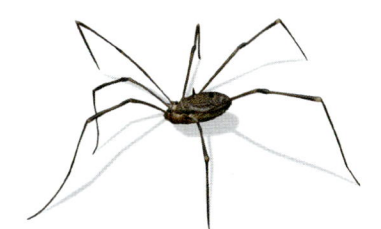

몸길이 6~7mm

굳은몸통거미과
일본통거미 » 287

몸길이 3~4mm

참통거미과
티엔무사통거미 » 301

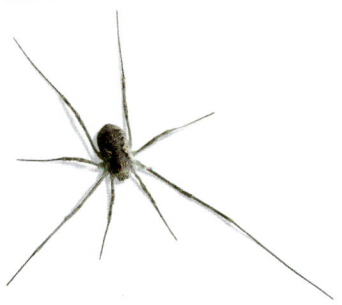

몸길이 5~6mm

참통거미과
대한통거미 » 252

몸길이 5~7mm

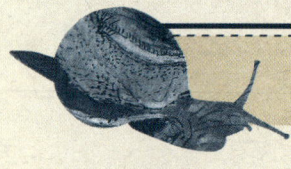

기타 동물 관찰 방법

여기에서는 우리 주변에서 비록 자주 보이지만 어떤 무리에 속하는지 아리송한 동물을 소개할 거예요. 대부분 몸에 마디가 많거나 특정한 모양이 없는 동물이며, 습기가 많고 어두운 곳에서 주로 관찰되지요.

● **그리마류**

절지동물문 순각강 그리마목에 속하는 동물이에요.

지네와 비슷하지만 등판 마디가 여덟 개이며 다리가 15쌍인 것이 특징입니다. 몸길이는 7센티미터 안팎으로 작은 편이에요. 대부분 몸에 비해 다리가 길고 무늬가 다양해요. 우리나라에서는 돈벌레라고 부르기도 하지요. 위협을 느끼면 다리를 떼어내고 도망쳐요.

● **지네류**

절지동물문 순각강에 속하는 동물 중 그리마목을 제외한 동물이에요. 몸은 마디가 여러 개이고 마디 하나에 다리 한 쌍이 있는 것이 노래기류와 달라요. 다리는 15~170쌍까지 있어요. 머리 쪽 마디에는 턱다리가 한 쌍 있고, 그 앞의 끝에 독샘이 있는 날카로운 발톱이 있지요.

● **노래기류**

절지동물문 노래기강에 속하는 동물이에요. 노래기는 지네와 비슷하나 몸의 마디 하나에 다리가 두 쌍 있는 것이 가장 큰 차이예요. 몸길이는 세계적으로 0.2~28센티미터까지 자라는 것도 있지만 우리나라는 대부분 5센티미터 정도이지요. 몸의 마디는 11~60개이고 다리는 13~100쌍이 있어요. 고약한 냄새로 스스로를 방어해요.

지네: 마디 하나에 다리 한 쌍

노래기: 마디 하나에 다리 두 쌍

● **쥐며느리류**

몸이 작고 타원형 모양이며, 머리와 일곱 마디 가슴, 그리고 다섯 마디 배로 구분되지요. 공벌레와 비슷하지만 몸이 조금 더 납작하고 공처럼 접지 못해요. 색깔은 회갈색, 어두운 분홍색, 갈색 등을 띠며 자세히 보면 노란 점무늬가 있어요.

● **공벌레류**

쥐며느리와 비슷하게 생겼지만 더 크고 위협을 느끼면 몸을 공처럼 접는 습성이 있어요. 몸은 일곱 마디로 된 가슴이 대부분을 차지하고 있지요. 색깔은 진한 갈색, 흑색이고 특별한 무늬는 잘 보이지 않아요.

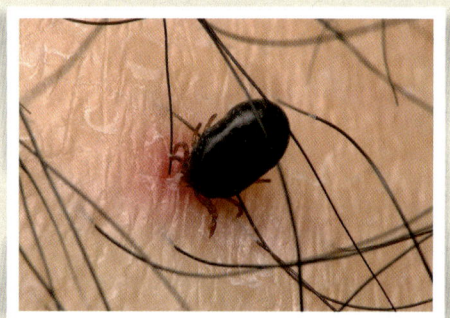
사람의 피를 빨고 있는 진드기

● **진드기류**

절지동물문 거미강에 속하는 동물이에요. 다리는 여덟 개이고 머리, 가슴, 배가 구분되어 있지 않아요. 몸길이는 0.2~10밀리미터로 매우 작아요. 피를 빨아 먹는 흡혈 진드기가 있고 식물의 즙을 빨아 먹거나 다른 진드기류를 잡아먹는 '응애'라고 부르는 종류도 있어요.

흰개미류

● **흰개미류**

절지동물 흰개미목에 속하는데, 개미라고 하지만 개미와는 전혀 다르고, 오히려 바퀴벌레와 더 가까워요. 가슴과 배는 구분되지 않고, 여러 마디로 된 더듬이가 있어요. 눈은 대부분 퇴화되었어요. 전체적으로 우유빛이고 앞부분이 조금 진한 색을 띠기도 해요.

의갈류

● **의갈류**

절지동물문 의갈목에 속하는 동물로 '앉은뱅이'라고 부르기도 해요. 모양은 전갈과 매우 비슷하게 생겼으나 꼬리가 없고 크기도 0.7센티미터 이하로 아주 작아요. 집게다리에서 독을 분비하기도 하지만 사람에게는 해가 없어요. 대부분 나무 껍질이나 돌 밑에서 살아요.

● 육상플라나리아류

물에 사는 플라나리아와 가까운 동물이에요. 머리가 화살촉처럼 생겨 '화살벌레'라고 부르기도 하지요. 크기와 색깔이 사는 곳에 따라 매우 다양해요. 주로 습기가 많은 산림에서 살며, 비가 오는 날에는 밖으로 나와 움직이는 모습을 볼 수 있어요.

육상플라나리아류

● 톡토기류

절지동물 톡토기목에 속하는 동물로, 날개는 없고 높이 뛰어오를 수 있는 기관이 있어요. 어두운 곳이나 바위 밑, 물가 등에서 볼 수 있지요.

톡토기류

● 달팽이류

물이 아닌 육상에서 사는 달팽이류로, 집이 있는 종류도 있으나 집이 없는 종류도 있어요. 집이 없는 종류는 '민달팽이'라고 해요. 머리에 더듬이 두 쌍이 있지요. 주로 그늘지고 습기가 많은 산 속에서 살아요.

동양달팽이

그리마류

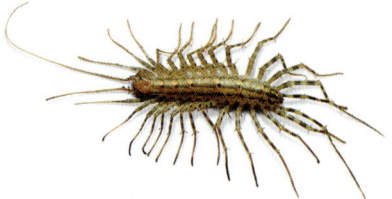 

몸길이 2~7cm

지네류

돌지네류
몸길이 2~3cm

땅지네류
몸길이 2~4cm

청지네
몸길이 7~12cm

왕지네
몸길이 12~20cm

노래기류

다양한 모양의 노래기

황주까막노래기　　　　　삼당노래기

몸길이 2~8cm

쥐며느리류

몸길이 0.8~1cm

공벌레류

몸길이 1~1.5cm

진드기류

몸길이 0.2~1cm

흰개미류

몸길이 0.5~1cm

의갈류

몸길이 0.2~0.8cm

육상플라나리아류

몸길이 10~30cm까지 다양함

톡토기류

몸길이 0.2~0.3cm

달팽이류

작은뾰족민달팽이
몸길이 2~3cm

노랑뾰족민달팽이
몸길이 0.5~1cm

민달팽이
몸길이 4~5cm

뾰족쨈물우렁이
패각 길이 1~1.3cm

입술대고둥류
패각 길이 1.5~2cm

배꼽털달팽이류
패각 길이 2~3cm

제주남방밤달팽이

패각 길이 1.5~2cm

동양달팽이

패각 길이 3~4.5cm

북한산달팽이

패각 길이 2.5~3cm

다양한 형태의 달팽이

패각 길이 1.5~2cm

2부
생태 특징

- 각 동물의 이름 색은 다음의 분류에 속해 있음을 뜻합니다.
  - 곤충
  - 물고기
  - 해안동물
  - 수서무척추동물
  - 양서류·파충류
  - 새
  - 포유류
  - 거미

- 🏫 는 초등 교과서에 실린 동물을 가리킵니다.

- 과 이름에서 '⋯⋯▶'는 바뀌기 전과 바뀐 뒤의 이름을 가리킵니다.

- 각 동물의 이름에 얽힌 뜻은 국어학자 또는 생물학자들의 의견을 중심으로 실었습니다.

ㄱ

가리맛조개 가리맛조개과
껍데기는 긴 직사각형의 칼집 모양이며 끝이 둥글고 볼록하다. 단단하지 않아 깨지기 쉽다. 썰물 때는 갯벌에 30~60센티미터 깊이로 구멍을 파서 갯벌 속으로 들어가고 밀물이 되면 밖으로 나와 물속의 유기물을 걸러 먹는다. 서해와 남해의 갯벌에서 관찰된다. » 132

가무락조개 백합과
껍데기는 둥글고 볼록하며 단단하다. 색깔은 사는 환경에 따라 적갈색에서 검은색에 이르기까지 다양하다. 보통 갯벌에 깊이 들어가지 않고 플랑크톤을 걸러 먹는다. 남해와 서해의 갯벌에서 관찰된다. » 133

가물치 가물치과
몸은 원통형이고 뒤쪽은 옆으로 납작하다. 주둥이와 머리는 위아래로 납작하고 입이 크다. 전체적으로 황갈색이고 몸 전체에 암갈색의 얼룩무늬가 있다. 공기 호흡도 할 수 있어 산소가 부족한 곳에서도 살 수 있다. 물 흐름이 거의 없는 저수지, 호수에 살며 물벼룩, 물고기, 양서류, 수서곤충 등을 먹는다. 어린 물고기 무리를 어미가 몰고 다니며 일정 기간 보호한다. 가물치란 '검은(가물) 물고기(치)'라는 뜻이다. » 123

가숭어 숭어과
등은 암청색이고 배 쪽은 은백색이다. 비늘이 있으며 머리는 위아래로 납작하지만 뒤쪽은 옆으로 납작하다. 지느러미는 연한 갈색이다. 우리나라 모든 연안과 기수역(강물이 바다로 들어가 바닷물과 서로 섞이는 곳)에서 볼 수 있다. 숭어는 옛날 임금님 수라상에 오르기도 하여 숭상 받을 만한 고기라는 뜻으로 붙인 이름이며, '가숭어'는 숭어와 비슷하게 생겼다는 의미이다. » 141

가시개미 개미과
가슴과 배자루마디(가슴과 배를 연결하는 부위)에 가시가 네 쌍 있어 '가시개미'라고 한다. 4~10월에 활엽수림에서 주로 관찰된다. 나무 위에서 주로 생활하며 진딧물의 분비물 등을 먹는다. » 103

가시거미 왕거미과
배는 넓고 단단하며, 날카로운 가시가 세 쌍 있어 '가시거미'라고 한다. 7~10월에 숲 속 나무 사이에 둥근 그물을 치고 먹이를 기다린다. 자극에 매우 민감하여 가까이 가면 즉시 아래로 떨어진다. » 215

가시고기 큰가시고기과
몸은 옆으로 납작하고 몸통 끝부분이 가늘다. 주둥이는 뾰족하고 눈이 크다. 전체적으로 연한 갈색이며 짙은 갈색 무늬가 있다. 등에는 가시가 8~9개 있고 가시를 연결하는 막은 투명하다. 동해로 흐르는 하천의 중·하류에 살며 바다로 나가지 않는다. 동물성 플랑크톤, 물벼룩, 깔따구, 실지렁이 등을 먹는다. 멸종위기 야생생물 2급이다. » 120

가시닻해삼 돌기해삼과
몸은 원통형으로 물렁물렁하고 흰색에 연한 분홍빛을 띤다. 몸에는 별다른 돌기가 없고 수축하면 작아진다. 공격을 받으면 자기 몸을 잘라내거나 내장을 토해 내기도 한다. 주로 갯벌 속에서 몸을 숨기고 유기물을 걸러 먹는다. » 140

가재 가재과
몸은 길쭉한 형태로 짙은 갈색 또는 연한 갈색이다. 다리는 다섯 쌍이며 첫째 다리는 집게 모양으로 크고 튼튼하다. 산간 계곡, 산골짜기 시냇물 등에서 관찰된다. » 151

가지게 바위게과
몸은 납작하고 사각형이며 위쪽이 볼록하고 홈이 있다. 사는 곳에 따라 무늬와 색깔이 매우 다양하다. 잔자갈과 바위가 많은 갯벌에서 관찰된다. » 136

가창오리 오리과
겨울 철새로 수컷 얼굴에 노란색, 녹색, 검은색의 태극무늬가 매우 큰 특징이다. 암컷은 갈색 바탕에 흑갈색 얼룩이 있다. 간척지, 저수지, 습지 등에서 플랑크톤, 식물의 씨앗, 갑각류, 무척추동물을 먹는다. 옛날에는 '태극오리'라고 불렀으나 일제 강점기 당시 『조류명집』을 정리하는 과정에서 오류가 있어 '가창오리'가 되었다고 한다. » 180

각다귀 KUa 애벌레 각다귀과
몸은 긴 원통형이며 밝은 갈색에서 어두운 갈색까지 다양하다. 머리는 갑각으로 되어 있고 배 끝부분에는 숨을 쉬는 두툼한 돌기가 여덟 개 있고 안쪽에 검은색 줄이 있다. 계곡, 하천 등 흐르는 물에서 관찰된다. » 156

각시메뚜기 메뚜기과
겹눈 아래에 암갈색 세로줄이 있다. 앞가슴등판부터 날개 끝까지 황색 선이 뚜렷하게 뻗어 있다. 1~12월에 풀밭에서 관찰된다. 여러 가지 풀을 먹는다. 생김새가 새색시처럼 예뻐서 '각시메뚜기'라고 한다. » 88

각시붕어 잉어과
몸이 옆으로 납작하고 머리는 작고 눈이 큰 편이다. 등 쪽은 담갈색이고 옆구리는 푸른빛을 띤 은백색이다. 물의 흐름이 느린 하천이나 호수의 가장자리 수초 지대에 살며 수서곤충, 플랑크톤 등을 먹는다. 암컷은 긴 산란관을 이용해 조개의 몸 안에서 알을 낳는다. 수컷은 산란기가 되면 몸 뒤쪽이 화려한 색으로 바뀌는데 그 모습이 각시처럼 예뻐서 '각시붕어'라고 한다. » 114

각시어리왕거미 왕거미과
배는 황갈색 바탕에 암갈색 가로무늬가 여러 쌍 있다. 6·10월에 풀밭, 습지, 논 등에서 둥근 그물을 치고 먹이를 기다린다. 논에서 벼 해충의 천적이기도 하다. 생김새가 예쁜 작은 왕거미란 뜻으로 '각시어리왕거미'라고 한다. » 214

갈고둥 갈고둥과
껍데기는 둥글며 단단하고 매끈하다. 검은색 바탕에 삼각형 모양의 반점이 불규칙하게 있다. 사는 장소에 따라 색깔과 모양이 다양하다. 서해와 남해의 갯벌이나 갯바위 윗부분 등에서 관찰된다. '고둥'은 나선 모양으로 말려 있다는 뜻이다. » 129

갈고리박각시 박각시과
앞날개의 양쪽 끝이 갈고리처럼 휘어 있어서 '갈고리박각시'라고 한다. 4~8월에 주로 관찰되며 애벌레는 가래나무의 잎을 먹는다. » 58

갈구리나비 흰나비과
앞날개 끝이 갈고리 모양으로 구부러져 있어 '갈구리나비'라고 한다. 수컷의 날개 끝은 주황색이다. 4~5월에 숲가, 계곡 주변 등에서 관찰된다. 애벌레는 장대나물, 냉이 등을 먹는다. » 52

갈매기 갈매기과
겨울 철새로 부리와 다리는 푸른빛을 띤 노란색이고 등 쪽은 회색이다. 갈매기류 가운데 덩치가 비교적 작으며 해안, 항구, 하구에서 어류, 무척추동물 등을 먹는다. '갈'은 물을 뜻하며 물에서 사냥하는 새라는 뜻에서 '갈매기'라고 한다. » 188

갈색날개노린재 노린재과
몸은 초록색이고 앞날개가 갈색이라 '갈색날개노린재'라고 한다. 3~11월에 숲, 풀밭 등에서 관찰된다. 주로 식물 열매의 즙을 빨아 먹는다. » 84

갈색넙적거머리 넙적거머리과
몸은 납작한 달걀 모양으로 옅은 갈색이거나 짙은 갈색을 띤다. 눈은 세 쌍이 있으나 잘 보이지 않고 몸 윗면에 밝은색 줄무늬가 있다. 다른 동물의 피나 살을 먹는다. 하천, 계곡 등에서 관찰된다. 갈색의 납작한 모양에서 '갈색넙적거머리'라고 한다. » 148

갈색여치 여치과
몸이 전체적으로 갈색이어서 '갈색여치'라고 한다. 날개는 배의 반 정도를 덮고 있으며, 배 아래쪽은 녹색을 띤다. 6~10월에 숲 속, 덤불, 등산로 주변 등에서 관찰된다. 식물의 잎이나 열매, 곤충, 죽어 있는 동물 등을 먹는다. » 92

강하루살이 강하루살이과
몸에 적갈색 얼룩무늬가 있으며 배 끝에 긴 꼬리 두 개가 뻗어 있다. 6~7월에 하천 주변에서 관찰된다. 성충은 입이 없으며 먹이를 먹지 않는다. 돌이 많은 강이나 하천 등에서 관찰되어 '강하루살이'라고 한다. » 108

강하루살이 애벌레 강하루살이과
비교적 큰 종으로 납작하며 담황색 바탕에 적갈색 무늬가 있다. 큰 아래턱이 튀어나와 머리 앞쪽이 매우 커 보인다. 배에는 깃털 모양의 구조물(기관아가미)이 발달해 있다. 돌이 많은 강이나 하천 등에서 관찰되어 붙인 이름이다. » 151

개개비 개개비과
여름 철새로 등은 갈색이고 배는 흰색이다. 가느다란 황백색 눈썹선이 있다. 다리는 검은색이고 부리는 갈색과 황색이 섞여 있다. 갈대가 있는 강, 하천, 습지에서 곤충류, 거미류 등을 먹는다. '개개개' 하고 울어서 붙인 이름이다. » 189

개꿩 물떼새과
나그네새로 몸 윗부분은 검은색과 흰색의 얼룩무늬가 있고 몸 아랫부분은 흰색이다. 번식기에는 몸 아래쪽이 검은색으로 변한다. 갯벌, 염전, 간척지에서 갯지렁이, 갑각류, 연체동물 등을 잡아먹는다. 갯벌에 사는 꿩이라 '개꿩'이라고 한다. » 185

개똥지빠귀 지빠귀과
겨울 철새로 몸 윗부분은 어두운 황갈색에 검은색 반점이 섞여 있다. 몸 아랫부분은 흰색이고 가슴에 검은색 무늬가 있다. 흰색의 눈썹선이 선명하다. 농경지, 산림 주변, 공원에서 곤충류, 거미류, 지렁이, 열매 등을 먹는다. '귀'는 새를 뜻하며 잘 지저귀는 새라는 뜻으로 '지빠귀'라 하고, 얼룩덜룩한 무늬가 개똥 같아서 붙인 이름이다. » 194
**비슷한 종: 노랑지빠귀는 가슴에 적갈색 무늬가 있다.

개맛 개맛과
적갈색 껍데기가 조개처럼 두 장이고 근육질의 발이 꼬리처럼 길게 달려 있다. 껍데기 주변에 털처럼 생긴 촉수가 있다. 갯벌에 수직으로 파고 들어가서 촉수로 물속의 플랑크톤을 걸러 먹는다. 이런 모습으로 5백만 년 동안 살았다고 하여 '살아 있는 화석'이라고 한다. » 133

개울타리고둥 밤고둥과
껍데기는 회백색이며 굵은 가로줄에 골이 파여 있어 마치 벽돌을 쌓아 올린 울타리 같고 대체로 흔하여 '개울타리고둥'이라고 한다. 주로 서해와 남해 갯벌의 그늘진 곳이나 바위 아래에서 관찰된다. » 129

갯가재 갯가재과
몸은 옅은 갈색이고 여러 마디로 되어 있다. 두 번째 다리는 사마귀의 앞다리처럼 크고 낫 모양이며 먹이를 사냥할 때 쓴다. 부채처럼 펼쳐지는 꼬리는 색깔이 알록달록하다. 주로 갯벌에 구멍을 내고 들어가 있다가 밤에 나와 사냥을 한다. 갯벌에 사는 가재라는 뜻으로 붙인 이름이다. » 137

갯강구 갯강구과
몸이 길쭉하고 마디가 있으며 색깔은 갈색, 적갈색, 황색 등 다양하다. 머리에는 기다란 더듬이가 한 쌍 있으며 꼬리에는 꼬리발 두 개가 길게 나와 있다. 해안의 습기가 많은 곳과 방파제에서 관찰된다. 갯벌에 사는 바퀴벌레(강구)라 하여 붙인 이름이다. » 138

갯우렁이 구슬우렁이과
껍데기는 분홍빛이 도는 흑갈색이며 껍데기 입구는 밝은 황갈색이거나 흰색이다. 진흙이나 모래가 많은 갯벌에서 발 근육을 이용하여 조개를 잡아먹는다. » 130

거북손 거북손과
근육질이 길게 자란 부착기로 무리 지어 바위틈에 붙는다. 몸은 황갈색, 회갈색이고 그 형태가 거북의 앞다리처럼 생겨서 '거북손'이라고 한다. 오염이 적은 바닷가나 섬의 바위틈에서 관찰된다. » 138

거위벌레 거위벌레과
몸은 검은색이며 딱지날개는 붉은색을 띠지만 개체에 따라 차이가 심하다. 5~6월에 가래나무, 오리나무 등의 잎을 말아 요람을 만들고 그 속에 알을 낳는다. 수컷의 목이 거위처럼 길어 '거위벌레'라고 한다. » 75

검은날개무늬깡충거미 깡충거미과
암컷은 황백색, 수컷은 암갈색이다. 배 윗면 양 옆에 적갈색 또는 검은색 줄무늬가 날개처럼 뻗어 있어 '검은날개무늬깡충거미'라고 한다. 5~9월에 산과 들에서 나무나 풀 위를 돌아다니며 곤충을 잡아먹는다. » 220

검은다리실베짱이 여치과
넓적다리마디 중간부터 검게 보여 '검은다리실베짱이'라고 한다. 더듬이는 검은색이며 중간중간에 흰색 고리 무늬가 있다. 6~11월에 산기슭, 풀밭 등에서 관찰된다. 식물의 잎, 꽃가루 등을 먹는다. » 93

검은댕기해오라기 백로과
여름 철새로 머리는 검은색이고 뒷머리에 녹색 광택이 나는 긴 댕기깃이 있다. 부리는 검은색이고 눈은 황색이다. 몸은 회색이고 등 쪽과 날개가 더 진하다. 논, 강, 하천에서 어류, 양서류 등을 잡아먹는다. » 185

검은등할미새 할미새과
텃새로 등과 꼬리가 검은색이고 이마와 눈썹선, 배는 흰색이다. 주로 자갈이 많은 내륙의 맑은 하천에서 곤충류, 거미류 등을 먹는다. » 189

검은띠목대장먼지벌레 딱정벌레과
앞가슴이 긴 목처럼 보이고 몸 뒤쪽이 검은색 띠를 두른 듯하여 '검은띠목대장먼지벌레'라고 한다. 밤에 불빛에 모이기도 한다. 죽은 동물, 지렁이 등을 먹는다. » 65

검은머리물떼새 검은머리물떼새과
여름 철새로 몸이 전체적으로 검은색이며 배와 날개 일부분은 흰색이다. 부리는 붉은색으로 길고 크며, 눈과 다리도 붉은색이다. 해안, 갯벌, 하구에서 조개류, 고둥류, 갯지렁이, 갑각류 등을 먹는다. 생김새가 마치 연미복을 입은 듯하여 '갯벌의 신사'라고 한다. '물떼새'는 떼를 지어 물가에서 활동하는 새들을 가리킨다. 천연기념물 제326호, 멸종 위기 야생생물 2급이다. » 186

검은머리흰죽지 오리과
겨울 철새로 수컷의 머리와 가슴은 녹색 광택이 나는 검은색이며 옆구리는 흰색이다. 암컷은 전체적으로 흑갈색이고 뺨 앞쪽은 흰색이다. 저수지, 하구, 해안에서 잠수해 어류, 갑각류, 조개류, 작은 동물을 잡아먹는다. » 181

검은물잠자리 애벌레 물잠자리과
몸이 가늘고 긴 원통형이며 흑갈색, 밝은 갈색 등 서식지에 따라 색깔이 다양하다. 다리는 가늘고 매우 길며, 배 끝의 꼬리아가미에는 뚜렷하지 않은 가로줄이 있다. 머리에 뿔처럼 생긴 돌기가 있다. 계곡, 작은 하천의 물가 식물이 많은 곳 등에서 관찰된다. 성충이 검은색이고 물가에서 관찰되어 '검은물잠자리'라고 한다. » 152

검은큰따개비 사각따개비과
대형종으로 껍데기는 원추형이며 진한 회색 또는 회갈색을 띤다. 표면에 골이 깊이 파여 있으며 울퉁불퉁하다. 밀물 때 물에 잠기면 갈고리처럼 생긴 가슴다리 6쌍으로 물속의 플랑크톤을 걸러 먹는다. 물이 빠진 갯벌의 바위 위에서 관찰된다. 따개비류는 게, 새우와 같은 갑각류이다. » 138

검정명주딱정벌레 딱정벌레과
몸은 녹색 광택이 나는 검은색이다. 3~6월에 섬, 산과 들, 마을 주변 등에서 관찰된다. 나뭇가지나 잎에 올라가 나방의 애벌레를 잡아먹으며 죽은 동물에도 모여든다. » 65

검정볼기쉬파리 검정파리과
배는 검은색과 회색이 섞인 바둑판무늬이다. 4~10월에 산과 들, 집 주변 등에서 관찰된다. 알이 아닌 구더기를 낳는다. 죽은 동물, 똥, 쓰레기 등을 먹고 병을 옮기기도 한다. 배 끝부분이 검은색이라 '검정볼기쉬파리'라고 한다. » 107

검정오이잎벌레 잎벌레과
딱지날개가 검은색이고 오이의 잎을 먹어 '검정오이잎벌레'라고 한다. 몸은 주황색 또는 황색이다. 4~11월에 풀밭에서 관찰되며 오이, 하늘타리, 콩 등의 잎을 먹는다. » 79

검정황나꼬리박각시 박각시과
날개는 투명하고 가장자리가 검은색이다. 5~11월에 숲가, 꽃밭 등에서 볼 수 있다. 성충은 벌새처럼 날면서 꿀을 먹고, 애벌레는 인동, 마타리 등을 먹는다. » 58

게아재비 장구애비과
몸은 원통형이며 가늘고 길다. 전체적으로 황갈색이나 회갈색을 띠고 있으며 배 끝에 긴 호흡관이 있다. 앞다리는 날카로운 낫 모양이며 안쪽에 가시 모양의 돌기가 있어 먹이를 잡는 데 이용한다. 물의 흐름이 없는 하천, 저수지, 연못 등에서 관찰된다. 가늘고 긴 다리로 물속을 걸어 다니는 모습이 게와 닮았다고 하여 붙인 이름이다. » 154

계곡산개구리 개구리과
등은 청회색, 황갈색, 적갈색을 띠고 등에 돌출된 선이 두 줄 있다. 뭉툭한 주둥이부터 목덜미까지 암갈색 줄무늬가 있다. 북방산개구리와 구별하기가 매우 어렵다. 파리, 벌, 날도래, 나비, 지렁이 등을 먹는다. 숲 속 계곡에서 주로 관찰되어 붙인 이름이다. » 165

고라니 사슴과
물을 좋아하는 우리나라 토종 사슴류로 노루와 비슷하지만 뿔이 없고, 수컷의 송곳니가 입 밖으로 길게 나와 있다. 이 송곳니를 견치라고 한다. 산림, 간척지, 농경지 등에서 서식하는데 최근 개체 수가 증가하여 똥과 발자국을 쉽게 볼 수 있다. » 208

**비슷한 종: 노루는 엉덩이가 흰색이고 수컷은 머리에 뿔이 있다. 주로 제주도와 높은 산에서 관찰된다.

고려나무쑤시기 나무쑤시기과
딱지날개에 노란색 점이 두 쌍 있다. 7~8월에 숲 속 큰 나무에서 흐르는 수액을 먹는다. 수액을 먹는 모습이 마치 나무를 쑤시는 것 같아 '나무쑤시기'라고 한다. » 70

고마로브집게벌레 집게벌레과
딱지날개는 적갈색이다. 뒷날개를 펼치면 안쪽은 노란색, 바깥쪽은 검은색을 띤다. 3~11월에 숲, 풀밭 등에서 볼 수 있다. 작은 곤충을 잡아먹는다. 처음 발견한 사람의 이름을 따서 '고마로브집게벌레'라고 한다. » 94

고방오리 오리과
겨울 철새로 수컷은 머리와 뒷목이 밤색이고 검은색 꼬리깃이 길게 뻗어 있다. 몸통은 회색에 검은색 줄무늬가 있다. 암컷은 갈색 바탕에 암갈색 얼룩무늬가 있다. 부리와 다리는 검은색이다. 간척지, 습지, 하구에서 플랑크톤, 식물의 씨앗, 갑각류, 여러 무척추동물을 먹는다. 꼬리가 창처럼 생겨서 '가창오리'라 했는데 일제 강점기 당시 『조류명집』을 정리하는 과정에서 잘못하여 '고방오리'가 되었다. » 181

고슴도치 고슴도치과
다리가 짧고 주둥이는 긴 편이며, 등과 옆구리에 가시처럼 변한 털이 덮여 있다. 야산, 농경지, 산림지대에서 살지만 야행성이며 개체 수가 많지 않아 보기 드물다. 옛말 '고솜(가시)'과 '돝(돼지)'이 합해져 변한 이름이다. » 206

고오람왕버섯벌레 버섯벌레과
몸은 검은색이며 딱지날개에 특이한 주황색 무늬가 두 쌍 있다. 4~10월에 나무껍질 속이나 나무에 있는 딱딱한 버섯 등에서 관찰된다. 버섯, 곰팡이 등을 먹는다. » 70

고운띠무륵 무륵과
껍데기는 작지만 매우 단단하고 적갈색과 황갈색의 다양한 줄무늬가 세로로 있다. 작은 동물을 먹는다. 모래 갯벌, 진흙 갯벌 등의 바다나 돌 등에서 관찰된다. 껍데기에 고운 띠가 있어서 붙인 이름이다. » 130

고추잠자리 잠자리과
성숙한 수컷의 몸 전체가 고추처럼 붉어 '고추잠자리'라고 한다. 암컷과 미성숙한 수컷은 황색이다. 5~9월에 연못, 저수지 등에서 관찰된다. » 96

고추좀잠자리 잠자리과
크기가 작고 성숙한 수컷의 배가 붉은색이어서 '고추좀잠자리'라고 한다. 6~11월에 산기슭, 논과 밭, 공원 등에서 관찰된다. 우리나라에서 가장 개체 수가 많은 잠자리류이다. » 97

고추침노린재 침노린재과
몸이 고추처럼 붉어 '고추침노린재'라고 한다. 4~10월에 숲 속, 산기슭 등의 나뭇잎에서 주로 관찰된다. 침으로 곤충을 사냥하여 체액을 빨아 먹는다. » 85

곤줄박이 박새과
텃새로 멱(목의 앞쪽)과 뒷목에서부터 눈 부위까지는 검은색이고 이마와 뺨은 황백색이다. 등과 배, 옆구리는 적갈색이다. 산림, 공원에서 곤충류, 거미류, 열매 등을 먹는다. 호기심이 많아 입으로 새소리를 흉내 내면 사람 가까이에 오기도 한다. 몸에 곤('까맣다'를 뜻하는 옛말) 줄무늬가 박혀 있는 새라는 뜻에서 붙인 이름이다. » 191

곰개미 개미과
3~11월에 공원, 공터 등에서 주로 관찰된다. 집을 건드리면 떼로 달려들어 물고 몸속에 있는 개미산을 쏜다. 화초와 농작물에서 진딧물을 지키는 등 서로 돕고 살아(공생) 피해를 주기도 한다. » 103

곰보송장벌레 송장벌레과
딱지날개가 곰보처럼 올록볼록하여 '곰보송장벌레'라고 한다. 4~11월에 산과 들, 하천가 등에서 관찰된다. 죽은 동물이나 똥 등을 먹는다. » 66

관박쥐 관박쥐과
야행성으로 밤에 활동하며 날개가 몸길이보다 넓고 나비처럼 펄렁거리며 날아다닌다. 몸은 나이에 따라 갈색이거나 어두운 회색이다. 코는 말 편자처럼 특이하게 생겼고 귀가 매우 크다. 동굴, 버려진 집 등에서 잠을 잔다. » 208

광대거품벌레 거품벌레과
흰색 얼룩무늬가 마치 광대가 입는 옷을 닮아서 '광대거품벌레'라고 한다. 4~9월에 풀밭에서 관찰되며 식물의 즙을 빨아 먹는다. 위험을 느끼면 툭 튀어서 도망간다. » 87

광대노린재 광대노린재과
녹색 바탕에 주황색 줄무늬가 있는 광택형과 암청색 바탕에 붉은색 줄무늬가 있는 무광택형이 있다. 5~11월에 숲, 풀밭 등에서 관찰된다. 여러 가지 나무에서 즙을 빨아 먹는다. 성충의 몸 색이 광대가 입는 옷처럼 화려하여 '광대노린재'라고 한다. » 82

광택날도래 KUa 애벌레 광택날도래과
작은 돌맹이로 집을 짓고 돌 밑에 붙어서 산다. 집 속의 몸은 원통형이며 흰색이다. 눈 주위를 제외한 머리와 앞가슴이 진한 갈색이다. 기관아가미가 없다. 계곡, 작은 하천의 물 흐름이 완만한 여울에서 관찰된다. » 157

괭이갈매기 갈매기과
텃새로 꼬리에 검은색 테두리가 있고, 다리는 노란색이며 등은 진한 회색이다. 울음소리가 고양이 울음소리와 비슷하다고 하여 붙인 이름이다. 해안, 항구, 하구에서 어류, 무척추동물 등을 잡아먹는다. » 188

구슬무당거저리 거저리과
몸이 둥글고 광택이 화려하여 '구슬무당거저리'라고 한다. 4~10월에 죽은 나무의 껍질 속이나 수액에서 볼 수 있다. 죽은 나무의 버섯, 수액 등을 먹는다. » 76

국화하늘소 하늘소과
몸은 흑청색이고 앞가슴등판에 주홍색 점이 있다. 5~7월에 국화, 쑥 등에 알을 낳아 '국화하늘소'라고 한다. » 74

군부 군부과
몸은 길쭉한 타원형이며 등에 기와 모양의 판 여덟 장이 덮고 있다. 색깔은 갈색 또는 적갈색이며, 육질부로 돌에 단단히 붙어 있다. 갯벌의 바위가 많은 곳에서 관찰된다. 군부는 '움직임이 느려 굼뜬 생물'이라는 뜻의 '굼보'가 변한 이름이다. » 128
**비슷한 종: 털군부, 좀털군부, 가는줄연두군부

군소 군소과
몸이 물렁물렁하며 달팽이와 비슷하게 생겼다. 머리에 토끼의 귀를 닮은 더듬이가 한 쌍 있다. 색깔은 검은색, 갈색 등 다양하며 흰색 반점이 있다. 주로 해조류를 먹고, 위협을 받으면 몸에서 보라색 색소를 뿜어 자신을 보호한다. 수심 3미터 안팎의 물속에서 관찰된다. » 131

굴 굴과
껍데기는 흰색이며, 두 장이다. 갯바위나 방파제 등에 한쪽 껍데기를 단단히 붙이고 있으며, 여러 개체가 다닥다닥 붙어서 자란다. 하얗게 붙어 있는 모습이 바위에 핀 꽃과 같다고 하여 '석화'라고도 한다. » 132

굴뚝나비 네발나비과
날개는 흑갈색이고, 검은색 눈동자 무늬가 앞날개에 두 개, 뒷날개에 한 개 있다. 6~9월에 숲가, 풀밭 등에서 관찰된다. 애벌레는 억새, 포아풀 등을 먹는다. 날개 색이 굴뚝에 검댕이 묻은 것 같아서 붙인 이름이다. » 52

굴뚝새 굴뚝새과
텃새로 몸은 둥근 편이고 꼬리는 짧다. 적갈색의 몸에 검은색 줄무늬가 조밀하게 있다. 여름에는 산골짜기, 겨울에는 하천 주변에서 곤충류, 거미류 등을 먹는다. 주로 어둡고 좁은 바위틈을 오가는 것이 굴뚝에서 나오는 것 같다고 하여 붙인 이름이다. » 190

굵은줄격판담치 홍합과
바위가 많은 해안에서 가장 많이 보이는 조개류로 껍데기는 검은색이며, 군집을 이루어 바위 전체를 뒤덮기도 한다. 홍합과 비슷하지만 크기가 작고 껍데기의 겉껍질이 벗겨져 분홍빛의 속껍질이 드러나기도 한다. 갯바위 또는 수심 2미터의 해안에서 관찰된다. » 132

귀제비 제비과
여름 철새로 제비와 비슷하지만 배 쪽에 검은색 줄무늬가 있고 허리가 붉은 것이 다르다. 내륙 절벽, 마을, 항구에서 날아다니는 곤충을 잡아먹는다. 둥지를 표주박 모양으로 만든다. » 197

그물무늬금게 금게과
몸은 전체적으로 노란빛을 띠고 있으며 등딱지 가장자리에 날카로운 가시가 있다. 윗면에 자주색의 점들이 그물처럼 보인다. 주로 맑고 얕은 바다에 살며 모래를 뒷다리로 파고 들어가 위장한다. » 133

극동등에잎벌 등에잎벌과
몸은 청람색이고 더듬이는 검은색이다. 3~11월에 풀밭, 공원 등에서 꽃이나 진달래 종류의 잎에서 관찰된다. 애벌레는 진달래류의 잎을 먹는다. » 102

금강모치 잉어과
주둥이는 약간 뾰족하며 입수염은 없다. 몸은 짙은 황갈색이고 몸 가운데와 배 쪽에 주황색 가로 줄무늬가 꼬리지느러미 앞까지 뻗어 있다. 수온이 낮고 깨끗한 산간 계곡에서 살며 수서곤충, 곤충류, 갑각류, 부착 조류 등을 먹는다. 처음 관찰될 당시에 금강산에서만 서식한다고 알려져 붙인 이름이다. » 116

금개구리 개구리과
몸은 초록색과 진한 갈색이며 암수에 따라 약간 차이가 있다. 울음주머니가 없어 크게 울지 못하고 '뽁, 뽁' 하는 소리를 낸다. 연못, 웅덩이 등에서 곤충류, 거미류, 지렁이, 달팽이 등을 잡아먹는다. 참개구리와 비슷하지만 등 옆에 돌출된 금색선이 선명하여 붙인 이름이다. 멸종 위기 야생생물 2급이다. » 166

금자라남생이잎벌레 잎벌레과
몸에 있는 무늬가 금색 자라를 닮아 '금자라남생이잎벌레'라고 한다. 5~8월에 산과 들에서 관찰되며 메꽃의 잎을 먹는다. » 79

금파리 검정파리과
몸에 금색과 녹색 광택이 돌아 '금파리'라고 한다. 4~10월에 산과 들, 집 주변 등에서 관찰된다. 죽은 동물, 똥, 쓰레기 등을 먹고 병을 옮기기도 한다. » 107
**비슷한 종: 검정뺨금파리, 연두금파리

긴가위뿔노린재 뿔노린재과
수컷의 배 끝에 붉은색 가위 모양의 돌기가 길게 튀어나와 있어 '긴가위뿔노린재'라고 한다. 앞가슴등판 양 끝이 붉은색이다. 5~10월에 숲, 산기슭 등에서 관찰된다. 식물의 즙을 빨아 먹는다. » 80

긴꼬리 귀뚜라미과
8~10월에 야산의 덤불 등에서 관찰된다. 수컷은 밤에 앞날개를 수직으로 세우고 서로 비벼 맑은 소리를 낸다. 소리가 더 크게 들리도록 넓은 잎 중간을 뚫은 뒤 머리를 내밀고 소리를 내거나 풀줄기가 겹쳐지는 부분에 매달려 소리를 내기도 한다. 꽃가루, 진딧물 등을 먹는다. 암컷의 산란관 또는 뒷날개가 꼬리처럼 길어 '긴꼬리'라고 한다. » 91

긴꼬리산누에나방 산누에나방과
뒷날개가 꼬리처럼 길어 '긴꼬리산누에나방'이라고 한다. 날개는 옥색을 띤 흰색이다. 5~8월에 활엽수림에서 볼 수 있으며 불빛에 잘 날아든다. 애벌레는 여러 가지 활엽수의 잎을 먹는다. » 57

긴꼬리쌕쌔기 여치과
암컷의 산란관이 꼬리처럼 길어 '긴꼬리쌕쌔기'라고 한다. 7~11월에 풀밭에서 관찰된다. 식물의 잎, 씨앗 등을 먹는다. » 93

긴꼬리제비나비 호랑나비과
날개는 좁고 긴 편이다. 뒷날개 꼬리돌기가 길어 '긴꼬리제비나비'라고 한다. 4~9월에 산 계곡 주변에서 주로 관찰된다. 애벌레는 산초나무, 탱자나무 등의 잎을 먹는다. » 51

긴꼬리투구새우 투구새우과
갑각은 넓고 납작하며 진한 갈색에 연두색 무늬가 있다. 꼬리마디 끝에 가늘고 긴 꼬리 두 개가 있다. 눈은 위쪽에 두 개 있고 더듬이가 길다. 5~7월에 농약을 쓰지 않는 논에서 일시적으로 관찰된다. 알 상태로 흙 속에서 휴면하고 있다가 환경이 좋아지면 부화하며, 빠르게 자라 알을 낳은 뒤 죽기 때문에 관찰하기 어렵다. 긴 꼬리와 갑각 모양이 투구를 닮아서 붙인 이름이다. » 150

긴날개밑들이메뚜기 메뚜기과
몸은 녹색이며 겹눈 뒤쪽으로 검은색 세로줄 무늬가 있다. 6~11월에 관목 숲, 계곡 등에서 관찰된다. 여러 가지 식물을 먹는다. 밑들이메뚜기류 가운데 날개가 길어 붙인 이름이다. » 88

긴날개여치 여치과
앞날개가 여치보다 훨씬 길어 '긴날개여치'라고 한다. 7~10월에 강가, 하천가 등 물가 주변의 풀밭에서 주로 관찰된다. 어릴 때는 주로 벼과 식물을 먹고, 자라서는 다른 곤충을 잡아먹는다. » 92

긴무늬왕잠자리 왕잠자리과
배 윗면에 굵은 검은색 줄이 두 줄 있어 '긴무늬왕잠자리'라고 한다. 5~8월에 갈대나 부들 등 수생식물이 풍부한 연못에서 볼 수 있다. 주로 이른 아침과 저녁 무렵에 활발하게 활동하고 낮에는 풀줄기에 앉아 휴식을 취한다. » 95

긴수염대벌레 긴수염대벌레과
더듬이가 길어서 '긴수염대벌레'라고 한다. 날개는 없다. 5~10월에 숲 속에서 관찰된다. 적의 공격을 받으면 다리나 더듬이를 떼고 도망간다. 벚나무, 밤나무, 감나무 등 활엽수의 잎을 먹는다. » 94

긴알락꽃하늘소 하늘소과
길쭉하고 딱지날개에 노란색 알락(점이나 줄 따위가 조금 섞인 모양) 무늬가 있으며 꽃에 잘 모여들어 '긴알락꽃하늘소'라고 한다. 5~8월에 숲 속 풀밭에서 관찰된다. 여러 가지 꽃에 모이며 꽃가루와 꽃 꿀을 먹는다. » 73

긴호랑거미 왕거미과
6~10월에 산과 들이나 풀밭 등에서 둥근 그물을 치고 지그재그형의 흰 띠를 만든 뒤 띠 가운데에 거꾸로 매달려 있다. 위험을 느끼면 그물을 심하게 흔든다. 호랑거미와 비슷하고 몸이 길어 '긴호랑거미'라고 한다. » 214

길게 달랑게과
몸은 좌우로 길며 흑갈색에 붉은빛이 돈다. 집게다리에 작은 돌기들이 돋아 있다. 하구나 모래가 많은 진흙 갯벌에 구멍을 파고 떼 지어 산다. 갯벌에 있는 규조류를 걸러 먹는다. » 134

길앞잡이(비단길앞잡이) 딱정벌레과
5~10월에 들이나 산길에서 관찰된다. 다른 곤충을 잡아먹는다. 산길을 가는 사람보다 앞서서 계속 날아가 길을 안내하는 것처럼 느껴진다고 하여 '길앞잡이'라고 한다. » 64

길쭉바구미 바구미과
모양이 길쭉하여 '길쭉바구미'라고 한다. 몸은 검은색이지만 적갈색 가루로 덮여 있으며 만지면 가루가 벗겨진다. 4~8월에 풀밭에서 여뀌의 잎을 먹는다. » 77

깃동상투벌레 상투벌레과
머리끝이 짧은 상투 모양이고 날개 끝에 검은색 띠가 있어 '깃동상투벌레'라고 한다. 5~10월에 풀밭에서 주로 관찰되며 식물의 즙을 빨아 먹는다. » 87

깃동잠자리 잠자리과
날개 끝에 검은색 무늬가 있어 '깃동잠자리'라고 한다. 6~11월에 공원, 논과 밭, 산기슭 등에서 관찰된다. 암수가 연결된 상태로 날면서 연못의 얕은 곳이나 풀이 우거진 곳에 알을 떨어뜨린다. » 97

까치 까마귀과

텃새로 몸 전체가 검은색이고 배와 옆구리, 어깨깃은 흰색이다. 꼬리가 길고 녹색 광택이 나는 검은색이다. 마을 주변, 농경지에서 생활하고 잡식성으로 모든 먹이를 먹는다. '갖 갖 갖' 우는 새라고 하여 '가치'라 부르다가 이후로 '까치'가 되었다. » 194

까치깡충거미 깡충거미과

수컷의 배에 검은색 넓은 띠무늬가 있다. 암컷은 황색 털이 빽빽하게 덮여 있으며 배에 가는 흰색 줄무늬가 있다. 7~9월에 산과 들에서 식물 위를 돌아다니며 먹이를 찾는다. » 220

까치살모사 살모사과

개체에 따라 색깔 변이가 심하다. 등은 담황색과 황갈색, 흑갈색 가로 줄무늬가 번갈아 있다. 머리 위쪽에 검은색 화살표 모양의 줄무늬가 있어 다른 살모사류와 구분된다. 살모사류 가운데 가장 센 독을 지니고 있다. 몸의 무늬가 까치의 흑백 무늬와 비슷하다고 하여 붙인 이름이다. » 170

깔따구류 애벌레 깔따구과

몸은 긴 원통형이며 회백색, 노란색, 빨간색 등 종에 따라 크기와 색이 다양하다. 머리는 갑각으로 되어 있고 배 끝에 갈고리 모양의 발톱이 있다. 농수로, 도랑, 하천, 저수지 등에서 관찰된다. » 156

깜둥이창나방 창나방과

몸은 검은색이고 날개 가운데에 유리창 같은 반투명한 부분이 있어 '깜둥이창나방'이라고 한다. 5~8월에 낮에도 활발히 활동하며 꽃을 찾아 꿀을 빤다. 애벌레는 사위질빵을 먹는다. » 63

깜보라노린재 노린재과

몸이 검은 바탕에 보라색으로 빛나 '깜보라노린재'라고 한다. 작은방패판(좌우 앞날개 사이에 삼각형 모양인 부분) 끝이 흰색이다. 4~11월에 산기슭, 풀밭 등에서 관찰된다. 식물의 즙을 빨아 먹는다. » 83

깝작도요 도요과

텃새로 몸 윗부분은 녹갈색이고 배는 흰색이다. 가슴 옆의 흰색 줄무늬가 어깨까지 이어진다. 하천, 저수지, 바닷가에서 수서무척추동물, 갑각류, 곤충류 등을 잡아먹는다. 서 있을 때 엉덩이를 위아래로 까딱까딱하여 붙인 이름이다. » 187

꺽지 꺽지과

몸은 옆으로 납작하며 머리가 매우 크다. 몸에는 검은색 반점이 흩어져 있으나 색깔과 모양이 다양하다. 물이 맑고 바위와 자갈이 많은 하천의 중·상류에 살며 수서곤충, 갑각류, 작은 물고기 등을 잡아먹는다. 돌 아래쪽에 알을 낳아 붙이고 부화할 때까지 지키는 습성이 있다. 멸종 위기 야생생물 2급인 감돌고기는 꺽지의 산란장에 알을 낳아 꺽지에게 자기 알을 맡긴다. » 120~121

꼬까도요 도요과

나그네새로 등에 적갈색과 검은색 무늬가 있고 멱과 목 둘레, 가슴에 검은색 띠가 있다. 부리는 짧고 검은색이며 다리는 분홍색이다. 갯벌, 염전, 간척지 등에서 돌을 부리로 뒤집어 게, 갯지렁이 연체동물을 잡는 모습에서 '턴스톤(turnstone)'이라는 영어 이름이 붙었다. 깃털색이 알록달록해 꼬까옷을 입은 것 같다고 하여 붙인 이름이다. » 186

꼬리명주나비 호랑나비과

날개 무늬의 변이가 심하다. 4~9월에 숲가나 풀밭 등에서 관찰된다. 애벌레는 쥐방울덩굴의 잎을 먹는다. 꼬리가 길고 날개가 명주처럼 고와 '꼬리명주나비'라고 한다. » 50

꼬리치레도롱뇽 도롱뇽과

머리는 작고 납자하며 눈이 도롱뇽보다 위로 많이 튀어나왔다. 전체적으로 노란빛이 도는 갈색이고 머리 꼭지에서 꼬리까지 갈색의 점무늬가 조밀하게 있다. 다리가 길며 발가락 끝이 검은 것이 특징이지만 없는 것도 있다. 어린 시기에는 아가미가 몸 밖으로 나와 있다. 산림의 계곡, 벼랑의 바위틈, 나무뿌리 주변에서 개미, 지렁이, 곤충류, 수서곤충, 거미류, 지렁이 등을 잡아먹는다. 꼬리가 몸통 길이보다 길어서 붙인 이름이다. » 164

꼬마길앞잡이 딱정벌레과
6~10월에 갯벌, 사용하지 않는 염전 등에서 관찰된다. 가늘고 긴 다리로 땅 위를 빠르게 돌아다니며 다른 곤충을 잡아먹는다. 크기가 작아 '꼬마길앞잡이'라고 한다. » 64

꼬마꽃등에 꽃등에과
몸이 가늘고 길다. 앞가슴등판은 광택이 나는 암갈색이고 흐릿하게 세로 줄무늬가 있다. 4~11월에 산과 들에 핀 꽃에서 관찰되며 꽃의 꿀을 먹는다. 크기가 작아 '꼬마꽃등에'라고 한다. » 104

꼬마남생이무당벌레 무당벌레과
남생이무당벌레와 비슷하지만 그보다 작아서 '꼬마남생이무당벌레'라고 한다. 몸은 주황색 또는 노란색 바탕에 무늬가 검은색이다. 4~10월에 산과 들의 풀밭에서 생활하며 진딧물을 잡아먹는다. » 72

꼬마물떼새 물떼새과
여름 철새로 윗면은 회갈색이고 배는 흰색이다. 이마와 멱, 뒷목은 흰색이고 눈 둘레는 선명한 노란색이다. 눈 앞쪽, 귀깃, 가슴에 검은색 무늬가 있다. 하천, 하구, 저수지, 해안에서 곤충류, 갯지렁이 등을 먹는다. 천적이 나타나면 새끼와 알을 보호하려고 거짓으로 다친 척하며 천적을 유인한다. » 185

꼬마잠자리 잠자리과
5~8월에 얼마 동안 농사를 짓지 않는 논, 습지 등에서 관찰된다. 전 세계 잠자리 가운데 가장 작다. 살아갈 수 있는 환경이 파괴되어 개체 수가 줄고 있다. 크기가 작아 '꼬마잠자리'라고 한다. 멸종 위기 야생생물 2급이다. » 96

꼬마줄물방개 물방개과
몸은 갸름한 타원형이며, 광택이 있는 황백색에 검은색 가로 줄무늬가 있다. 머리 가장자리는 검은색이고 앞가슴등판은 황색이다. 크고 튼튼한 뒷다리로 헤엄을 잘 친다. 웅덩이, 연못, 논, 저수지 등에서 관찰된다. 크기가 작고 줄무늬가 있어 붙인 이름이다. » 155

꽃게거미 게거미과
암컷은 황록색, 수컷은 황갈색이다. 4~10월에 산과 들에서 꽃이나 잎 주변에 숨어 있다가 가까이 다가오는 곤충을 잡아먹는다. 꽃에서 주로 관찰되며 게의 모습을 닮아 '꽃게거미'라고 한다. » 218

꽃등에 꽃등에과
애벌레에는 긴 꼬리가 있고 오염된 물에서 산다. 성충은 꿀벌과 매우 비슷하다. 3~10월에 산과 들에 핀 꽃에서 관찰된다. 꽃을 찾는 등에라는 뜻으로 '꽃등에'라고 한다. » 104

꽃매미 꽃매미과
뒷날개의 붉은색이 꽃처럼 예쁘고 전체적인 생김새가 매미를 닮아 '꽃매미'라고 한다. 5~11월에 숲이나 공원, 마을 주변 등에서 흔하게 관찰되며 가중나무, 포도, 배, 복숭아나무에 기생하면서 즙을 빨아 먹는다. 이 때문에 과수원에 피해를 주기도 한다. » 86

꽈리허리노린재 허리노린재과
몸은 암갈색이고 칙칙해 보인다. 5~10월에 풀밭, 농경지 등에서 관찰된다. 고추나 가지, 꽈리 등 농작물의 즙을 빨아 피해를 준다. 꽈리 즙을 먹고 생활하여 '꽈리허리노린재'라고 한다. » 81

꾀꼬리 꾀꼬리과
여름 철새로 몸은 전체적으로 선명한 노란색이고 부리는 분홍색이다. 선명하고 굵은 눈선은 검은색이며 뒷머리까지 이어진다. 산림, 시골 마을 주변, 공원에서 곤충류, 거미류, 열매 등을 먹는다. 노란색의 새를 뜻하는 옛말 '곤고리'가 변하여 '꾀꼬리'가 되었다. » 194

꾹저구 망둑어과
몸이 길고 원통형이며 뒷부분은 옆으로 납작하다. 머리는 옆으로 납작하고 입이 큰 편이다. 전체적으로 황갈색이다. 몸 옆면에 짙은 갈색 줄무늬가 7~8개 있다. 강 중류나 하구, 저수지에 살며 물벼룩, 실지렁이, 수서곤충 등을 잡아먹는다. 저구새(물수리)가 꾹 하고 집어먹는 물고기라는 데서 이름이 유래되었다. » 122

꿀벌(양봉꿀벌) 꿀벌과
꿀을 얻으려고 외국에서 들여와 기르는 꿀벌이다. 3~10월에 꽃을 옮겨 다니며 꽃가루와 꿀을 모은다. 꿀을 모으는 벌이라서 '꿀벌'이라고 한다. 재래꿀벌은 양봉꿀벌보다 크기가 조금 작으며 꿀을 모으는 능력이 떨어진다. 그러나 추위에 강해 이른 봄에 피는 꽃의 꽃가루받이를 도와준다. » 102

꿩 꿩과
텃새이며 꼬리깃이 길고 뾰족하다. 수꿩(장끼)의 얼굴에는 붉은색 피부가 드러나 있고 목에는 흰색 띠가 있다. 몸에는 적갈색 무늬가 흩어져 있다. 암꿩(까투리)은 황갈색 몸에 흑갈색 무늬가 있다. 꿩의 새끼는 '꺼병이'라고 한다. 산림이나 밭 주변, 초지 등에서 나무 열매, 씨앗, 곤충 등을 먹는다. 수컷이 '꿩, 꿩' 하고 울어서 붙인 이름이다. » 195

끝검은말매미충 매미충과
날개 끝부분이 검은색이어서 '끝검은말매미충'이라고 한다. 눈 사이와 가슴에 검은 점이 있다. 3~9월에 들이나 숲에서 주로 관찰되며 나무의 수액을 빨아먹는다. » 86

끝노랑꽃등에 꽃등에과
몸은 전체적으로 검은색을 띠며 배 끝이 노란색이라 '끝노랑꽃등에'라고 한다. 5~9월에 산과 들에 핀 꽃에서 주로 관찰된다. » 104

끝마디통통집게벌레 민집게벌레과
집게가 짧고 통통하여 '끝마디통통집게벌레'라고 한다. 1~12월에 숲 속 썩은 나무껍질 속이나 돌 밑 등 어둡고 습한 곳에서 볼 수 있다. 작은 곤충을 잡아먹는다. » 94

끝무늬먼지벌레 딱정벌레과
딱지날개 끝에 무늬가 한 쌍 있어 '끝무늬먼지벌레'라고 한다. 숲 속, 계곡 등에서 생활하며 죽은 동물, 지렁이 등을 먹는다. » 65

끝짤룩노랑가지나방 자나방과
노란색 또는 황색의 날개 끝이 잘려나간 듯한 모양이어서 '끝짤룩노랑가지나방'이라고 한다. 각각의 날개 가운데에 검은색 점이 있다. 5~8월에 숲에서 관찰된다. 애벌레는 때죽나무의 잎을 먹는다. » 62

ㄴ

나나니 구멍벌과
배자루마디가 가늘고 길다. 6~10월에 건조한 들판에서 주로 관찰된다. 땅에 굴을 파고 집을 지은 뒤 나비의 애벌레를 사냥하여 넣고 거기에 알을 낳는다. 집을 지을 때 땅을 파면서 '나-나-나-' 하며 소리를 내는데 그 소리를 따서 '나나니'라고 한다. » 102

나무결새우게거미 새우게거미과
다리가 길고 고리 무늬가 있다. 암컷의 배는 오각형이며 회갈색 바탕에 암갈색 무늬가 있다. 5~9월에 주로 나무껍질(나뭇결) 위에서 생활하여 '나무결새우게거미'라고 하며, 행동이 매우 민첩하다. » 217

나비잠자리 잠자리과
넓은 날개와 날아다니는 모습이 나비를 닮아 '나비잠자리'라고 한다. 6~9월에 하천, 연못, 습지 등에서 관찰된다. 뒷날개의 폭이 매우 넓어 날아다닐 때 나비처럼 느껴진다. 날아다니는 곤충을 잡아먹는다. » 98

나카노상투벌레 상투벌레과
머리꼭지가 앞으로 길게 튀어나왔다. 날개는 투명하고 날개맥이 선명하다. 5~10월에 풀밭에서 주로 관찰되며 식물의 즙을 빨아 먹는다. 일본 나카노 지역에서 처음 관찰되어 '나카노상투벌레'라고 한다. » 87

날개띠좀잠자리 잠자리과
암수 모두 날개 끝에 갈색 띠무늬가 있어 '날개띠좀잠자리'라고 한다. 성숙한 수컷은 몸 전체가 빨간색이다. 6~11월에 하천 주변과 풀밭 등에서 관찰된다. » 98

날개망둑 망둑어과
몸이 가늘고 길며 연한 살구색에 작은 갈색 점무늬가 있다. 눈은 머리 위로 튀어나와 있고 눈 사이가 좁다. 주로 무리 지어 살면서 갑각류 등 소형 동물을 잡아먹는다. 자갈 또는 모래 해안, 기수역에서 관찰된다. 가슴지느러미가 날개처럼 생겨서 붙인 이름이다. » 143

날개알락파리 알락파리과
날개에 검은색 얼룩무늬가 있어 '날개알락파리'라고 한다. 몸은 검은색이고 개체에 따라 크기 차이가 많이 난다. 5~7월에 동물의 배설물이 있는 곳에서 관찰된다. » 106

남가뢰 가뢰과
몸은 남색이고 배가 매우 크다. 부화한 애벌레는 근처 꽃에 나타난 뒤영벌 몸에 붙어 뒤영벌 집으로 가서 뒤영벌 알이나 모아 놓은 꽃가루 등을 먹으면서 자란다. 체액에 '칸타리딘'이라는 독성분이 있어 몸에 닿으면 물집 같은 염증이 생긴다. 성충은 4~10월에 풀밭에서 풀잎을 갉아먹는다. » 74

**비슷한 종: 둥글목남가뢰

남방부전나비 부전나비과
수컷의 날개 윗면은 청람색이고, 암컷은 암갈색이다. 4~11월에 공원, 풀밭 등에서 볼 수 있고 가을에 개체 수가 늘어난다. 애벌레는 괭이밥을 먹는다. 남부 지방에서 주로 관찰되는 부전나비라는 뜻으로 '남방부전나비'라고 한다. » 55

남색초원하늘소 하늘소과
몸이 남색이며 풀밭에서 주로 보여 '남색초원하늘소'라고 한다. 흰색과 검은색의 얼룩무늬를 띤 더듬이는 둘째, 넷째 마디에 털뭉치가 있다. 5~8월에 풀밭에서 관찰되며 개망초, 쑥 등을 먹는다. » 74

남생이 남생이과
등딱지는 짙은 암갈색 또는 황갈색이며 세로줄 돌기 세 개가 뚜렷하게 돌출되어 있다. 머리 옆에는 연한 녹색 줄무늬가 여러 개 있다. 주둥이는 짧고, 각질로 된 부리가 매우 강하다. 붉은귀거북 발보다 물갈퀴가 작다. 천연기념물 제453호, 멸종 위기 야생생물 2급이다. » 167

남생이무당벌레 무당벌레과
딱지날개의 무늬가 남생이의 등 무늬를 닮아서 '남생이무당벌레'라고 한다. 우리나라에 있는 무당벌레 중에서 가장 크다. 4~10월에 산과 들의 풀밭에서 생활하며 잎벌레의 애벌레를 잡아먹는다. » 71

남생이잎벌레 잎벌레과
생김새가 남생이를 닮아 '남생이잎벌레'라고 한다. 딱지날개에 불규칙한 검은색 점무늬가 있다. 애벌레는 등에 똥을 지고 다닌다. 5~8월에 먹이식물인 명아주에서 관찰된다. » 79

납자루 잉어과
몸은 옆으로 납작하고 주둥이는 둥글고 입수염이 한

쌍 있다. 몸은 청갈색이며 옆줄이 선명하다. 몸 뒤쪽에 가느다란 검은 세로줄이 있다. 산란관을 이용해 조개 몸 안에 알을 낳는다. 물이 맑고 수초가 우거진 하천 하류에 살며 수서곤충, 플랑크톤 등을 먹는다. 납작한 물고기라는 뜻으로 붙인 이름이다. » 114

납작게 바위게과
몸은 사각형이며 가장자리에 돌기가 돋아 있다. 색깔은 사는 곳에 따라 다양하지만 대부분 갈색이며 커다란 흰색 반점이 있다. 썰물 때 바위 아래 주로 떼 지어 관찰된다. 몸이 납작하여 붙인 이름이다. » 136

납작돌좀 돌좀과
다리는 세 쌍 외에 길이가 짧은 다리가 두 쌍 더 있다. 3~11월에 이끼 낀 바위, 나무 틈 등에서 관찰된다. 바위에 붙은 조류, 이끼 등을 먹는다. 위아래로 납작하고 좀을 닮았으며 주로 바위에 붙어서 살아 '납작돌좀'이라고 한다. » 109

낯표스라소니거미 스라소니거미과
등은 황갈색 바탕에 검은색 세로줄이 네 줄 있다. 배는 검은색, 갈색, 붉은색 등 무늬가 화려하다. 5~8월에 남쪽 지방의 풀숲을 돌아다니며 먹이를 찾는다. 외부 생식기가 사람 얼굴을 닮아 '낯표스라소니거미'라고 한다. » 217

너구리 개과
작은 강아지처럼 생겼으나 얼굴이 넓적하고 주둥이가 뾰족하다. 시골 마을, 산림, 하천변, 농경지에서 살지만 야행성이라 잘 보이지 않는다. 정해진 장소에 똥을 여러 번 누어 똥 무더기를 만드는 습성이 있다. 눈 주위에 넓게 퍼진 흰색 털과 검은색 부분이 옛날 여자들이 나들이할 때 얼굴을 가리기 위해 사용하던 너울을 쓴 것 같다고 하여 '너구리(너울이)'라고 한다. » 206

넓은잎꼬마거미 꼬마거미과
배가 크고 둥글다. 배 위에 넓은 잎사귀 모양의 무늬가 있어 '넓은잎꼬마거미'라고 한다. 5~7월에 숲 속 나뭇가지나 잎사귀 사이에 불규칙한 천막 모양의 그물을 친다. » 215

넓적배허리노린재 허리노린재과
배 가장자리가 넓게 늘어나 있어 '넓적배허리노린재'라고 한다. 4~10월에 산기슭, 풀밭 등에서 관찰된다. 싸리, 칡, 콩 등 식물의 즙을 빨아 먹는다. » 81

넓적부리 오리과
겨울 철새로 크고 넓적한 부리가 특징이다. 수컷의 머리는 광택이 나는 녹청색이고 옆구리에 적갈색의 큰 무늬가 있다. 암컷은 회갈색과 밝은 갈색의 얼룩무늬가 있다. 하구, 하천, 저수지에서 플랑크톤, 무척추동물을 먹는다. » 180

넓적사슴벌레 사슴벌레과
큰턱에 기다란 두 집게가 나란하게 뻗다가 끝이 안쪽으로 휘었다. 5~10월에 활엽수의 수액이 흐르는 곳에서 주로 관찰되며 밤이 되면 불빛에 잘 모인다. 참나무 수액, 익은 과일 등을 먹는다. 몸이 넓적하여 '넓적사슴벌레'라고 한다. » 67

네모집날도래 KUb 애벌레 네모집날도래과
나뭇잎으로 사각 기둥 형태의 집을 짓고 산다. 머리는 적갈색이고 노란색 점무늬가 규칙적으로 있다. 가슴은 크고 단단한 판 모양이고 제2배마디부터 등 쪽에 기관아가미가 한 쌍 있다. 작은 하천, 강, 호수, 저수지 등에서 관찰된다. » 157

네발나비 네발나비과
주황색 바탕에 검은색 점무늬가 많다. 4~11월에 하천, 마을 주변 풀밭 등에서 관찰된다. 여름에는 나무 진이나 동물의 사체, 똥, 썩은 과일 등에 모인다. 애벌레는 환삼덩굴을 먹는다. 앞다리 두 개가 퇴화되어 마치 다리가 네 개처럼 보여 '네발나비'란 이름이 붙었다. » 53

네점박이노린재 노린재과
앞가슴등판 앞쪽에 연노란색 작은 점이 네 개 있어 '네점박이노린재'라고 한다. 4~11월에 숲, 풀밭 등에서 관찰된다. 등나무, 칡 등 식물의 즙을 빨아 먹는다.
» 83

노란뱀잠자리 뱀잠자리과
긴 머리와 가슴이 마치 뱀이 머리를 들고 있는 모습과 비슷하며 노란색 또는 황색을 띠어 '노란뱀잠자리'라고 한다. 성충은 5~8월에 하천 주변에서 관찰된다. 낮에는 물가의 나무에 붙어 있다가 밤에 활동하며 불빛에 잘 모여든다. 애벌레는 물속에 살며 하루살이, 강도래 등 작은 동물을 잡아먹는다. » 108

노란실잠자리 실잠자리과
몸이 전체적으로 노란색을 띠어 '노란실잠자리'라고 한다. 수컷은 배 끝부분 윗면에 검은색 무늬가 있다. 6~9월에 연못, 습지, 얼마 동안 농사를 짓지 않는 논 등에서 관찰된다. » 99

노란측범잠자리 측범잠자리과
가슴 옆면에 굵은 노란색 줄이 두 줄 있고 전체적으로 노란빛이 강해 '노란측범잠자리'라고 한다. 6~9월에 하천 중·상류의 물 흐름이 있는 곳에서 관찰된다. 날아다니는 곤충을 잡아먹는다. » 95

노란허리잠자리 잠자리과
미성숙 개체는 암수 모두 셋째, 넷째 배마디가 노란색인데 이 부분이 허리처럼 보여 '노란허리잠자리'라고 한다. 수컷은 성숙하면 노란색이 흰색으로 변한다. 5~9월에 하천, 연못 등에서 관찰된다. » 99

노랑나비 흰나비과
날개 끝부분에 검은색 테두리가 있고 앞날개 가운데에 검은 점무늬가 뚜렷하다. 3~10월에 마을 주변, 풀밭 등에서 관찰된다. 애벌레는 벌노랑이, 완두, 비수리 등을 먹는다. 색깔이 노란색이라서 '노랑나비'이다. » 51

노랑날개쐐기노린재 쐐기노린재과
쐐기노린재의 한 종으로 노란색 날개가 있어 '노랑날개쐐기노린재'라고 한다. 몸은 광택이 나는 검은색이다. 3~9월에 공터, 건조한 풀밭 등에서 관찰된다. 곤충을 사냥하여 체액을 빨아 먹는다. » 84

노랑띠하늘소 하늘소과
딱지날개에 선명한 노란색 띠가 두 줄 있어 '노랑띠하늘소'라고 한다. 8~9월에 숲 속 풀밭에서 관찰된다. 여러 가지 꽃에 모이며 꽃가루와 꿀을 먹는다.
» 73

노랑무늬물방개 물방개과
몸은 타원형이며 검은색 바탕에 노란색의 큰 점무늬가 선명하여 붙인 이름이다. 하천, 강가 등 돌이 많은 곳에서 관찰된다. » 155

노랑무늬의병벌레 의병벌레과
머리 앞부분과 가슴, 딱지날개에 노란색 무늬가 있어 '노랑무늬의병벌레'라고 한다. 4~6월에 풀밭에서 주로 관찰된다. 위험을 느끼면 몸 옆으로 붉은색과 노란색이 섞인 피부를 드러낸다. 곤충의 애벌레, 진딧물 등을 잡아먹는다. » 70

노랑무당벌레 무당벌레과
몸이 노란색이어서 '노랑무당벌레'라고 한다. 앞가슴등판에 검은색 반점이 한 쌍 있고 딱지날개는 노란색이다. 5~10월에 풀밭이나 나무 위에서 생활하며 흰가루병 등의 균류를 먹는다. » 72

노랑배거위벌레 거위벌레과
배가 노란색 또는 주황색이라 '노랑배거위벌레'라고 한다. 5~8월에 산과 들에 있는 싸리나무 잎을 말고 그 속에 알을 낳는다. » 75

노랑배수중다리꽃등에 꽃등에과
배가 노란색이고 넓적다리마디가 굵어 '노랑배수중다리꽃등에'라고 한다. 앞가슴등판에 선명한 세로 줄

무늬가 있다. 3~10월에 산과 들에 핀 꽃에서 관찰된다. 꽃의 꿀을 먹는다. » 105

노랑배허리노린재 허리노린재과
배 부분이 노란색이라 '노랑배허리노린재'라고 한다. 다리의 넓적다리마디는 붉은색이다. 4~10월에 화살나무, 사철나무 등에서 무리 지어 생활하며 즙을 빨아 먹는다. » 81

노랑부리백로 백로과
여름 철새로 쇠백로와 비슷하나 여름철 번식기에는 부리가 노란색이고 겨울에는 검은색을 띤다. 번식기에는 뒷머리와 목 아래쪽에 장식깃이 스무 가닥 넘게 생기지만 겨울에는 없다. 부리가 약간 아래로 휘어 있다. 섬이나 갯벌에서 어류, 갑각류, 갯지렁이 등을 잡아먹는다. 천연기념물 제361호, 멸종 위기 야생생물 1급이다. » 184

노랑뿔잠자리 뿔잠자리과
날개가 노랗고 뿔 같은 더듬이가 있어 '노랑뿔잠자리'라고 한다. 몸은 검은색 털로 덮여 있다. 더듬이 끝이 곤봉 모양이다. 4~6월에 낮은 산지나 풀밭에서 관찰된다. 작은 곤충을 잡아먹는다. » 108

노랑쐐기나방 쐐기나방과
몸이 노란색인 쐐기나방의 한 종이다. 애벌레는 독을 지닌 가시털이 있어 피부에 닿으면 며칠 동안 아프고 부어오른다. 6~8월에 관찰되며, 애벌레는 여러 가지 나무의 잎을 먹는다. » 60

노랑얼룩거품벌레 거품벌레과
검은색 바탕의 몸 윗면에 노란색 얼룩무늬가 있어 '노랑얼룩거품벌레'라고 한다. 5~6월에 버드나무에서 주로 관찰되며 나무의 즙을 빨아 먹는다. » 87

노랑턱멧새 멧새과
텃새로 수컷은 머리에 검고 작은 깃이 솟아 있고 눈썹과 멱이 노란색이다. 등은 갈색 바탕에 짙은 무늬가 있다. 배는 흰색이며 옆구리에 연한 갈색 줄무늬가 있다. 암컷은 수컷보다 노란색이 연하고 가슴에 검은 부위가 없다. 산림, 숲 가장자리, 풀밭, 농경지에서 곤충류, 거미류, 풀씨 등을 먹는다. 산에서 주로 보이는 새를 '멧새'라 하고, 턱이 노란색을 띠어 '노랑턱멧새'라고 한다. » 192

노랑테가시잎벌레 잎벌레과
몸 가장자리에 노란빛이 돌고 가시 같은 돌기가 많아 '노랑테가시잎벌레'라고 한다. 4~11월에 풀잎 위에서 주로 관찰된다. » 79

노랑할미새 할미새과
여름 철새로 머리와 등은 청회색이며 날개와 꼬리는 검은색이다. 눈썹선이 흰색이고 몸 아래쪽은 노란색이다. 계곡, 하천에서 곤충류, 거미류 등을 잡아먹는다. 노란빛을 띠며 꼬리를 위아래로 까딱거리는 모습이 할미(할머니) 같다고 하여 '노랑할미새'라고 한다. » 188

녹색말거머리 거머리과
전체적으로 진한 녹색을 띠며 거머리류 중 큰 편이어서 '녹색말거머리'라고 한다. 몸 윗면에 황백색 세로 줄이 다섯 개 있다. 몸을 늘리고 줄일 수 있어 길이를 가늠하기 어렵다. 다른 동물의 피나 살을 먹는다. 하천, 저수지, 농수로 등에서 관찰된다. » 148

녹색박각시 박각시과
몸은 녹색을 띠며 짙은 녹색의 불규칙한 무늬가 있다. 뒷날개는 붉은빛을 띤다. 5~10월에 주로 관찰되며 애벌레는 느티나무, 느릅나무 등의 잎을 먹는다. 몸이 녹색이라 '녹색박각시'라고 한다. » 58

녹슬은방아벌레 방아벌레과
몸이 전체적으로 쇠가 녹이 슨 듯한 색이라 '녹슬은방아벌레'라고 한다. 앞가슴등판에 돌기가 한 쌍 있다. 5~8월에 풀밭이나 나뭇잎 등에서 곤충의 애벌레 등을 잡아먹는다. » 70

논병아리 논병아리과
텃새로 통통한 몸에 꼬리가 없는 것처럼 보이며 목이 긴 편이고 부리는 짧고 뾰족하다. 호수, 하천, 저수지 등에서 잠수하여 어류나 갑각류를 잡아먹는다. » 178

논우렁이 논우렁이과
껍데기는 단단하고 짙은 갈색이며, 나선 모양으로 감겨 있는 층이 다섯 개 있다. 더듬이는 짧다. 암컷은 몸속에서 알을 부화하여 30~40마리 정도의 새끼를 낳는다. 논, 저수지, 연못 등에서 관찰된다. 주로 논에서 많이 관찰되어 '논우렁이'라고 한다. » 148

농게 달랑게과
몸 위쪽은 흑갈색이고 가장자리는 회백색이다. 수컷의 집게발 하나가 매우 크고 붉은색이다. 갯벌에 깊이 80센티미터 정도의 굴을 파고 살며 무리 지어 먹이활동을 한다. » 133

누룩뱀 뱀과
등 쪽은 암갈색이고 적갈색과 암갈색 반점이 일정하게 있으나 색 변이가 심하다. 꼬리 쪽으로 갈수록 점무늬가 줄무늬처럼 보인다. 배 쪽은 황백색이고 흑갈색 작은 반점이 불규칙하게 있다. 알이 부화할 때까지 알을 감싸고 보호한다. 산림, 농경지, 하천, 제방, 초지에서 설치류와 작은 새 등을 잡아먹는다. » 169

누에나방(누에) 누에나방과
몸은 회백색이며 더듬이는 빗살 모양이다. 애벌레인 누에는 뽕잎을 먹고 자라며 고치에서 실을 얻기 위해 실내에서 기른다. 누에는 '눕다'의 옛말에서 따온 것으로 '누워 있는 벌레'라는 뜻이다. » 57

누치 잉어과
몸이 길고 뒤쪽은 옆으로 납작하다. 주둥이가 튀어나와 머리가 뾰족하게 보이고, 입수염이 한 쌍 있다. 등에는 검은색 반점이 있는데 다 자라면 없어진다. 모래와 자갈이 깔린 깨끗한 하천의 중·하류, 하구에 살며 수서곤충, 실지렁이, 다슬기, 갑각류, 유기물 등을 먹는다. 잉어나 붕어보다 아랫입술이 짧아 뻐금거리는 모습이 마치 말을 어눌하게 하는 것처럼 보여 한자어로 '눌어'라고도 하며, 우리말 '눗티'가 변한 이름이다. » 115

능구렁이 뱀과
등은 붉은색 바탕에 검은색 가로 줄무늬가 선명하며, 배 쪽은 은백색이다. 머리는 넓고 둥근 편이다. 야행성으로 주로 밤에 활동한다. 산림, 농경지, 하천, 제방, 돌담 등에서 관찰되며 양서류, 어류, 조류, 설치류 등을 잡아먹는다. 능구렁이의 '능'은 능금(사과와 비슷한 붉은색 열매)처럼 붉다는 뜻이고 구렁이는 굵은 뱀을 뜻한다. » 170

늦반딧불이 반딧불이과
암컷은 날개가 없고 애벌레처럼 생겼다. 8~9월에 개울가, 풀숲 등에서 관찰된다. 암컷은 밤에 풀잎에 앉아 빛을 내고 수컷은 날아다니며 빛을 낸다. 다슬기, 달팽이 등을 먹는다. 다른 반딧불이보다 늦은 시기에 성충이 나타나 활동하기 때문에 '늦반딧불이'라고 한다. » 69

ㄷ

다람쥐 다람쥐과
흰색과 갈색 줄무늬가 특징이고 낮에 주로 활동하며 볼주머니에 먹이를 담아 나르기도 한다. 나무 열매를 먹지만 간혹 곤충과 같은 동물성 먹이도 먹는다. 바위가 많은 계곡과 산림에서 활동한다. 달음질(달리기)을 하는 쥐라는 뜻으로 붙인 이름이다. » 206

다리무늬침노린재 침노린재과
다리에 검은색, 흰색, 회황색의 무늬가 있어 '다리무

늬침노린재'라고 한다. 4~10월에 산, 풀밭 등에서 관찰된다. 곤충을 사냥하여 체액을 빨아 먹는다. » 85

다슬기 다슬기과
껍데기는 황갈색이며 적갈색 띠가 두 줄 있고 전체적으로 갸름한 형태이다. 암컷이 몸속에서 알을 부화하여 새끼를 낳는다. 물 흐름이 빠른 곳에 사는 개체는 껍데기가 많이 닳아 있다. 우리나라에는 주름다슬기, 곳체다슬기, 염주알다슬기 등이 있다. 하천, 호수, 계곡 등에서 관찰된다. » 149
**비슷한 종: 좀주름다슬기, 주름다슬기

달랑게 달랑게과
몸은 둥글고 모래와 비슷한 은백색이지만 햇빛을 많이 받으면 붉은색으로 변하기도 한다. 다리는 짧고 한쪽 집게발이 크다. 집게다리로 모래에 있는 규조류를 걸러 먹고 공 모양의 모래 알갱이를 만든다. 모래 해안에서 관찰된다. » 134

대륙게거미 게거미과
배갑(머리가슴을 감싼 껍데기) 양 옆에 암갈색 굵은 줄무늬가 있다. 5~9월에 풀밭에서 주로 관찰된다. 중국, 몽골 등 대륙까지 넓게 분포하고 게를 닮아 '대륙게거미'라고 한다. » 219

대륙납거미 티끌거미과
몸은 검은색이며 배 위에 흰색 반점이 세 쌍에서 네 쌍 있다. 1~12월에 건물의 벽이나 창고 안, 담, 나무 둥치 등에 둥글넓적한 집을 만들고 그 속에 들어가 있다가 밖에 나와 먹이 사냥을 한다. » 214

대륙송사리 송사리과
몸이 길고 옆으로 납작하며 배가 통통하다. 머리는 납작하고 주둥이가 뾰족하다. 눈이 매우 크고 등지느러미가 몸 뒤쪽에 있다. 전체적으로 연한 갈색이고 몸 전체에 아주 작은 검은색 반점이 많다. 태백산맥 서쪽 지역의 농수로, 연못 등에서 관찰되며 물벼룩, 플랑크톤 등을 먹는다. 중국에 있는 송사리와 같다고 하여 '대륙송사리'라고 한다. 이에 비해 태백산맥 동쪽인 동해안과 남해안에 있는 송사리는 일본에 있는 것과 같은 종인 '송사리'이다. » 120

대륙유혈목이 뱀과
등 쪽은 황갈색이거나 암갈색으로 별다른 무늬가 없다. 머리는 흑갈색이고 뺨 쪽에 노란색 무늬가 남아 있기도 하다. 크기는 작은 편이며 잘 물지 않는다. 산림, 농경지, 초지, 해안, 섬 지역에서 주로 관찰되며 양서류, 대형 곤충류, 올챙이 등을 잡아먹는다. 유혈목이처럼 생겼으며 중국과 러시아에도 서식하여 붙인 이름이다. » 170

대만나방 솔나방과
앞날개 가운데에 발바닥 모양의 적갈색 무늬가 있다. 6~8월에 숲에서 주로 관찰된다. 애벌레는 은행나무, 신나무 등을 먹는다. » 62

대모벌 대모벌과
6~9월에 산과 들, 풀밭 등에서 볼 수 있다. 거미를 사냥하여 둥지로 끌고 가서 거미의 몸에 알을 낳는다. 새끼(애벌레)를 직접 키우지 않고 사냥한 거미 등의 먹잇감으로 어미를 대신한다고 하여 '대모벌'이라고 한다. » 102

대벌레 대벌레과
몸이 길쭉한 대나무 막대기 같아서 '대벌레'라고 한다. 더듬이가 짧고 날개가 없다. 6~10월에 숲 속에서 관찰된다. 적의 공격을 받으면 다리를 떼고 도망가거나 죽은 척한다. 떡갈나무, 신갈나무 등 활엽수의 잎을 먹는다. » 94

대복 백합과
'민들조개'라고도 한다. 껍데기는 납작한 타원형이며 두껍고 단단하다. 회백색, 갈색, 암갈색 등 사는 곳에 따라 색깔과 무늬가 매우 다양하다. 동해와 남해의 깨끗한 모래 해안 등에서 관찰된다. » 132

대수리 뿔소라과
껍데기는 회갈색이나 흑갈색이며 단단하다. 주로 다른 조개나 고둥류의 껍데기에 구멍을 뚫고 잡아먹는 포식자이다. 물이 빠진 갯벌의 바위나 물웅덩이 등에서 관찰된다. » 131

대유동방아벌레 방아벌레과
몸이 붉은색이라 초록색 풀잎 위에 있으면 눈에 잘 띈다. 4~8월에 풀밭에서 관찰되며 식물의 잎을 먹는다. 대유동이라는 지역에서 처음 발견하여 '대유동방아벌레'라고 한다. » 70

대한통거미 참통거미과
몸 윗면 양쪽에 검은색 무늬가 있으며 다리가 시작되는 첫 마디에 강한 가시털이 있다. 숲 속의 나무줄기 풀잎 위를 돌아다니며 먹이를 찾는다. » 221

댕가리 갯고둥과
껍데기는 어두운 회갈색이거나 검은색이고 흰색 무늬가 있는 것도 있다. 표면의 성장맥에 돌기가 없는 것이 갯고둥과 다르다. 주로 떼 지어서 살며 서해와 남해의 갯벌이나 바위, 자갈 등에서 관찰된다. » 130
** 비슷한 종: 갯고둥은 댕가리와 비슷하여 구분이 어렵고 주로 갯벌과 모래펄에 많이 산다.

댕기흰죽지 오리과
겨울 철새로 수컷은 옆구리를 제외하고 몸 전체가 검은색이고 머리에 긴 댕기깃이 있다. 암컷은 전체적으로 흑갈색이며 댕기깃이 짧다. 저수지, 하구, 해안에서 잠수하여 어류, 갑각류, 조개류 등을 잡아먹는다. » 181

덩굴꽃등에 꽃등에과
몸은 암갈색, 검은색 등 변이가 심하다. 가슴 등판에 넓게 떨어진 세로 무늬가 있다. 5~11월에 산과 들에 핀 꽃에서 관찰된다. » 104

도둑게 바위게과
몸은 통통한 편이며 붉은색 또는 어두운 청록색을 띤다. 집게다리가 짧고 통통하며 집게발은 진한 붉은색이다. 사람이 사는 집의 부엌에까지 들어와 음식을 훔친다고 해서 '도둑게'라고 한다. 바닷가와 가까운 습지, 냇가, 돌 밑, 논과 밭 등 물 밖에서도 오랫동안 생활한다. » 135

도롱뇽 도롱뇽과
머리는 납작하고 입이 둥글며 눈은 머리 위쪽에 튀어나와 있다. 전체적으로 어두운 갈색이며 흰색 점무늬가 나타나기도 한다. 이른 봄 원통형의 알 꾸러미를 맑은 물에 산란한다. 유생 시기에는 아가미가 밖으로 나와 있다. 습기가 많은 산림 계곡이나 밭 주변의 바위 등에서 지렁이, 곤충류, 수서곤충류, 거미류 등을 잡아먹는다. 도랑에 사는 용이라 하여 붙인 이름이다. » 164

도롱이벌레(주머니나방 애벌레) 곡식좀나방과
애벌레가 작은 나무껍질 조각을 붙여 도롱이를 만들고 그 속에 들어가 있어 '도롱이벌레'라고 한다. 4~7월에 들이나 풀밭 등에서 관찰된다. 애벌레는 나무껍질, 식물의 잎, 이끼 등을 먹는다. » 63

도마뱀 도마뱀과
몸의 등 쪽은 황갈색 또는 적갈색이고 검은색 반점이 있으며 윤기가 흐른다. 몸 옆쪽에 검은색 반점이 눈부터 꼬리까지 줄처럼 이어져 있다. 주로 밤에 활동하며 낮에는 풀이나 낙엽, 돌 밑에 숨어 지낸다. 산림, 하천, 해안가, 초지 등에서 지렁이, 곤충류, 거미류를 잡아먹는다. 위급할 때 꼬리를 자르고 달아나는 모습에서 '도막 난 뱀'이라는 뜻으로 붙인 이름이다. » 168

도마뱀부치 도마뱀부치과
전체적으로 황갈색, 흑갈색 또는 담회색을 띠고 있다. 발가락 끝이 동그랗고, 빨판과 발톱이 있어 벽이나 천장을 자유롭게 이동한다. 남부 지방의 해안 주택가, 시가지에 살면서 곤충류, 거미류 등을 잡아먹는다. 벽

과 유리에도 붙는 도마뱀이라는 뜻으로 붙인 이름이다. » 168

도토리노린재 광대노린재과
앞가슴등판은 가로로 긴 육각형이고 작은방패판이 늘어나 배 전체를 덮는다. 5~10월에 숲, 풀밭 등에서 관찰되며 억새, 개밀 등 식물의 즙을 빨아 먹는다. 생김새가 도토리를 닮아 '도토리노린재'라고 한다. » 82

도토리밤바구미 바구미과
도토리에 구멍을 뚫고 알을 낳는다 하여 '도토리밤바구미'라고 한다. 몸은 황갈색을 띠며 주둥이가 길다. 4~9월에 활엽수림에서 관찰된다. » 76

독나방 독나방과
애벌레와 성충 모두 털에 독이 있어 피부에 닿으면 염증을 일으키기 때문에 '독나방'이라고 한다. 성충은 6~8월에 주로 관찰된다. 애벌레는 여러 가지 나무의 잎을 먹는다. » 60

독수리 수리과
겨울 철새로 몸 전체는 흑갈색이고 부리는 검은색이다. 머리와 목 윗부분에는 깃털이 없고 그 아랫부분은 긴 깃털로 목도리를 두른 것처럼 보인다. 농경지, 개활지, 간척지에서 동물의 사체를 먹으며 사냥을 거의 못한다. 머리에 깃털이 없어 대머리를 뜻하는 '독(禿) 자'를 붙여 '독수리'라고 한다. 천연기념물 제243-1호, 멸종 위기 야생생물 2급이다. » 196

돌고기 잉어과
몸이 긴 원통형이며 주둥이가 뾰족하고 입수염이 한 쌍 있다. 주둥이부터 꼬리까지 몸 옆면을 따라 뻗은 암갈색 줄무늬가 선명하다. 등 쪽은 진한 갈색이고 배는 황갈색이다. 물 흐름이 느린 하천이나 저수지의 자갈과 돌이 많은 곳에서 산다. 수서곤충, 부착 조류 등을 먹는다. 돌이 많은 환경에서 산다고 하여 붙인 이름이다. » 115
**비슷한 종: 가는돌고기, 감돌고기

돌기해삼 돌기해삼과
몸은 전체적으로 어두운 갈색 또는 녹색이며, 표면에 뾰족한 돌기들이 많이 나 있으며 미끈거린다. 바닥의 유기물을 걸러 먹고 항문으로 배출한다. 물이 맑은 우리나라 전 해역의 수심 2~10미터에서 관찰된다. 해삼은 '바다에서 나는 삼'이라는 뜻이다. » 141

동고비 동고비과
텃새로 머리부터 몸 윗면은 청회색이고, 멱과 가슴은 흰색, 옆구리와 아래꼬리덮깃은 연한 밤색이다. 산림, 공원에서 곤충류, 거미류, 씨앗 등을 먹는다. » 192

동박새 박새과
텃새로 몸 윗부분은 녹황색이고 배는 흰색, 옆구리는 연한 갈색이다. 흰색 눈테가 선명하다. 남부 지방의 상록활엽수림에서 곤충류, 거미류, 꽃의 꿀 등을 먹는다. 동백꽃을 좋아하는 새라는 제주도 사투리 '돔박생이'에서 파생된 이름이다. » 194

동사리 동사리과
몸이 길고 원통형이며, 머리는 납작하고 입이 매우 크다. 전체적으로 황갈색이고 검은색 반점이 흩어져 있다. 제1등지느러미 중간에 검은색 무늬가 이어져 있다. 모래나 자갈이 많은 하천의 중·상류에 살며 작은 물고기, 수서곤충, 갑각류 등을 잡아먹는다. 돌 밑에 엎드려 잘 움직이지 않아 붙인 이름이다. » 121

동애등에 동애등에과
5~10월에 더러운 물, 거름더미 등 지저분한 곳에서 흔히 관찰되며 느리고 낮게 날아다닌다. 똥이나 음식물 쓰레기 등을 먹는다. » 106

동양줄날도래 애벌레 줄날도래과
몸은 원통형이며 어두운 갈색이다. 머리는 검은색으로 무늬가 없고 가슴판 가장자리에 검은색 테두리가 있다. 배마디 아래쪽에 여러 갈래로 갈라진 기관아가미가 있다. 물의 흐름이 빠른 계곡과 작은 하천 등에서 관찰된다. » 156

동양하루살이 하루살이과
애벌레와 성충 사이의 아성충은 황백색을 띠고 성충은 연한 갈색을 띤다. 배 끝에 긴 꼬리 세 개가 뻗어 있다. 6~7월에 하천이나 저수지 주변에서 관찰된다. 성충은 먹이를 먹지 않는다. 동양에서 주로 서식한다는 의미에서 붙인 이름이다. » 108

동자개 동자개과
몸은 옆으로 납작하고 비늘이 없어 미끈거린다. 등이 높은 편이고 머리가 납작하며 주둥이는 뾰족하고 입수염이 네 쌍 있다. 가슴지느러미와 등지느러미의 지지뼈가 가시처럼 뾰족하고 단단하다. 몸은 짙은 황갈색이거나 흑갈색이며, 직사각형 무늬가 세 개 있다. 수컷은 알이 부화할 때까지 알을 보호한다. 바닥에 모래와 진흙이 깔린 하천의 중·하류, 저수지 등에 살며 수서곤충, 갑각류, 어류 등을 잡아먹는다. 물 밖에 나오면 가슴지느러미를 비비며 '빠가, 빠가' 하는 소리를 낸다고 하여 '빠가사리'라고 부르기도 한다. » 119
**비슷한 종: 꼬치동자개는 몸길이가 10센티미터 미만이며, 꼬리에 반달 모양 반점이 있고 꼬리지느러미 끝이 둥글다. 멸종 위기 야생생물 2급이다. 대농갱이도 있다.

동죽 개량조개과
껍데기는 삼각형 모양으로 회백색이고 나이를 나타내는 검은색 줄무늬가 있다. 주로 떼를 지어 구멍을 파고 산다. 사는 환경에 따라 검은색을 많이 띠는 개체도 있다. 진흙 갯벌이나 모래가 섞인 곳에서 관찰된다. » 133

돼지풀잎벌레 잎벌레과
몸은 황갈색이며 짧은 털이 빽빽하게 나 있다. 딱지날개에 검은색 세로줄이 있다. 6~10월에 먹이식물인 돼지풀에서 관찰된다. 돼지풀을 먹어 '돼지풀잎벌레'라고 한다. » 78

되지빠귀 지빠귀과
여름 철새로 수컷은 등과 가슴이 청회색이고 암컷은 황갈색이다. 암수 모두 옆구리는 적갈색을 띤다. 산림, 나무가 많은 공원 등에서 곤충류, 거미류, 지렁이, 열매 등을 먹는다. 숲에서 아름다운 소리로 운다. » 190

된장잠자리 잠자리과
머리는 큰 편이며 몸이 된장색을 띠어 '된장잠자리'라고 한다. 4~10월에 공원, 들판 등에서 주로 관찰된다. 크기에 비해 몸이 가벼워 장거리 이동을 한다. » 98

된장잠자리 애벌레 잠자리과
몸은 긴 타원형이며 배 쪽이 더 넓다. 전체적으로 밝은 갈색이나 황갈색이지만 배 쪽은 초록색을 띠기도 한다. 머리는 둥근 오각형이며, 크고 둥근 눈이 앞 모서리 방향으로 튀어나와 있다. 다리에 고리 모양의 띠가 보인다. 연못, 저수지, 농수로 등에서 관찰된다. » 153

두꺼비 두꺼비과
회백색 바탕에 적갈색 얼룩무늬가 있으며 크고 작은 돌기가 솟아 있다. 옆구리에 검은색 세로줄이 있다. 머리가 크고 다리는 짧다. 숲이나 시골 마을의 가로등 밑 등에서 곤충류, 거미류, 지렁이 등을 잡아먹는다. 피부가 두껍다고 하여 '두꺼비'라고 한다. » 165

두꺼비메뚜기 메뚜기과
머리와 앞가슴등판이 두꺼비 피부처럼 우툴두툴하여 '두꺼비메뚜기'라고 한다. 7~10월에 시골길이나 황무지 등 건조한 땅 위를 좋아한다. 여러 가지 풀을 먹는다. » 90

두더지 두더지과
몸은 굴을 파기에 적합한 원통형이며 주둥이가 뾰족하고 작은 귀와 눈은 털에 묻혀 보이지 않는다. 삽처럼 생긴 앞다리로 땅속에 굴을 파고 다니며 지렁이, 곤충의 애벌레 등을 잡아먹고 땅 위에 이동한 흔적을 남긴다. 산림, 밭 주변, 풀밭 등에서 흔적을 찾을 수 있다. '뒤지다'의 옛말 '두디다'와 '쥐'가 만나 이곳저

곳 뒤지는 쥐라는 뜻으로 '두더지'라고 한다. » 207

두루미 두루미과
겨울 철새로 몸은 전체적으로 흰색이고 목은 검은색이다. 정수리는 피부가 드러나 붉은 것이 특징이다. 서 있을 때는 검은색 셋째날개깃이 꼬리처럼 보인다. 철원, 연천, 파주 등의 농경지, 하구, 갯벌에서 씨앗, 열매, 물고기, 개구리, 곤충 등을 먹는다. '뚜루루루, 뚜루루루' 하며 운다고 붙인 이름이다. 천연기념물 제202호, 멸종 위기 야생생물 1급이다. » 198

두점박이좀잠자리 잠자리과
이마에 선명한 검은색 점이 두 개 있어 '두점박이좀잠자리'라고 한다. 암컷은 대부분 날개 끝에 암갈색 깃동이 있다. 6~11월에 산기슭, 풀밭, 습지 등에서 관찰된다. » 97

두줄망둑 망둑어과
몸은 원통형에 진한 갈색이고 배 쪽은 연한 회색이다. 옆쪽에는 굵고 진한 세로줄이 두 줄 있다. 갑각류, 갯지렁이, 실지렁이 등을 잡아먹는다. 갯벌의 물웅덩이에서 관찰된다. » 142

두줄점가지나방 자나방과
앞날개와 뒷날개에 뚜렷한 줄무늬가 두 줄 있어 '두줄점가지나방'이라고 한다. 뒷날개에 검은 반점이 있다. 8~9월에 관찰된다. 애벌레는 자귀나무의 잎을 먹는다. » 62

둑중개 둑중개과
몸이 유선형이고 뒤는 옆으로 약간 납작하다. 머리는 납작하고 입이 크며 입술은 두툼하다. 눈은 머리 위쪽에 돌출되어 있다. 전체적으로 갈색이고 검은색과 흰색 반점이 흩어져 있다. 물의 흐름이 빠르고 온도가 낮은 돌이 많은 하천의 상류에 살며 수서곤충, 작은 물고기 등을 잡아먹는다. » 120

둥근물삿갓벌레 KUa 애벌레 물삿갓벌레과
몸이 납작한 타원형이며, 몸 윗면은 갈색에 검은 반점이 흩어져 있다. 배는 여러 마디로 나뉘어 있고 배 아래쪽에 실타래 모양의 아가미가 네 쌍 있다. 계곡이나 작은 하천 등에서 관찰된다. 물에 살며 몸이 둥근 삿갓처럼 생겨서 '둥근물삿갓벌레'라고 한다. » 156

들늑대거미 늑대거미과
배에 하얀 점무늬가 규칙적으로 나 있다. 6~10월에 논과 밭 등에서 흔히 관찰된다. 특히 논에서 벼 포기 사이를 돌아다니며 벼 해충을 잡아먹는다. 들에서 주로 볼 수 있어 '들늑대거미'라고 한다. » 216

들풀거미 풀거미과
7~9월에 산과 들의 나뭇가지 사이에 불규칙한 그물을 친 뒤 가운데 터널을 만든다. 터널 속에 숨어 있다가 먹이가 걸리면 달려 나와 잡는다. 들에서 주로 볼 수 있는 풀거미의 한 종이라 '들풀거미'라고 한다. » 217

등검은메뚜기 메뚜기과
앞가슴등판의 윗면이 검어서 '등검은메뚜기'라고 한다. 앞가슴 양 옆에 선명한 황색 선이 있다. 겹눈에 세로 줄무늬가 여러 개 있다. 7~11월에 풀밭에서 관찰된다. 여러 가지 풀을 먹는다. » 88

등검은실잠자리 애벌레 실잠자리과
몸이 가늘고 긴 원통형이며 짙은 갈색과 회갈색 등 서식지에 따라 색깔이 다양하다. 기다란 나뭇잎 모양인 꼬리아가미가 세 장 있다. 저수지, 연못, 웅덩이 등에서 관찰된다. 몸이 가늘고 작은 실잠자리에 성충의 등이 검은색이라 붙인 이름이다. » 152

등빨간거위벌레 거위벌레과
앞가슴등판이 붉은색이라서 '등빨간거위벌레'라고 한다. 딱지날개는 광택이 감도는 남색이다. 5~8월에 느티나무, 느릅나무 등의 잎을 말고 그 속에 알을 낳는다. » 75

등빨간남색잎벌레 잎벌레과
몸 윗면이 빨간색과 남색을 띠어 '등빨간남색잎벌레'라고 한다. 4~8월에 풀밭에서 관찰되며 닭의장풀을 먹는다. » 77

등얼룩풍뎅이 풍뎅이과
등에 얼룩무늬가 있어 '등얼룩풍뎅이'라고 한다. 몸의 얼룩무늬는 개체에 따라 변이가 많다. 몸 전체가 검은색인 것도 있다. 5~9월에 산과 들, 풀밭 등에서 관찰된다. 애벌레는 식물의 뿌리, 성충은 식물의 잎을 먹는다. » 68

등줄박각시 박각시과
몸의 등면에 암갈색 세로줄이 있어 '등줄박각시'라고 한다. 날개에는 갈색 줄무늬와 반점이 있다. 5~8월에 관찰되며 애벌레는 밤나무, 상수리나무, 졸참나무 등의 잎을 먹는다. » 58

등줄어리쌕쌔기 여치과
앞가슴등판 양쪽 가장자리에 검은색 줄무늬가 있어 '등줄어리쌕쌔기'라고 한다. 7~10월에 야산의 나뭇잎 위에서 흔히 볼 수 있다. 작은 곤충을 잡아먹는다. » 93

등줄쥐 쥐과
크기가 작고 등에 검은색 줄이 있어 '등줄쥐'라고 한다. 주로 산림이나 농경지 등의 땅 위에서 활동하며 식물 열매나 씨앗 등을 먹는다. 유행성 출혈열이나 패혈증을 일으키는 것으로 알려져 있다. » 207

딱새 딱새과 ··· 솔딱새과
텃새로 수컷은 머리에서 뒷목까지 은회색이고, 얼굴과 날개를 비롯한 몸 윗면은 검은색이다. 몸 아랫면은 적갈색이다. 암컷은 전체적으로 황갈색이고 허리는 주황색이다. 농경지, 하천, 주거지, 야산에서 곤충류, 거미류, 씨앗 등을 먹는다. 부리를 부딪쳐 '딱, 딱' 하는 소리를 내서 붙인 이름이다. » 194

딱총새우 딱총새우과
새우와 비슷하게 생겼으나 양쪽 집게발의 크기와 모양이 다르다. 큰 집게발은 둥근 모양이며, 색깔은 진한 갈색에서 옅은 갈색을 띤다. 갯벌에 물이 빠지고 나면 굴속에서 지낸다. 큰 집게발을 이용해 '딱, 딱' 하는 큰 소리를 내어 '딱총새우'라고 한다. 이 소리로 적을 위협하거나 같은 종끼리 의사소통을 한다. » 138

땃쥐 땃쥐과
크기가 작으며, 가늘고 긴 주둥이가 특징이다. 두더지와 달리 흔적을 찾기 힘들지만 넓은 바위, 판자, 볏짚을 들추면 볼 수 있다. 산림, 밭 주변, 초지에서 지렁이나 곤충의 애벌레 등 작은 동물을 잡아먹는다. 땅에서 사는 쥐라는 뜻으로 '땃쥐'라고 한다. » 206

땅강아지 땅강아지과
1~12월에 풀밭, 논둑, 습지 등에서 관찰된다. 삽처럼 생긴 앞다리로 땅을 잘 판다. 불빛에 잘 날아들고 수컷은 '비이이-' 하며 길게 울음소리를 낸다. 땅속의 풀뿌리, 지렁이 등을 먹는다. 땅바닥을 기거나 파면서 강아지처럼 돌아다녀 '땅강아지'라고 한다. » 93

땅벌 말벌과
몸은 검은색 바탕에 노란색 줄무늬가 있다. 4~11월에 마을 주변, 야산 등에서 관찰된다. 땅속에 집을 짓고 큰 무리를 이루어 사회생활을 한다. 곤충의 애벌레, 과일즙 등을 먹는다. 땅속에 집을 짓고 생활하여 '땅벌'이라고 한다. » 101

때까치 때까치과
텃새로 머리는 적갈색이고 등은 회색이다. 수컷은 넓고 검은 눈선이 있고, 암컷은 배에 비늘무늬가 있다. 야산, 농경지, 하천 주변에서 설치류, 양서류, 곤충류 등을 잡아먹는다. '때때때때때' 하는 소리를 내고 까치를 닮았다고 하여 붙인 이름이다. » 195

떡조개 백합과
껍데기는 둥글고 납작하며 두껍고 단단하다. 색깔은

흰색에서 황갈색까지 다양하다. 서해안과 남해안의 갯벌에서 주로 관찰된다. 껍데기 모양이 떡처럼 생겨서 붙인 이름이다. » 132

떼까마귀 까마귀과
겨울 철새로 몸 전체가 검은색이고 다른 까마귀류에 비해 부리가 가늘고 뾰족하다. 울산, 군산, 평택, 김포 주변의 농경지에서 천 마리 이상이 무리를 지어 월동하며, 잡식성이지만 주로 월동하는 곤충을 먹는다. 떼지어 움직이는 까마귀라 하여 '떼까마귀'라고 한다. » 197
** 비슷한 종: 까마귀는 윗부리의 굴곡진 정도가 떼까마귀에 비해 심하다.

떼허리노린재 허리노린재과
몸은 암갈색이며 광택이 없다. 3~11월에 풀밭, 농경지 등에서 관찰된다. 여러 가지 식물체에 떼로 모여서 생활한다. 떼를 지어 먹이 활동과 짝짓기를 하여 '떼허리노린재'라고 한다. » 81

또아리물달팽이 또아리물달팽이과
껍데기가 머리에 물건을 일 때 머리에 받치는 납작한 똬리(또아리)처럼 생겨 '또아리물달팽이'라고 한다. 더듬이는 가늘고 길다. 농수로, 논, 연못 등 물 흐름이 거의 없는 곳에서 관찰된다. » 149

띠무늬우묵날도래 애벌레 우묵날도래과
나무줄기, 모래, 나뭇잎 조각 등으로 긴 원통형 집을 짓고 산다. 머리는 짙은 갈색으로 검은색 반점이 많다. 가슴은 크고 단단한 판 모양이며 배는 흰색이다. 배마디 양쪽에 기관아가미가 있다. 수온이 낮은 계곡 등에서 관찰된다. » 157

렌지소똥풍뎅이 소똥구리과
몸은 광택이 나는 검은색이다. 3~8월에 숲 속, 동물이나 사람의 똥을 먹는다. 처음 발견한 사람의 이름을 따서 '렌지소똥풍뎅이'라고 한다. » 69

루이스큰남생이잎벌레 잎벌레과
전체적으로 황갈색을 띠며 광택이 난다. 몸 가장자리는 투명하다. 4~8월에 쇠물푸레나 쥐똥나무 등에서 관찰된다. 남생이잎벌레류 중 큰 편이며, 처음 발견한 사람의 이름을 따서 '루이스큰남생이잎벌레'라고 한다. » 79

마쓰무라꼬리치레개미 개미과
몸에 비해서 머리가 큰 편이며 배 끝이 뾰족하다. 3~11월에 숲속, 등산로 주변, 공원 등의 나무 기둥에서 주로 관찰된다. 배 끝을 들어 올리는 습성과 처음 발견한 사람의 이름을 따서 '마쓰무라꼬리치레개미'라고 한다. » 103

마아키측범잠자리 애벌레 측범잠자리과
몸이 전체적으로 길고 납작하며 흑갈색, 적갈색 등을 띤다. 머리에 곤봉 모양의 더듬이가 있고 배는 넓적하다. 계곡과 작은 하천 등에서 관찰된다. 성충의 몸 옆에 호랑이처럼 검은색과 노란색의 줄무늬가 있고 마아키라는 사람이 처음 발견하여 '마아키측범잠자리'라고 한다. » 153

만주거품벌레 거품벌레과
몸은 긴 마름모꼴이다. 4~8월에 풀밭에서 주로 관찰되며 식물의 즙을 빨아 먹는다. 위험을 느끼면 툭 튀어서 도망간다. » 87

말꼬마거미 꼬마거미과
배 모양이 둥글며 색깔은 갈색, 검은색, 황갈색, 녹색 등 다양하다. 5~9월에 건물, 바위 밑, 동굴 등의 턱 밑에 불규칙한 그물을 치고 생활한다. 꼬마거미류 중 큰 편이어서 '말꼬마거미'라고 한다. » 215

말똥가리 수리과
겨울 철새로 활짝 펼친 날개 아래쪽에 검은색 반점이 선명하다. 몸은 갈색이지만 변이가 심하다. 어린 새의 눈은 노란색이고 성조는 어두운 갈색이다. 농경지, 산림, 간척지 등에서 설치류, 조류, 양서류 등을 잡아먹는다. '말똥가리'는 깃털이 말똥처럼 얼룩덜룩하여 붙인 이름이라는 의견과 말똥이 많은 곳에서 자주 관찰되어 붙인 이름이라는 의견이 있다. » 196

말똥게 바위게과
몸은 사각형이고 진한 회갈색이다. 이마 뒷부분이 홈이 파여 네 부분으로 나뉜다. 커다란 집게다리는 밝은색에 흰 점이 있고 걷는 다리에는 긴 털이 나 있다. 주로 바닷물이 들어오는 강의 하구 갈대밭에서 살며 물 밖에서도 장시간 생활한다. 몸에서 말똥 냄새가 난다고 하여 붙인 이름이다. » 135

말똥성게 둥근성게과
몸이 둥글고 전체적으로 녹색 또는 갈색을 띤다. 몸통 전체에 짧은 가시가 빽빽하게 덮여 있어 몸을 보호한다. 수심 7미터 안팎의 물속 바위에 붙어살며 해조류를 먹는다. 생긴 모습이 말똥 같다고 하여 '말똥성게'라고 한다. » 141

말뚝망둥어 망둑어과
몸은 원통형으로 진한 갈색이며 등 쪽에 검은색 반점이 있다. 눈이 크고 머리 위로 튀어나와 있으며 눈 사이가 좁다. 원통형의 몸이 뒤로 갈수록 옆으로 납작하다. 물이 없는 곳에서는 가슴지느러미로 기어 다니거나 뛰어다닌다. 갯벌에서 갑각류, 갯지렁이 등을 먹는다. 말뚝 위로 기어오른다고 하여 붙인 이름이다. » 142

말매미 매미과
우리나라 매미 가운데 가장 크다. 6~9월에 공원이나 마을 주변 등에서 흔히 관찰되며 나무의 즙을 빨아 먹는다. 갓 날개돋이(우화)한 개체는 황금색 가루로 덮여 있다. 덩치가 크고 울음소리가 우렁차 '말매미'라고 한다. » 85

말매미충 매미충과
몸의 윗면은 초록색 또는 연두색이다. 6~9월에 풀밭에서 흔히 관찰된다. 여러 가지 풀과 나무의 즙을 빨아 먹어 농작물과 나무에 피해를 주기도 한다. 매미충류 가운데 덩치가 커서 '말매미충'이라고 한다. » 86

말백합 백합과
껍데기는 타원형이며 매우 두껍고 단단하다. 표면은 매끈하고 회백색 바탕에 적갈색 무늬가 흩어져 있다. 모래와 진흙이 섞인 갯벌에서 주로 관찰된다. '말백합'은 크기가 크고 다양한 빗살무늬가 백 가지라는 뜻과 크기가 크고 맛이 좋아 조개들 중 으뜸이라는 뜻에서 붙인 이름이다. 임금님께 진상하는 조개라 하여 '귀족조개'라고도 한다. » 132

말벌 말벌과
4~10월에 공원이나 야산, 마을 주변 등에서 관찰된다. 나뭇가지나 절벽, 건물 등에 공 모양의 집을 짓는다. 독침이 강해 쏘이면 위험하다. 곤충, 과일즙, 나무 수액 등을 먹고 애벌레에게는 곤충을 사냥해서 경단으로 만들어 먹인다. 벌 가운데 덩치가 커서 '말벌'이라고 한다. » 101

매 매과
텃새로 몸 윗부분은 어두운 청회색이고 아랫부분은

검은색 가로 줄무늬가 있는 흰색이다. 눈 밑으로 굵은 검은색 반점이 길게 있다. 주로 바닷가 절벽에서 살며 새나 작은 포유류를 사냥한다. 사냥할 때 300킬로미터가 넘는 속도로 비행하는 매우 빠른 새이다. 참매와 함께 사냥에 이용하기도 했다. 천연기념물 제323-7호, 멸종 위기 야생생물 1급이다. » 182

매미나방 독나방과
암수의 색과 모양이 달라 다른 종처럼 보인다. 앉아 있는 모습이 매미처럼 보여 '매미나방'이라고 한다. 6~9월에 관찰되며 수컷은 낮에도 나비처럼 활발하게 날아다닌다. 애벌레는 여러 가지 나무의 잎을 먹는다. » 60

맹꽁이 맹꽁이과
등은 황갈색이고 검은색 작은 반점이 있거나 얼룩무늬가 있다. 머리가 작고 배는 매우 통통하며 다리가 짧다. 장마철에 농수로, 웅덩이 등에서 관찰되며 곤충류, 거미류, 지렁이 등을 잡아먹는다. 수컷이 짝을 찾기 위해 '맹꽁, 맹꽁' 하고 소리를 내서 '맹꽁이'라고 한다. 멸종 위기 야생생물 2급이다. » 167

머루박각시 박각시과
몸은 갈색이고 등에 담홍색 세로줄이 있다. 날개에는 암갈색 가로 줄무늬가 있다. 성충은 6~8월에 주로 관찰된다. 애벌레가 개머루를 먹어 '머루박각시'라고 한다. » 59

먹무늬재주나방 재주나방과
앞날개에 먹물 같은 검은색 무늬가 있어 '먹무늬재주나방'이라고 한다. 날개를 접고 있으면 새똥처럼 보인다. 6~9월에 숲에서 주로 관찰된다. 애벌레는 벚나무 등의 잎을 먹는다. 재주나방의 애벌레는 방해를 받으면 상체를 뒤로 한껏 젖혀 재주를 넘는 듯이 보인다. 또 가슴의 긴 다리를 휘두르는 재주도 있다. » 62~63

먹종다리 귀뚜라미과
몸 전체가 먹물처럼 검은색이어서 '먹종다리'라고 한다. 앞날개는 약간 투명하다. 5~7월에 숲, 풀밭 등에서 관찰된다. 귀뚜라미 종류이지만 울지 않는다. » 90

먼지벌레 딱정벌레과
몸은 검은색으로 광택이 있다. 돌, 썩은 나무, 낙엽 등의 밑에서 살고 주로 밤에 활동하며 불빛에도 날아든다. 죽은 동물이나 작은 곤충을 잡아먹는다. 위험을 느끼면 흙먼지를 날리듯이 빠르게 달린다고 하여 '먼지벌레'라고 한다. » 64

멋쟁이눈깡충거미 깡충거미과
배 끝부분에 검은 점무늬가 하나 있다. 5~8월, 산과 들에서 식물의 잎 위를 돌아다니며 작은 동물을 잡아먹는다. 생김새가 멋스럽고 배 끝부분에 눈 모양의 검은 점이 있어 '멋쟁이눈깡충거미'라고 한다. » 221

멋쟁이딱정벌레 딱정벌레과
딱지날개에 점무늬가 빽빽하게 있다. 5~9월에 숲 속에서 관찰된다. 죽은 동물이나 나무 밑동에서 흘러나온 수액에 모여든다. 생김새가 멋스럽다고 하여 '멋쟁이딱정벌레'이다. » 65

메기 메기과
몸이 길고 앞쪽은 둥글며 뒤쪽은 옆으로 납작하다. 몸에 비늘이 없고 미끈거린다. 주둥이는 넓적하고 입수염이 두 쌍 있다. 등지느러미는 아주 작고 짧으며 뒷지느러미는 크고 길다. 물의 흐름이 느리고 모래와 진흙이 있는 하천, 호수 등에 살며 어류, 수서곤충 등을 잡아먹는다. » 118

메추라기 꿩과
텃새로 등 부분은 황갈색 바탕에 흰색과 검은색 줄무늬가 있고 배 부분은 밝은 적갈색이다. 부리가 약간 아래로 휘어져 있다. 농경지, 간척지, 초지에서 식물의 씨앗, 곤충류, 거미류 등을 먹는다. '산(뫼)에 사는 닭(추라기)'이라는 뜻으로 붙인 이름이다. » 198

메추리노린재 노린재과
생김새가 메추리(메추라기)를 닮아서 '메추리노린재'라고 한다. 더듬이는 붉은색이다. 5~10월에 숲, 풀밭 등에서 관찰된다. 억새, 개밀 등 식물의 즙을 빨아 먹는다. » 83

멧누에나방 누에나방과
암수 모두 더듬이가 빗살 모양이다. 5~11월에 산지의 밭 주변에서 볼 수 있다. 누에나방의 야생종이다. 애벌레는 뽕나무의 잎을 먹는다. 산에 사는 누에나방이라는 뜻으로 '멧누에나방'이라고 한다. » 57

멧돼지 멧돼지과
집돼지와 비슷하게 생겼으나 주둥이가 길고 원통형이다. 어른 멧돼지는 날카로운 송곳니가 입 밖으로 튀어나와 있다. 털은 검은 갈색이고 나이 들면 색깔이 연해진다. 다리가 짧다. 깊은 산속에서 서식하지만 먹이가 부족한 시기에는 마을 주변에 나타나 농작물에 피해를 주기도 한다. 산에 사는 돼지라 하여 붙인 이름이다. » 208

멧밭쥐 쥐과
갈대나 억새가 많은 풀밭에서 생활하며 식물의 씨앗이나 작은 곤충을 먹는다. 풀을 엮어서 새 둥지처럼 보금자리를 만들어 그 속에서 새끼를 키운다. 산이나 밭 주변에서 주로 관찰되어 '멧밭쥐'라고 한다. » 207

멧비둘기 비둘기과
텃새로 몸 전체가 연한 적갈색이고 등에는 검은색과 적갈색 얼룩무늬가 있다. 배는 연한 회색이다. 산림, 농경지, 마을 주변 등에서 열매, 곡식 등을 먹는다. 산에 사는 비둘기라 하여 '멧비둘기'라고 한다. » 193
•• 비슷한 종: 집비둘기

멧새 멧새과
텃새로 몸은 전체적으로 적갈색이고 등 쪽에 검은색 줄무늬가 있다. 수컷은 머리꼭대기와 귓깃이 진한 적갈색이고 암컷은 수컷보다 전체적으로 연한 색을 띤다. 산림이나 하천, 농경지 주변 등에서 곤충류, 거미류, 풀씨 등을 먹는다. '멧새'는 산에 사는 새라는 뜻이다. » 195

멧토끼 토끼과
'산토끼'라고도 하며 회색 털이 특징이다. 주로 낮은 야산에 서식하며 풀과 나뭇잎 등을 먹는다. 산속 양지바른 풀밭에서 동글동글한 똥을 관찰할 수 있다. » 208

멧팔랑나비 팔랑나비과
갈색 바탕인 뒷날개에 흰색 점무늬가 있다. 4~5월에 산길이나 계곡 주변에서 관찰된다. 돌 위에서 일광욕을 하거나 계곡의 축축한 곳에 잘 모인다. 애벌레는 갈참나무, 떡갈나무 등의 잎을 먹는다. 산에 살면서 팔랑팔랑 날아다니는 나비라는 뜻으로 '멧팔랑나비'라고 한다. » 56

모래무지 잉어과
몸이 길고 원통형이며 주둥이는 뾰족하고 입이 바닥에 닿는다. 굵은 입수염이 한 쌍 있다. 몸은 전체적으로 회갈색이고 검은색 반점이 줄지어 있다. 모래가 많은 맑은 하천의 중·상류에 살며 수서곤충, 작은 동물 등을 잡아먹는다. 모래 속에 몸을 숨기고 있어 '모래무지'라고 한다. » 116

모메뚜기 모메뚜기과
위에서 보면 몸이 마름모꼴이라 '모메뚜기'라고 한다. 앞가슴등판이 길어 배 끝에 이른다. 무늬가 매우 다양하다. 1~12월에 건조한 풀밭에서 관찰된다. 여러 가지 풀을 먹는다. » 90

모시나비 호랑나비과
날개는 흰색으로 반투명하고 비늘가루가 적다. 5~6월에 숲가나 풀밭 등에서 볼 수 있다. 반투명한 날개가 모시(옷감) 같다고 하여 '모시나비'라고 한다. » 50

모시보날개풀잠자리 보날개풀잠자리과
몸에 비해 날개가 매우 큰 편이며 모시옷처럼 반투명하여 '모시보날개풀잠자리'라고 한다. 머리가 노란색이다. 6~8월에 숲 속, 계곡 주변 등에서 볼 수 있다. 애벌레는 진딧물 등을 잡아먹는다. » 107

목화바둑명나방 명나방과
몸과 날개가 흰색과 검은색이라 바둑돌이 떠오르고, 애벌레가 목화, 무궁화 등의 잎을 먹어 '목화바둑명나방'이라고 한다. 수컷은 꼬리 끝에 털뭉치가 달려 있다. 6~10월에 낮에도 활발히 활동하며 꽃을 찾아 꿀을 빤다. » 63

몰개 잉어과
몸은 은갈색이며 등 쪽이 짙고 배 쪽은 옅은 색에 광택이 있다. 입에 짧은 입수염이 한 쌍 있다. 물 흐름이 느린 하천이나 큰 강의 중·하류에서 떼 지어 생활하며 수서곤충, 플랑크톤, 유기물 등을 먹는다. » 115

못뽑이집게벌레 집게벌레과
수컷의 집게가 못을 뽑는 장도리처럼 생겨 '못뽑이집게벌레'라고 한다. 암컷의 집게는 가늘고 짧다. 5~10월에 산과 들의 나무 위나 낙엽 밑 등에서 관찰된다. 작은 곤충을 잡아먹는다. » 94

무늬박이푸른자나방 자나방과
전체적으로 푸른색을 띠고 날개에 흰색 반점이 뚜렷하여 '무늬박이푸른자나방'이라고 한다. 8~9월에 관찰되며 애벌레는 산초나무를 먹는다. » 61

무늬발게 바위게과
몸은 사각형이며 뒷부분이 좁고 모서리에 작은 돌기가 있다. 다리에는 적갈색 무늬가 있고 집게다리에 어두운 점무늬가 있어 '무늬발게'라고 한다. 물이 빠진 갯벌의 바위나 자갈, 방파제 등에서 관찰된다. » 136

무늬소주홍하늘소 하늘소과
주홍색 딱지날개에 검은색 무늬가 있어 '무늬소주홍하늘소'라고 한다. 5~6월에 신나무의 꽃에서 자주 관찰된다. » 73

무늬하루살이 애벌레 하루살이과
몸은 긴 원통형이며 갈색 또는 연한 갈색이다. 머리 앞쪽에 뾰족하게 튀어나온 부분이 있다. 배에 깃털 모양의 기관아가미가 있다. 모래가 많은 하천, 계곡, 강 등에서 관찰된다. 성충의 배 위쪽에 굵은 세로 줄무늬가 있어 '무늬하루살이'라고 한다. » 151

무당개구리 무당개구리과
몸은 전체적으로 초록색이며 검은색의 크고 작은 돌기가 무늬처럼 솟아 있다. 배 쪽은 붉은색 또는 주황색 바탕에 불규칙한 검은색 반점이 있다. 위험을 느끼면 몸을 뒤집어 배 쪽의 붉은색으로 경고하는 습성이 있다. 산골짜기의 계곡, 하천, 논 등에서 곤충류, 거미류, 지렁이, 달팽이 등을 잡아먹는다. 몸 아랫면이 무당의 옷처럼 화려하여 '무당개구리'라고 한다. » 164

무당거미 무당거미과 ⋯ 왕거미과
배는 노란색 바탕에 흐린 얼룩무늬가 있고 옆면에 붉은색 무늬가 있다. 8~10월에 길가, 등산로 주변, 시골 마을 주변 등에서 바구니 모양의 금빛 그물을 치고 먹이를 기다린다. 몸 색이 무당 옷처럼 알록달록하다 해서 '무당거미'라고 한다. » 215

무당벌레 무당벌레과
딱지날개의 색과 무늬가 무당이 입는 옷처럼 화려하여 '무당벌레'라고 한다. 3~10월에 산과 들의 풀밭에서 생활하며 진딧물을 잡아먹는다. 딱지날개의 무늬가 다양하며, 손으로 잡으면 다리에서 냄새가 나는 노란 액체를 내보낸다. » 71

무당벌레붙이 무당벌레붙이과
생김새가 무당벌레를 닮아 '무당벌레붙이'라고 한다. 4~10월에 나무껍질, 돌 틈 등 습기가 일정하게 유지되는 곳을 좋아한다. 버섯, 곰팡이 등을 먹는다. » 72

무당알노린재 알노린재과
몸은 갈색 바탕에 흑갈색 점들이 있고 둥근 알 모양이다. 4~10월에 풀밭에서 관찰된다. 칡, 콩 등 식물의 즙을 빨아 먹는다. 보통 알노린재류와 다르게 알록달록하여 '무당알노린재'라고 한다. » 82

무자치 뱀과
등 쪽은 황갈색과 적갈색이고 정수리와 머리 옆면에서 시작된 흑갈색의 줄무늬가 꼬리까지 이어진다. 배 쪽은 검은색 무늬가 바둑판처럼 있다. 주로 물가에서 관찰되어 '물뱀'이라고도 한다. 논, 농수로, 하천, 저수지 등에서 양서류, 어류, 설치류 등을 잡아먹는다. 알이 아닌 새끼를 낳아 번식한다. » 169

묵은실잠자리 청실잠자리과
1~12월에 연못, 습지, 숲 속 등에서 관찰되며 성충으로 월동한다. 7월부터 날개돋이를 하는데 날개돋이를 한 개체는 숲 속으로 이동하여 생활한다. 7월 이후 날개돋이 한 개체가 겨울을 난 뒤 이듬해 짝짓기를 하기 때문에 '묵은실잠자리'라고 한다. » 99

문절망둑 망둑어과
몸은 원통형이며 머리가 납작하고 입은 위를 향하고 있다. 양쪽 배지느러미가 맞붙어 빨판처럼 되어 있다. 강 하구, 기수역 등에서 관찰된다. '문절망둑'이란 이름은 옛 문헌에 '문절어'라고 기록된 것에서 유래하였다. » 142

물결넓적꽃등에 꽃등에과
배가 넓고 황색 가로 줄무늬가 있어 '물결넓적꽃등에'라고 하며, 첫 번째 가로 줄무늬가 끊어져 있다. 3~11월에 산과 들에 핀 꽃에서 관찰된다. 애벌레는 진딧물을 잡아먹고 성충은 꽃의 꿀을 먹는다. » 104

물결박각시 박각시과
앞날개에 톱니 모양의 가로선이 여러 개 모여 물결무늬를 이루어 '물결박각시'라고 한다. 5~8월에 관찰된다. 애벌레는 쥐똥나무 등의 잎을 먹는다. » 58

물까마귀 물까마귀과
텃새로 몸 전체가 검은빛이 강한 갈색이며 꼬리가 짧다. 부리는 검은색이며 다리는 밝은 회색이다. 물이 깨끗한 산골짜기 계곡에서 잠수하여 수서곤충, 물고기 등을 잡아먹는다. 물가에 사는 까마귀라는 뜻으로 붙인 이름이다. » 189

물까치 까마귀과
텃새로 머리는 광택이 있는 검은색이고 등과 배는 회색이다. 멱은 흰색이고 꼬리와 날개는 하늘색이다. 낮은 산림지대, 계곡, 마을 주변 등에서 양서류, 곤충류, 열매 등을 먹는다. 날개의 하늘색이 물색과 비슷하여 붙인 이름이다. » 195

물꿩 물꿩과
귀한 여름 철새이며 꼬리깃이 꿩처럼 길고 물이 있는 습지에서 살아 '물꿩'이라고 한다. 머리는 흰색이며 몸 전체가 짙은 갈색이다. 발가락이 매우 길어 물풀과 연잎 위를 걸어 다닐 수 있다. 저수지, 연못 등에서 수서곤충, 달팽이, 물고기 등을 잡아먹는다. 새끼들을 날개 아래에 끼고 다녀 옆구리에 새끼의 발가락이 마치 가시처럼 길게 보이기도 한다. » 183

물달팽이 물달팽이과
전체적으로 둥근 공 모양이며 껍데기가 얇아 잘 부서진다. 밝은 갈색의 껍데기에 작고 짙은 점무늬가 있다. 더듬이는 짧고 삼각형 모양이다. 암수한몸이다. 물의 흐름이 느린 하천, 호수, 농수로, 연못 등에서 관찰된다. 물에 사는 달팽이라는 뜻으로 붙인 이름이다. » 149

물닭 뜸부기과
겨울 철새로 몸은 전체적으로 검은색이고 부리와 이마판은 흰색이다. 발가락이 나뭇잎처럼 넓고 평평하여 잠수를 하거나 헤엄치기에 적당하다. 강, 저수지, 하구 등에서 물풀, 식물의 잎, 곤충류, 거미류, 어류 등을 먹는다. 물에 사는 닭이라는 뜻으로 '물닭'이라 한다. » 183

물두꺼비 두꺼비과
수컷의 등은 어두운 갈색이고, 암컷은 황갈색, 회갈색, 적갈색을 띠기도 한다. 몸에 검은색 점무늬가 있고, 크고 작은 돌기가 나 있다. 머리는 크고 넓은 편이며 고막이 없다. 수온이 높지 않은 계곡, 하천 등의 물속에서 주로 생활하며 곤충류, 거미류, 지렁이 등을 잡아먹는다. '물두꺼비'는 물에서 사는 두꺼비란 뜻이다. » 165

물맴이 물맴이과
몸은 긴 타원형이며 전체적으로 광택이 있는 검은색이다. 논, 웅덩이, 연못 등에서 관찰되며 물 위를 빠르게 맴돌아 '물맴이'라고 한다. » 155
**비슷한 종: 왕물맴이

물방개 물방개과
몸은 넓적한 타원형이며 검은색에 초록색 광택이 있다. 몸 가장자리를 따라 황색 테두리가 둘려져 있다. 뒷다리는 길고 굵으며 털이 나 있어 빠르게 헤엄칠 수 있다. 연못, 논, 저수지에서 관찰되며 물고기, 올챙이 등을 잡아먹거나 죽어 있는 동물을 먹는다. » 155
**비슷한 종: 검정물방개

물벌레 물벌레과
등이 볼록하고 납작하며 몸은 여러 마디로 되어 있다. 대부분 갈색이고 더듬이는 가늘고 길다. 땅 위에 사는 쥐며느리와 비슷하게 생겼다. 강, 하천, 저수지 등에서 관찰된다. 물에 사는 벌레라는 뜻으로 붙인 이름이다. » 150

물수리 물수리과
나그네새로 몸의 등 쪽은 암갈색이고 아래쪽은 흰색이다. 윗머리는 흰색이며, 검은색 눈선이 뒷목까지 이어진다. 하구나 해안에서 날아다니다가 물고기를 보면 발을 쑥 뻗고 물속으로 내리꽂듯이 사냥한다. 물에서 사냥하는 수리라는 뜻으로 붙인 이름이다. 멸종 위기 야생생물 2급이다. » 182

물자라 물장군과
몸은 납작한 타원형이며 갈색이거나 밝은 갈색이다. 머리는 작고 삼각형이며 앞쪽이 뾰족하게 튀어나왔다. 낫처럼 생긴 튼튼한 앞다리는 먹이를 잡는 데 이용한다. 암컷은 수컷의 등에 알을 붙여 낳고 수컷은 알이 부화할 때까지 보호한다. 강, 하천, 저수지, 연못 등에서 관찰되며 작은 물고기, 올챙이, 수서곤충 등을 잡아 체액을 빨아먹는다. 생긴 모양이 자라와 비슷하여 붙인 이름이다. » 154

물잠자리 물잠자리과
몸은 검은색이며 가늘고 긴 편이다. 5~7월에 하천 상류에서 주로 관찰된다. 깨끗한 하천의 갈대나 수생식물이 있는 곳에서 생활하여 '물잠자리'라고 한다. » 99

물장군 물장군과
몸은 길고 납작하며 회갈색 또는 갈색을 띤다. 머리는 몸에 비해 작으며 주둥이가 짧고 크다. 낫처럼 생긴 튼튼한 앞다리는 먹이를 잡는 데 이용한다. 암컷이 물 밖의 나무나 돌에 알을 붙여 낳으면 수컷이 보살핀다. 웅덩이, 연못, 호수 등에서 관찰되며 수서곤충, 올챙이뿐만 아니라 물고기, 개구리까지 잡아먹어 물에 사는 장군이라는 뜻으로 '물장군'이라고 한다. 멸종 위기 야생생물 2급이다. » 154

물총새 물총새과
여름 철새로 등은 광택이 있는 밝은 녹청색이고 배는 적갈색이다. 수컷 부리는 전체가 검은색이며 암컷은 아랫부리가 붉은색이다. 하천, 저수지 등에서 물속으로 총알처럼 다이빙하여 물속의 어류, 갑각류 등을 잡아먹는다. » 188

미국선녀벌레 선녀벌레과
6~9월에 들이나 숲에서 흔히 관찰된다. 애벌레는 하얀 솜과 같은 물질을 분비하여 몸을 숨긴다. 식물의 즙을 빨아 먹어 농작물에 큰 피해를 주기도 한다. 북미지역에서 처음 발생하여 우리나라에 들어온 외래종이라 '미국선녀벌레'라고 한다. » 86

미꾸라지 미꾸리과
몸이 길고 미꾸리보다 납작하다. 입은 아래를 향하고 있으며 입수염이 세 쌍 있고 수염과 같은 돌기 두 쌍이 아랫입술 가운데 있다. 꼬리지느러미 앞쪽이 위아래로 칼날처럼 날카롭게 솟아 있다. 아가미호흡과 장호흡을 한다. 물의 흐름이 느린 하천의 중·하류에 살며 동물성 플랑크톤, 수서곤충 등을 먹는다. 몸이 점액질로 미끌미끌하여 붙인 이름이다. » 117

미꾸리 미꾸리과
몸이 길고 원통형으로 미꾸라지보다는 통통하다. 입은 아래를 향하고 있으며 입수염 세 쌍과 수염과 같은 돌기 두 쌍이 아랫입술 가운데 있다. 몸은 갈색이지만 사는 곳마다 차이가 있고 몸 전체에 검은색 작은 반점이 흩어져 있다. 진흙이 있는 늪, 농수로, 논, 하천의 중·상류에 살며 수서곤충, 부착 조류, 유기물 등을 먹는다. 미꾸리는 미꾸라지처럼 물 밖의 공기를 입으로 들이마셔 산소는 장에서 흡수하고 이산화탄소는 항문으로 배출하는 장호흡을 하는데, 기포가 나오는 것이 마치 방귀를 뀌는 것 같아 '밑이 구리다'라는 뜻의 '밑구리'에서 '미꾸리'가 되었다. » 118

미끈망둑 망둑어과
몸은 적갈색 또는 황갈색이다. 머리가 납작하고 몸은 가늘고 길며 비늘이 없고 미끈거린다. 몸에 작고 검은 점이 보이는 경우도 있다. 자갈이 많은 해안, 갯벌의 물웅덩이 등에서 관찰된다. 몸에서 미끈한 점액질이 나와서 붙인 이름이다. » 143

민강도래 민강도래과
몸은 암갈색이며 날개맥이 뚜렷하다. 성충은 4~5월에 계곡, 하천 주변 등에서 관찰된다. 애벌레는 물속의 작은 생물을 잡아먹는다. 애벌레의 가슴에 있는 기관아가미가 보이지 않아 '민강도래'라고 한다. » 109

민꽃게 꽃게과
몸은 뒤쪽이 좁은 사다리꼴로 앞 가장자리를 따라 돌기가 나 있다. 어두운 갈색 바탕인 몸에 얼룩무늬가 있다. 납작하고 넓게 변한 뒷다리는 헤엄칠 때 이용한다. 얕은 바다의 갯벌, 돌 밑에서 관찰된다. 꽃게와는 다르게 몸 옆에 가시 모양의 돌기가 없어 '민' 자가 붙었다. » 135

민물가마우지 가마우지과
텃새로 해안, 하구, 하천에서 관찰되며 몸은 검은색이고 흑갈색 광택이 있다. 여름에 정수리와 뒷머리가 흰색으로 변한다. 물속을 잠수하여 물고기를 잡아먹는다. 중국에서는 민물가마우지를 길들여 물고기 사냥에 이용하기도 한다. '가마우지'는 옛 문헌에 검은색을 뜻하는 '가마'와, 발에 물갈퀴가 있는 모습에 오리를 뜻하는 '오디'를 합친 이름이 변한 것이라는 의견과 검다는 뜻의 '가마'와 깃털을 뜻하는 '우지(羽枝)'를 합쳐 붙인 이름이라는 의견이 있다. '민물가마우지'는 민물에 주로 사는 가마우지라는 뜻이다. » 183

민물검정망둑 망둑어과
몸이 원통형이며 뒤쪽은 옆으로 납작하다. 주둥이가 뭉툭하며 입술이 두껍고 뺨은 볼록하다. 전체적으로 어두운 갈색이며 머리에 청색과 흰색 반점이 많다. 자갈과 돌이 많은 하천의 중·하류, 저수지 등에 살며 부착 조류, 수서곤충, 작은 물고기 등을 먹는다. 이름은 민물에 사는 검은색의 망둑어라는 뜻이다. » 122

민물도요 도요과
나그네새이지만 가끔 겨울에도 보인다. 번식기에는 등이 붉고 배에 검은색 무늬가 있다. 비번식기에는 붉은색과 검은색 무늬가 사라지고 전체적으로 회색을 띤다. 부리는 긴 편으로 아래로 약간 휘어져 있다. 간척지, 갯벌, 하구 등에서 갑각류, 연체동물, 갯지렁이 등을 잡아먹는다. 이름에 '민물'이 붙었지만 민물보다는 해안에서 자주 관찰된다. » 186

민챙이 민챙이과
껍데기가 몸보다 작다. 갯벌 흙을 뒤집어쓰고 있어 움직이지 않으면 잘 보이지 않는다. 서해, 남해의 진흙 갯벌 등에서 관찰되며, 유기물을 걸러 먹는다. » 131

민하루살이 애벌레 알락하루살이과

몸은 원통형이며 길지 않다. 어릴 때는 밝은색이지만 성장하면 갈색 또는 검은색이 된다. 배 윗면에 밝은색의 세로줄이 있고 배마디 끝에 가시가 나 있다. 물이 맑은 계곡과 하천 등에서 관찰된다. » 152

밀감무늬검정장님노린재 장님노린재과

광택이 있는 검은색 몸에 밀감색의 무늬가 있어 '밀감무늬검정장님노린재'라고 한다. 몸 전체가 검은색인 개체도 있다. 5~9월에 숲, 풀밭 등에서 관찰된다. 애벌레는 흰색 가루로 덮여 있다. 식물의 즙을 빨아먹는다. » 84

밀어 망둑어과

몸이 작고 원통형이며 뒤쪽은 옆으로 납작하다. 입이 크고 입술이 두껍다. 배지느러미는 흡반으로 변형되어 있다. 몸은 연갈색이나 사는 곳에 따라 다르고 눈 밑에 붉은색 브이(V) 자 줄무늬가 선명하다. 하천의 중·하류, 저수지에 살며 수서곤충, 부착 조류, 물벼룩, 작은 동물 등을 먹는다. » 122

밀잠자리 잠자리과

성숙한 수컷은 배가 회색으로 변한다. 4~10월에 하천, 연못, 습지 등에서 관찰된다. 애벌레는 적응력이 뛰어나 분포 범위가 넓다. 날아다니는 곤충을 잡아먹는다. 암컷과 미성숙한 수컷의 색이 밀짚 색을 띠어 '밀잠자리'라고 한다. » 95

밑들이메뚜기 메뚜기과

흔적만 남아 있는 날개는 적갈색이다. 5~9월에 야산부터 고산지대까지 흔하게 관찰된다. 여러 가지 식물을 먹는다. 짝짓기를 할 때 수컷이 배를 갈고리처럼 위로 들어올려 '밑들이메뚜기'라고 한다. » 88

ㅂ

바다직박구리 지빠귀과 … 솔딱새과

텃새로 수컷은 머리와 등이 푸른색이고 배와 옆구리는 붉은색이다. 암컷의 등은 청색이 도는 갈색이고 배는 황색 바탕에 회갈색 가로무늬가 있다. 해안 절벽, 항구 등에서 곤충류, 갑각류 등을 잡아먹는다. 바닷가에 살며 직박구리를 닮아 붙인 이름이다. » 189

바지락 백합과

껍데기는 사는 곳에 따라 색깔과 모양이 매우 다양하며 거친 줄무늬가 있다. 모래와 진흙이 섞인 갯벌에서 주로 관찰된다. 이 조개를 밟을 때 '바지락' 하는 소리가 난다고 하여 붙인 이름이다. » 132

박각시 박각시과

몸은 어두운 회색이고 가슴에 검은색 세로줄이 있으며 5~9월에 볼 수 있다. 애벌레는 고구마의 해충이다. 저녁 무렵 박꽃을 찾아 꿀을 빠는 모습이 마치 신랑을 찾아온 각시(새색시) 같다고 하여 '박각시'라고 한다. » 58

박새 박새과

텃새로 머리는 뺨을 제외하고 검은색이다. 등은 청회색이며 어깨 사이는 녹황색이다. 턱부터 꼬리까지 검은색 띠가 이어져 있다. 산림, 공원 등에서 곤충류, 거미류, 열매나 씨앗을 먹는다. 박씨와 같은 씨앗을 좋아해서 붙인 이름이다. » 191

밤게 밤게과

몸은 거의 둥근 형태로 회백색이며 밤처럼 생겨서 밤게라고 부른다. 다리는 몸에 비해 길고 가늘다. 옆으로 기지 않고 집게다리를 들고 앞으로 걷는다. 물이 빠진 갯벌에서 주로 관찰된다. » 133

밤나무산누에나방 산누에나방과
앞날개에 타원 무늬가 한 쌍 있고 뒷날개에 커다란 눈알 무늬가 있다. 7~9월에 활엽수림에서 볼 수 있다. 애벌레는 밤나무, 상수리나무 등의 잎을 먹는다. 애벌레가 밤나무 잎을 먹어 '밤나무산누에나방'이라고 한다. » 57

밤나무잎벌레 잎벌레과
딱지날개는 주황색이며 큰 검은색 반점이 두 쌍 있지만 반점이 없는 개체도 있다. 6~10월에 풀밭에서 관찰되며 여러 가지 식물의 잎을 먹는다. 애벌레가 밤나무 잎을 먹어 '밤나무잎벌레'라고 한다. » 77

방게 바위게과
몸은 사각형이고 위쪽에 세로로 홈이 파여 있다. 색깔은 어두운 청록색이고 집게발은 밝은 노란색이다. 집게다리는 양쪽의 모양과 크기가 같고 수컷이 암컷보다 크다. 바다보다는 염분 농도가 낮은 하구의 갯벌이나 갈대밭에서 관찰된다. » 136

방물벌레 물벌레과
몸은 긴 타원형이며 밝은 황색 바탕에 검은색 무늬가 있다. 머리는 가장자리가 둥글고 눈이 매우 크다. 뒷다리 안쪽에 미세한 털이 많이 나 있어 노처럼 물을 가르며 헤엄친다. 몸에 있는 털을 이용해 공기층을 만들어 잠수한다. 물웅덩이, 연못 등에서 관찰되며 불빛에 잘 날아든다. » 153

방아깨비 메뚜기과
머리가 앞쪽으로 길고 뾰족하다. 6~10월에 풀밭에서 관찰된다. 수컷이 날 때 '따다다다다' 하는 소리가 난다. 주로 벼과 식물을 먹는다. 뒷다리를 잡고 있으면 방아를 찧듯이 몸을 움직여 '방아깨비'라고 한다. » 89

방울벌레 귀뚜라미과
다리는 가늘고 약하며 날개폭이 넓다. 8~10월에 풀숲, 덤불 등에서 관찰된다. 밤에 수컷이 방울소리 같은 소리를 내어 '방울벌레'라고 한다. » 91

방울새 되새과
텃새로 머리와 등은 어두운 녹갈색이고 배와 가슴은 황갈색이다. 날개와 꼬리깃 가장자리에 선명한 노란색 띠가 있다. 마을 주변 침엽수림이나 야산, 농경지 등에서 관찰되며 열매, 씨앗, 곤충류 등을 먹는다. '또로록, 또로록' 우는 소리가 방울 소리 같다고 하여 붙인 이름이다. » 196

방울실잠자리 방울실잠자리과
수컷은 가운뎃다리와 뒷다리 종아리마디가 흰색으로 매우 넓은데 이 부분이 방울처럼 보여 '방울실잠자리'라고 한다. 5~10월에 연못, 하천 등에서 관찰된다. » 100

방패광대노린재 광대노린재과
몸은 주황색 바탕에 검은색 반점이 있다. 5~10월에 제주도와 남해안에 있는 예덕나무에서 관찰된다. 생김새가 방패 모양이고 광대가 입은 옷처럼 화려하여 '방패광대노린재'라고 한다. » 82

배노랑긴가슴잎벌레 잎벌레과
배가 노란색이고 앞가슴이 길어 '배노랑긴가슴잎벌레'라고 한다. 5~8월에 숲이나 들에서 관찰되며 닭의장풀을 먹는다. 애벌레는 위험을 느끼면 상체를 흔들어 방어한다. » 77

배띠깡충거미(배띠산길깡충거미) 깡충거미과
암컷의 배 가운데와 양 옆에 회백색 세로줄이 뻗어 있어 '배띠깡충거미'라고 한다. 5~8월에 하천 주변이나 잔디밭 등 햇볕이 잘 드는 곳을 돌아다니며 먹이를 찾는다. » 219

배무래기 흰삿갓조개과
껍데기는 삿갓 모양이며 단단하고 녹갈색 바탕에 다양한 무늬가 있다. 골이 얕게 파여 있고 껍데기의 가장 높은 부분이 가운데에서 비껴나 있다. 물이 빠진 갯벌의 바위나 돌에서 관찰된다. » 128

배붉은흰불나방 불나방과
배가 붉은색이고 다른 부분은 흰색이어서 '배붉은흰불나방'이라고 한다. 배의 각 마디 윗면에 검은색 점이 있다. 5~9월에 주로 관찰된다. 애벌레는 벚나무의 잎을 먹는다. » 60

배세줄꽃등에 꽃등에과
배에 황색 가로 줄무늬가 세 줄 또는 네 줄이 있어 '배세줄꽃등에'라고 한다. 5~6월에 산과 들에 핀 꽃이나 풀잎 등에서 관찰된다. » 105

배스(큰입배스) 검정우럭과
몸이 유선형이고 옆으로 납작하다. 머리와 입이 매우 크다. 등지느러미에 강한 가시가 발달해 있다. 전체적으로 푸른색이고 몸에 청갈색 무늬가 흩어져 있다. 물의 흐름이 빠르지 않은 강이나 하천, 저수지 등에 살며 어류, 양서류, 수서곤충, 지렁이, 새 등을 잡아먹는다. » 121

배자바구미 바구미과
흰 바탕에 검은색 무늬가 마치 저고리 위에 덧입는 배자(소매와 주머니가 없는 웃옷)와 비슷하여 '배자바구미'라고 한다. 딱지날개가 우둘투둘하다. 5~10월에 칡이 있는 곳에서 관찰되며 칡을 먹는다. » 76

배짧은꽃등에 꽃등에과
가슴 윗면에 암갈색 가로무늬가 있고 배 첫째 마디 양쪽에 황색 삼각형 무늬가 있다. 4~11월에 산과 들에 핀 꽃에서 관찰된다. 애벌레는 진딧물을 잡아먹고 성충은 꽃이 꿀을 먹는다. 몸 전체 길이에 비해 배가 짧아 '배짧은꽃등에'라고 한다. » 105

배추흰나비 흰나비과
날개는 흰색 또는 연한 황색이며 앞날개 앞쪽에 검은 반점이 두 개, 뒷날개에는 한 개가 있다. 3~11월에 들이나 낮은 산지 등에서 관찰된다. 애벌레는 배추, 케일, 양배추 등을 먹는다. 애벌레가 배추를 먹어 '배추흰나비'라고 한다. » 52

배치레잠자리 잠자리과
배가 넓어 '배치레잠자리'라고 한다. 수컷은 성숙 단계에 따라 노란색, 흑갈색, 회색으로 색이 바뀐다. 4~9월에 연못, 습지 등에서 관찰된다. 날아다니는 곤충을 잡아먹는다. » 96

백할미새 할미새과
알락할미새와 비슷하나 눈을 가로지르는 검은색 선이 있는 것이 다르고 주로 겨울철에 관찰된다. 하구, 하천, 해안에서 곤충류, 거미류 등을 잡아먹는다. 몸에 흰색이 많은 할미새라는 뜻이다. » 188

뱀잠자리붙이 애벌레 뱀잠자리과
몸은 긴 원통형이며 배가 편평하다. 짙은 갈색이며 녹황색을 띠기도 한다. 배마디에 돌기가 길게 나 있다. 배 끝에는 꼬리다리가 있고 발톱이 있다. 계곡, 작은 하천 등에서 관찰된다. » 155

뱀허물쌍살벌 말벌과
몸은 황갈색에 갈색 얼룩무늬가 있다. 4~10월에 마을 주변, 야산 등에서 볼 수 있다. 나비의 애벌레 등을 잡아 애벌레에게 먹인다. 벌집은 나뭇잎이나 가지에 매달아 짓는데 벌집이 길어지면 마치 뱀의 허물처럼 보여 '뱀허물쌍살벌이'라고 한다. » 101

버들나방 솔나방과
날개는 주황색 바탕에 검은색 반점이 있고 가장자리는 톱니 모양이다. 5~8월에 숲에서 주로 관찰된다. 애벌레가 버드나무, 포플러 등 버드나무류의 잎을 먹어서 '버들나방'이라고 한다. » 62

버들붕어 버들붕어과
몸이 옆으로 납작하다. 머리가 크고 주둥이는 짧고 뾰족하다. 아가미 뚜껑에 파란 점이 있다. 물 흐름이 느린 작은 하천, 농수로 등에 살며 물벼룩, 수서곤충 등을 잡아먹는다. 산란기에 화려하게 변한 수컷은 공기와 점액질로 물에 뜨는 거품집을 만들고 암컷이 그곳에 산란한다. 알은 수컷이 보호한다. » 122

버들잎벌레 잎벌레과
4~7월에 버드나무, 포플러 등에서 관찰된다. 애벌레의 몸을 건드리면 몸에 난 돌기에서 흰색 액체가 흘러 나온다. 버드나무 잎을 먹어 '버들잎벌레'라고 한다. » 78

버들치 잉어과
몸은 황갈색이 도는 회갈색이고 작은 검은색 반점이 흩어져 있다. 입수염이 없다. 수온이 낮은 계곡이나 하천에 주로 살지만 환경 적응력이 뛰어나다. 부착조류, 수서곤충, 갑각류 등을 먹는다. '버들치'는 물에 떠 있는 모습이 버드나무 잎과 비슷하여 붙인 이름이다. » 116

버들하늘소 하늘소과
딱지날개에 세로줄 네 개가 뚜렷하게 있다. 6~8월에 숲에서 관찰되며 밤에 주로 활동하고 불빛에 잘 날아든다. 오리나무, 소나무 등을 먹는다. » 72

범동애등에 동애등에과
황록색 바탕에 검은색 얼룩무늬가 호랑이 무늬를 닮아 '범동애등에'라고 한다. 5~10월에 풀밭에서 관찰된다. » 106

범하늘소 하늘소과
딱지날개의 무늬가 호랑이 무늬를 닮아 '범하늘소'라고 한다. 5~7월에 숲이나 풀밭에서 관찰되며 꽃가루 등을 먹는다. » 73

벚나무박각시 박각시과
날개는 갈색 바탕에 흑갈색 줄무늬가 있고 날개 가장자리는 톱니 모양이다. 5~8월에 관찰된다. 애벌레는 호두나무, 벚나무 등의 잎을 먹는다. 애벌레가 벚나무 잎을 먹어 '벚나무박각시'라고 한다. » 58

벚나무사향하늘소 하늘소과
앞가슴은 밝은 붉은색이며 가장자리에 돌기가 있다. 7~8월에 벚나무에서 생활하며 공격을 받으면 몸에서 사향 냄새를 풍기는 특징이 있어 '벚나무사향하늘소'라고 한다. 애벌레는 벚나무를 먹는다. » 73

베짱이 여치과
머리와 앞가슴등판 윗면이 적갈색이다. 7~10월에 산지 주변 풀밭에서 관찰되며 작은 동물을 잡아먹는다. 연달아 내는 '쓰이익-쩍' 하는 소리가 마치 베 짜는 소리 같다고 하여 '베짱이'라고 한다. » 92

변색장님노린재 장님노린재과
몸은 연한 황록색 바탕에 갈색 무늬이지만 색 변이가 심하여 '변색장님노린재'라고 한다. 4~11월에 풀밭에서 주로 관찰된다. 여러 가지 식물의 즙을 빨아 먹는다. » 84

별나방 솔나방과
몸은 적갈색 또는 황갈색이며 앞날개가 나뭇잎 모양이다. 7~10월에 나비처럼 낮에 날아다니며 꽃에서 꿀을 빤다. 앞날개에 흰색 반점이 별처럼 있어 '별나방'이라고 한다. » 62

별늑대거미 늑대거미과
배갑의 황색 무늬가 중간이 잘록해 티(T) 자 모양이다. 4~10월에 산과 들, 풀밭 등을 돌아다니며 먹이를 찾는다. 배에 알주머니를 달고 다니며 부화한 새끼는 등에 업고 다니면서 보호한다. 학명(*Pardosa astrigera*)에서 종명 *astr*가 라틴어로 별을 뜻하여 '별늑대거미'라고 한다. » 216

별박이명주잠자리 명주잠자리과
6~10월에 계곡 주변, 숲 속 등에서 관찰된다. 주로 저녁에 날아다닌다. 애벌레는 '개미귀신'이라고 하며 모래땅에 깔때기 모양의 둥지를 만들고 이곳에 빠지는 벌레(특히 개미)를 잡아 체액을 빨아 먹는다. 잠자리를 닮은 성충은 진짜 잠자리와는 달리 더듬이가 뚜렷이 길고, 날개가 잠자리보다 맑고 투명하여 마치 명주천 같다고 하여 '명주잠자리'라 하며, 투명한 날개에 검은 점이 별처럼 박혀 있어 '별박이명주잠자리'라고

한다. » 108

별불가사리 별불가사리과
몸은 전형적인 불가사리 형태인 오각형이며, 팔은 보통 다섯 개이지만 네 개이거나 여섯 개인 경우도 있다. 몸통 위쪽은 푸른색 또는 검은색 바탕에 붉은색 무늬가 있다. 갯벌의 바위가 많은 곳에서 주로 관찰된다. 별 모양이라서 붙인 이름이다. » 139

보라거저리 거저리과
몸에 보라색 광택이 있어 '보라거저리'라고 한다. 4~10월에 죽은 나무 틈에서 볼 수 있다. 죽은 나무의 버섯, 수액 등을 먹는다. » 76

보라금풍뎅이 금풍뎅이과
몸에 보라색 광택이 강하여 '보라금풍뎅이'라고 한다. 4~10월에 숲 속에서 관찰된다. 동물이나 사람의 똥을 먹는다. » 68

보라성게 만두성게과
몸에 진한 보라색을 띤 긴 가시가 나 있어 '보라성게'라고 한다. 대체로 큰 가시의 길이가 몸통 지름과 비슷하며 매우 강하고 뾰족하다. 가시 사이에 앞 끝이 빨판으로 된 관족을 이용해 빠르게 이동한다. 수심 5미터 안팎의 바위가 있는 물속에서 관찰된다. » 141

보라해면 보라해면과
몸 전체가 보라색을 띠고 있어 '보라해면'이라고 한다. 몸은 일정한 형태가 없어 크기를 가늠하기 어렵다. 화산 분화구처럼 생긴 돌기들 가운데 있는 큰 구멍으로 물을 끌어들여 먹이를 걸러 먹는다. 갯벌의 바위가 많은 곳에서 관찰된다. '스펀지'는 해면을 뜻하는 영어 단어로 처음에는 해면동물을 말려서 쓰다가 최근에 상업적으로 해면의 구조를 본떠 만들어 사용하고 있다. » 141
**비슷한 종: 주황해변해면

부전나비 부전나비과
암컷의 뒷날개 윗면에 가장자리를 따라 큰 고리 모양의 주황색 무늬가 줄지어 있다. 5~10월에 길가나 하천가, 풀밭 등에서 관찰된다. 애벌레는 갈퀴나물을 먹는다. 나비의 모양이 옛날에 여자 아이들이 차던 노리개인 '부전'을 닮았다고 하여 '부전나비'라고 한다. » 55

부채날개매미충 큰날개매미충과
앞날개가 투명하고 부채처럼 넓어 '부채날개매미충'이라고 한다. 6~10월에 들이나 숲에서 주로 관찰되며 뽕나무의 즙을 빨아 먹는다. 위험을 느끼면 톡 튀어서 달아난다. » 86

부채장수잠자리 측범잠자리과
배 끝부분에 부채 같은 돌기가 있고 덩치가 커서 '부채장수잠자리'라고 한다. 5~9월에 연못이나 저수지 등에서 관찰된다. 날아다니는 곤충을 잡아먹는다. » 95

부처나비 네발나비과
날개는 암갈색이며 선명한 눈알 무늬가 있다. 톡톡 튀듯이 난다. 4~10월에 잡목림이나 숲 길 등에서 관찰된다. 참나무의 수액이나 썩은 과일에 많이 모인다. 애벌레는 벼, 바랭이 등을 먹는다. 이 나비의 학명(*Mycalesis gotama*)에서 종명 *gotama*가 부처(고타마 싯다르타 Gautama Siddhārtha)의 성이라서 '부처나비'라고 한다. » 54

북방산개구리 개구리과
등은 적갈색, 황갈색이고 배는 흰색 또는 연한 붉은색이다. 한국산개구리와 달리 눈 뒤에서 목덜미까지 흑갈색 무늬가 있고 다리에 검은색 줄무늬가 있다. 이른 봄 산과 가까이 있는 논이나 웅덩이에서 산란한다. 산속 습기가 많은 곳에서 생활하며 곤충류, 거미류, 지렁이, 달팽이 등을 잡아먹는다. 산에 사는 산개구리 가운데 주로 우리나라를 비롯한 북방계에서 관찰된다고 하여 붙인 이름이다. » 166

북방풀노린재 노린재과

몸은 전체적으로 초록색을 띠고 앞날개 막질부는 암갈색이다. 5~10월에 산지의 관목 위에서 주로 관찰된다. 식물의 즙을 빨아 먹는다. » 84

북쪽비단노린재 노린재과

앞가슴등판에 검은색 방이 두서너 개 있다. 몸은 검은색 바탕에 노란색 또는 주황색 무늬가 있다. 3~10월에 농경지, 풀밭 등에서 관찰된다. 배추, 무 등 식물의 즙을 빨아 먹는다. » 83

불개미 개미과

몸이 붉은색을 띠어 '불개미'라고 한다. 매우 공격적이며 적이 나타나면 배를 구부려 앞으로 향하게 한 뒤 개미산을 쏜다. 4~8월에 숲속에서 관찰된다. » 103

불개미거미 깡충거미과

몸은 암갈색이며 개미와 생김새가 매우 비슷하다. 수컷의 큰턱은 매우 크고 강하다. 6~8월에 산과 들에서 나무나 풀 위를 돌아다니며 먹이를 찾는다. 생김새가 불개미를 닮아서 '불개미거미'라고 한다. » 221

불짜게거미 게거미과

몸은 검은색이며 배 위에 주황색 또는 노란색 무늬가 있다. 6~9월에 산과 들, 풀숲에서 나뭇잎이나 꽃 주변에 숨어서 먹이를 기다린다. 배의 아랫부분에 불(不) 자를 닮은 무늬가 있어 '불짜게거미'이다. » 218

붉은귀거북 붉은귀거북과

눈 뒤쪽으로 선명한 붉은색 줄무늬가 있어 '붉은귀거북'이라고 한다. 머리와 목에 녹청색의 줄무늬가 있다. 등딱지는 흑갈색, 암녹색 등 칙칙한 색이며 여러 조각으로 나누어 줄무늬처럼 보인다. 머리와 다리를 등딱지에 완전히 넣을 수 있다. 관상용, 방생용으로 외국에서 들여온 외래종이며, 생태계에 좋지 않은 영향을 미쳐 생태계 교란 야생동물로 지정되어 있다. 하천, 저수지, 연못 등에서 살며 어류, 양서류, 갑각류, 물풀 등을 먹는다. » 168

붉은날개애기자나방 자나방과

날개에 매우 진한 붉은색 선이 있고 날개 가장자리도 붉은색을 띠어 '붉은날개애기자나방'이라고 한다. 6~9월에 숲 가장자리에서 관찰된다. 애벌레는 며느리배꼽, 소리쟁이 등을 먹는다. » 61

붉은머리오목눈이 붉은머리오목눈이과 ⋯→ 꼬리치레과

텃새로 몸 전체가 적갈색이며 머리는 둥글고 꼬리가 길다. 부리는 짧고 굵다. '뱁새'라고 부르는 새이다. 덤불, 갈대밭 등에서 곤충류, 거미류, 씨앗 등을 먹는다. 머리가 적갈색이고 눈이 오목하게 생겨서 붙인 이름이다. » 197

붉은무늬푸른자나방 자나방과

전체적으로 푸른색을 띠며 뒷날개 가장자리에 붉은 무늬가 있어 '붉은무늬푸른자나방'이라고 한다. 5~8월에 관찰되며, 애벌레는 싸리나무의 잎을 먹는다. » 61

붉은발말똥게 바위게과

말똥게와 비슷하지만 몸이 전체적으로 붉은색을 띠며 눈 뒤 등갑에 뾰족한 돌기가 있다. 도둑게, 말똥게, 붉은발말똥게는 아가미에 물을 저장하여 호흡에 이용하므로 물 밖에서도 오랜 시간 활동할 수 있다. 바로 흘러드는 작은 하천 하류의 돌담, 초지대 등에서 매우 드물게 관찰된다. 멸종 위기 야생생물 2급이다. 발이 붉은색이고, 말똥 냄새가 난다는 뜻에서 붙인 이름이다. » 136

붉은배새매 수리과

여름 철새로 가슴과 배가 붉은색을 띠어 '붉은배새매'라고 한다. 머리, 등 윗부분은 청회색이고 아랫배와 다리깃은 흰색이다. 수컷의 눈은 붉은색이고 암컷은 노란색이다. 야산, 농경지 주변 숲에서 곤충류, 양서류, 작은 새 등을 잡아먹는다. 천연기념물 제323-2호, 멸종 위기 야생생물 2급이다. » 193

붉은부리갈매기 갈매기과
겨울 철새로 부리와 다리가 붉은색이라 붙인 이름이다. 비번식기에는 머리가 흰색이며 귀 쪽에 검은 반점이 있고, 번식기에는 머리 전체가 검은색으로 변한다. 해안, 항구, 하구에서 어류, 무척추동물 등을 잡아먹는다. 사람을 무서워하지 않아 과자를 던져주면 몰려드는 갈매기로 유명하다. » 187

붉은산꽃하늘소 하늘소과
몸이 붉은색이고 산에 피는 꽃에서 주로 관찰되어 '붉은산꽃하늘소'라고 한다. 5~9월에 산과 들의 여러 가지 꽃에서 꽃가루를 먹는다. » 73

붉은어깨도요 도요과
나그네새로 번식기에는 어깨에 붉은빛이 있는 갈색 반점이 있고 비번식기에는 암회색으로 변한다. 부리와 다리는 검은색이다. 간척지, 갯벌, 하구에서 조개류, 연체동물, 갯지렁이 등을 잡아먹는다. » 186

붉은줄참새우 징거미새우과
몸은 투명한 흰색이며, 붉은 줄무늬가 있어 붙인 이름이다. 집게다리로 먹이를 잡아먹는다. 가까운 바다 또는 갯바위 해안과 물웅덩이에서 관찰된다. » 138

붕어 잉어과
몸이 옆으로 납작하고 꼬리는 넓고 큰 편이다. 머리가 짧고 눈이 작다. 주둥이가 짧고 입은 작지만 입술이 두툼하며 입수염은 없다. 물의 흐름이 빠르지 않은 하천이나 호수에 살며 조개류, 풀씨, 수서곤충, 수초 등을 먹는다. 중국에서 들여온 떡붕어가 있어 붕어를 흔히 참붕어라고 부르지만 참붕어는 다른 물고기이다. 붕어라는 이름은 한자어 '부어(鮒魚)'에서 비롯되었다. » 114

블루길(파랑볼우럭) 검정우럭과
아가미 바로 뒤에 파란색 점이 있어 파랑볼우럭이라고 한다. 몸은 옆으로 납작하고 전체적으로 청갈색을 띤다. 머리가 작고 주둥이는 짧다. 북아메리카 동부에서 들여온 외래종으로 물의 흐름이 빠르지 않은 강, 저수지, 하구 등에서 수서곤충, 물고기, 게나 새우 등을 잡아먹는다. » 121

비늘갈거미 갈거미과
배 모양은 긴 타원형이며 황록색 또는 초록색이다. 5~8월에 마을과 풀밭 등에서 풀잎이나 나뭇잎 뒤에 작고 둥근 그물을 수평으로 치고 먹이를 기다린다. 배에 비늘무늬가 있어 '비늘갈거미'라고 한다. » 216

비단벌레 비단벌레과
몸은 초록색으로 붉은색 세로줄이 두 줄 있고 광택이 강하다. 7~8월에 숲에서 관찰되며 높은 가지에서 활발하게 날아다닌다. 죽어가는 팽나무나 벚나무 등의 줄기를 파먹는다. 몸의 광택이 비단처럼 곱고 화려하여 '비단벌레'라고 한다. » 69

비오리 오리과
겨울 철새로 부리는 붉은색이고 끝은 검은색이다. 수컷의 머리는 청록색이고 몸은 대부분 흰색이다. 암컷의 머리는 적갈색이고 몸은 회색이다. 하천, 저수지, 하구에서 잠수하여 어류, 갑각류, 양서류 등을 잡아먹는다. 빛나는 깃털을 지닌 오리라는 뜻의 옛말 '빗올히-비올히'가 변화한 이름이다. » 182

빌로오드재니등에 재니등에과
몸에 털이 많다. 날개의 앞부분은 암갈색이고 뒷부분은 투명하다. 3~4월에 숲에서 관찰된다. 꽃에 잘 모이고 날면서 꿀을 빤다. » 106

뻐꾸기 두견이과
여름 철새로 몸이 전체적으로 회색이며 배는 흰색에 검은색 가로 줄무늬가 있다. 산림, 초원, 농경지에서 곤충류, 거미류 등을 잡아먹는다. 스스로 둥지를 틀지 않는 뻐꾸기가 다른 새의 둥지에 알을 낳고 가버리면 다른 새가 대신 뻐꾸기의 알을 품고 키우는데 이를 '탁란'이라고 한다. '뻐꾹 뻐꾹' 하고 우는 뻐꾸기와 달리 검은등뻐꾸기는 '뻐 뻐 뻐꾹' 하고 운다. » 189

뿔나비 네발나비과
아랫입술수염이 머리 앞쪽으로 뿔처럼 튀어나와 있어 '뿔나비'라고 한다. 4~10월에 숲가, 길가 등에서 관찰된다. 습지에서 무리 지어 물을 빨거나 일광욕을 하기도 한다. 애벌레는 팽나무, 풍게나무 등의 잎을 먹는다. » 52

뿔나비나방 뿔나비나방과
나비처럼 생겼으며 머리에 뿔이 있어 '뿔나비나방'이라고 한다. 앞날개에 주황색 반달무늬가 있다. 4~7월에 낮에 나비처럼 날아다니며 꽃에서 꿀을 빤다. 애벌레는 고사리 등을 먹는다. » 62

뿔논병아리 논병아리과
겨울 철새이지만 여름에도 보인다. 머리에 검은색 뿔깃이 있어 '뿔논병아리'라고 한다. 목이 길며 부리가 뾰족하다. 해안, 저수지, 호수, 하구 등에서 어류, 갑각류 등을 잡아먹는다. » 178

뿔하루살이 애벌레 알락하루살이과
몸은 납작한 편이며 등 쪽이 볼록하다. 대체로 갈색이나 흑갈색이지만 밝은색을 띠기도 한다. 물이 맑은 계곡, 작은 하천 등에서 관찰된다. 머리에 뿔처럼 생긴 가시가 세 개 있어 붙인 이름이다. » 152

삑삑도요 도요과
나그네새로 몸 윗부분이 어두운 녹갈색에 흰색 반점이 있고 아랫면은 흰색이다. 다리는 녹색이고 부리는 검은색이다. 주로 습지나 하천, 논 등의 민물에서 곤충류, 거미류, 수서무척추동물 등을 잡아먹는다. 울음소리를 '삑, 삑' 낸다 하여 붙인 이름이다. » 186

ㅅ

사마귀 사마귀과
뒷날개를 펼치면 황갈색 바탕에 폭이 좁은 검은색 무늬가 불규칙하게 있다. 9~11월에 풀밭, 화단 등에서 관찰된다. 곤충이나 작은 동물을 잡아먹는다. 다른 곤충을 잡아먹어 마치 죽음을 부르는 마귀 같다고 하여 '사마귀'라고 한다. » 94

사마귀게거미 게거미과
배에 사마귀(낟알만 한 크기에 볼록 솟은 군살) 모양의 돌기가 흩어져 있다. 5~9월에 떡갈나무 등 넓은 나뭇잎에 살며 움직이지 않으면 새똥처럼 보인다. 몸에 사마귀 모양의 돌기가 많아 '사마귀게거미'라고 한다. » 217

사슴벌레 사슴벌레과
커다란 큰턱이 사슴 수컷의 뿔 같다고 하여 '사슴벌레'라고 한다. 머리 뒤쪽이 넓으며 큰턱이 아래를 향하고 있다. 7~8월에 활엽수의 수액이 흐르는 곳에서 주로 관찰된다. 참나무 수액, 익은 과일 등을 먹는다. » 66

사슴풍뎅이 꽃무지과
수컷의 이마에 사슴 뿔 모양의 돌기가 있어 '사슴풍뎅이'라고 한다. 적을 만나면 앞다리를 들고 위협한다. 5~10월에 활엽수림에서 관찰되며 나무 수액이나 익은 과일 등을 먹는다. » 69

사시나무잎벌레 잎벌레과
몸은 광택이 있는 남색이며 딱지날개는 적갈색이다. 4~10월에 미루나무, 버드나무, 사시나무 등에서 생활하며 잎을 갉아먹는다. 사시나무 잎을 먹어 '사시나무잎벌레'라고 한다. » 78

산맴돌이거저리 거저리과
몸은 검은색으로 광택이 없으며 딱지날개의 세로줄

이 깊지 않다. 5~9월에 썩은 나무 등에서 관찰된다. 산을 이리저리 쉼 없이 돌아다녀서 '산맴돌이거저리'라고 한다. » 76

산바퀴 바퀴벌레과
몸은 갈색이며 앞가슴등판에 길쭉한 검은 무늬가 한 쌍 있다. 3~10월에 숲 속, 건조한 들판 등에서 관찰된다. 애벌레는 검은색이다. 썩은 나무나 동물을 먹는다. 산에 사는 바퀴벌레라는 뜻으로 '산바퀴'라고 한다. » 94

산솔새 휘파람새과 … 솔새과
여름 철새로 등은 녹색을 띤 갈색이고 배는 흰색이다. 머리는 흑갈색이 특징이고 가운데에 흰색 선이 있다. 산림, 계곡에서 곤충류, 거미류 등을 잡아먹는다. 산 속에서 주로 관찰되는 솔새라는 뜻으로 붙인 이름이다. » 191

산왕거미 왕거미과
몸은 적갈색 또는 암갈색이지만 색깔 변이가 심하다. 6~10월에 산지, 집 근처 등에서 둥근 그물을 커다랗게 치고 먹이를 기다린다. 산에서 주로 보이는 왕거미류의 한 종이므로 '산왕거미'라고 한다. » 214

산천어, 송어 연어과
몸이 길고 옆으로 얇다. 머리가 크고 주둥이는 둥글며 입이 크다. 등은 연두색이 섞인 황갈색이고 배는 희다. 등에 커다란 검은색 가로무늬가 있다. 바다로 나가지 못하고 하천에 갇혀 적응한 무리를 산천어라 하고, 바다로 나가 생활하다가 다시 하천으로 돌아오는 무리를 송어라고 한다. 동해로 흘러드는 수온이 낮고 맑은 하천의 최상류에 살며 갑각류, 플랑크톤 등을 먹는다. » 119

살모사 살모사과
개체에 따라 색깔 변이가 심하다. 몸 옆에는 황갈색 바탕에 테두리가 검은 둥근 무늬가 있다. 무늬 안쪽은 황갈색 둥근 반점이 선명하다. 머리 위쪽 옆면에 흰색 줄무늬가 뚜렷하다. 콧구멍과 눈 사이에 열을 감지할 수 있는 구멍(피트 기관)이 있다. 혀는 검은색이며, 독이 있어 물리면 매우 위험하다. 산림, 농경지, 습지 등에서 지네류, 양서류, 어류, 설치류 등을 잡아먹는다. 살모사는 새끼를 낳는데, 그 모습이 어미(母)를 죽이고(殺) 태어나는 것 같다고 하여 붙인 이름이다. » 170

살받이게거미 게거미과
암컷은 노란색 또는 흰색이다. 수컷은 작고 적갈색을 띠어 암컷과 다른 종처럼 보인다. 6~9월에 산과 들에서 꽃이나 잎 주변에 숨어 먹이를 기다린다. » 219

살시빗살거미불가사리 빗살거미불가사리과
주로 항구에서 고기 그물에 걸려 딸려온 것을 관찰할 수 있다. 몸 가운데는 원형이고 팔이 가늘고 길다. 색깔은 회갈색, 갈색, 분홍색 등 다양하다. 팔이 가늘고 긴 형태의 불가사리류를 '거미불가사리류'라고 한다. 수심 10~100미터 연안에서 서식한다. 쇠를 먹고 산다는 상상의 동물 불가사리에서 유래한 이름으로 쉽게 죽일 수 없는 동물이라는 뜻이다. » 139

삵 고양이과
고양이처럼 생겼지만 꼬리가 짧고 두툼하다. 귀 뒤의 흰색 반점이 가장 큰 특징이며, 담비와 더불어 한반도 육상 생태계의 최고 포식자이다. 산림, 간척지, 농경지에서 생활하며 멧토끼, 새 등 작은 동물을 사냥한다. '살쾡이'라고도 한다. 멸종 위기 야생생물 2급이다. » 208

삼각점연두꼬마거미 꼬마거미과
배 모양이 삼각형이고 각 모서리에 검은색 점이 있다. 색깔은 주홍색, 검은색 등이 있다. 5~8월에 활엽수 잎 뒷면에 불규칙한 작은 그물을 치고 먹이를 기다린다. 삼각형 모양과 배 끝에 검은 점이 있는 연두꼬마거미속의 한 종이므로 '삼각점연두꼬마거미'라고 한다. » 216

삼색꽃등에 꽃등에과
몸에 옅은 노란색, 검은색, 주황색의 세 가지 색이 있어 '삼색꽃등에'라고 한다. 5~7월에 산과 들에 풀이나 나뭇잎 위에서 주로 관찰된다. » 105

삽사리 메뚜기과
5~8월에 양지바른 풀밭에서 주로 관찰된다. 수컷이 날개와 뒷다리를 비벼서 '사사사사사삽' 하는 소리를 내어 '삽사리'라고 한다. 수컷보다 덩치가 큰 암컷은 날개가 짧아 애벌레처럼 보인다. 주로 벼과 식물을 먹는다. » 88

상아잎벌레 잎벌레과
몸은 광택이 있는 검은색이며 딱지날개에 노란 띠무늬가 세 개 있다. 3~8월에 풀밭에 있는 소리쟁이, 며느리배꼽 등에서 관찰된다. 딱지날개의 노란색이 상아색과 비슷하여 '상아잎벌레'라고 한다. » 78

상제나비 흰나비과
날개는 흰색이고 검은색 날개맥이 선명하다. 5~6월에 숲가나 마을 주변 등에서 관찰된다. 애벌레는 배나무, 사과나무 등의 잎을 먹는다. 날개 색이 장례식 때 입는 상복처럼 희다고 하여 '상제나비'라고 한다. 멸종 위기 야생생물 1급이다. » 51

새꼬막 돌조개과
껍데기는 갸름한 타원형이며 볼록하고 단단하다. 색깔은 흑갈색에서 황갈색까지 다양하고 세로로 골이 파여 있다. 물이 빠진 갯벌이나 수심 10미터 안팎의 물속에서 관찰된다. '작은 생물'이라는 뜻의 '고막'에서 '꼬막'으로 바뀌었으며, '새꼬막'은 진짜 꼬막이라는 뜻의 '참꼬막'보다 껍질이 얇고 골이 얕으면서 간격이 촘촘하다. 우리가 꼬막이라 할 때 보통 참꼬막을 가리킨다. » 133

새뱅이 새뱅이과
몸은 짙은 갈색이지만 밝은 회색을 띠는 개체도 있다. 등 쪽 한가운데에 등뼈 모양으로 회백색의 얼룩무늬가 있다. 이마에 있는 뿔은 톱니 모양이다. '토하(土蝦)'라는 민물새우이다. 주로 남부 지역의 하천, 농수로, 저수지 등에서 관찰된다. » 151

새코미꾸리 미꾸리과
몸이 길고 원통형이다. 머리는 작고 뾰족한 삼각형이며 입수염이 세 쌍 있다. 전체적으로 주황색에 짙은 갈색의 반점이 흩어져 있고 어린 개체는 입과 꼬리에 주황색이 선명하다. 머리가 뾰족해 마치 새의 코를 닮았다고 하여 '새코미꾸리'라 한다. » 118

새호리기 매과
여름 철새로 아랫배와 아래꼬리덮깃은 붉은색이고 몸 윗부분은 흑갈색이다. 배는 흰색에 검은색 줄무늬가 고르게 있다. 눈 밑으로는 검은색 줄무늬가 뚜렷하다. 농경지, 야산에서 조류, 곤충, 작은 포유류 등을 잡아먹는다. 비행 능력이 뛰어나 사냥할 때 새를 홀리면서 사냥한다고 하여 붙인 이름이다. 멸종 위기 야생생물 2급이다. » 193

서울병대벌레 병대벌레과
몸은 붉은색을 띤다. 딱지날개는 황갈색 바탕에 검은색 긴 무늬가 있으나 변이가 심하다. 3~6월에 풀밭에서 주로 생활하며 곤충의 애벌레, 진딧물 등을 잡아먹는다. 서울 지역에서 처음 발견된 병대벌레라는 뜻으로 '서울병대벌레'라고 한다. » 70

서해비단고둥 밤고둥과
껍데기는 황백색이고 진한 회색 물결무늬가 있다. 전체적으로 둥근형이지만 약간 납작하다. 서해안의 고운 모래 갯벌, 해수욕장 등에서 관찰된다. 서해안에서 주로 관찰되고 껍데기가 예뻐서 비단이라는 이름이 붙었다. » 129

섬서구메뚜기 메뚜기과
몸 색깔이 녹색, 갈색, 적갈색, 회색 등 다양하다. 방아깨비와 비슷하지만 조금 작다. 7~10월에 풀밭에서 볼 수 있으며 여러 가지 풀을 먹는다. 벼 베기 후 논에 삼각형으로 쌓아 놓은 볏짚을 '섬서구'라고 하는데 이 메뚜기의 머리가 섬서구를 닮아 '섬서구메뚜기'라고 한다. » 90

세가락도요 도요과
겨울 철새로 여름에는 등 쪽이 적갈색이지만 겨울에는 회백색으로 변한다. 배는 흰색이고, 부리와 다리는 검은색이다. 주로 동해안의 모래 해안, 갯바위에서 작은 동물, 갯지렁이, 갑각류 등을 잡아먹는다. 발가락이 세 개라서 붙인 이름이다. » 186

세줄무늬수염나방 밤나방과
날개에 가로줄이 세 개 있고 머리 앞쪽으로 수염이 길게 뻗어 있어 '세줄무늬수염나방'이라고 한다. 몸 전체 모양이 삼각형이다. 5~8월에 관찰되며 애벌레는 버드나무, 자작나무 등의 잎을 먹는다. » 60

소금쟁이 소금쟁이과
몸이 가늘고 긴 원통형이며 진한 갈색이 도는 검은색이다. 머리는 작고 뾰족하며, 눈이 크고 튀어나와 있다. 몸과 다리에는 방수성 털이 있어 표면장력을 이용하여 물 위를 미끄러지듯 걸어 다닌다. 하천, 강, 저수지, 연못, 물웅덩이 등에서 다른 동물의 체액을 빨아 먹는다. '소금쟁이'는 소금장수가 지게에 가득 얹힌 소금더미를 짊어지려고 다리를 벌리며 힘을 쓰는 모습 같다 하여 붙인 이름이다. » 154
•• 비슷한 종: 광대소금쟁이는 물이 맑은 산림 계곡에서 관찰된다.

소나무비단벌레 비단벌레과
딱지날개에 구릿빛 광택이 난다. 5~8월에 소나무가 있는 숲에서 관찰되며 나무껍질에 있으면 잘 보이지 않는다. 애벌레가 죽어가는 소나무를 먹어 '소나무비단벌레'라고 한다. » 70

소똥구리 소똥구리과
몸은 검은색, 머리는 넓적한 마름모꼴이다. 4~10월에 강원도와 제주도 등 가축을 방목하는 풀밭에서 관찰된다. 소나 말 등의 똥을 둥글게 빚어 그 밑 땅속의 굴로 굴려서 그 안에 알을 낳는다. 멸종위기 야생생물 2급이다. » 69

소쩍새 올빼미과
여름 철새인 작은 올빼미류로 귀깃이 있고 눈은 노란색이다. 몸은 전체적으로 회색이며 검은색 줄무늬가 있다. 산림, 고목이 있는 마을 주변에서 설치류, 곤충류, 양서류, 파충류 등을 잡아먹는다. '소쩍, 소쩍' 하고 우는 소리에서 붙인 이름이다. 천연기념물 제324-6호이다. » 190

송사리 송사리과
몸이 길고 옆으로 납작하며 배가 통통하다. 머리는 납작하고 주둥이가 뾰족하다. 눈이 매우 크고 등지느러미가 몸 뒤쪽에 있다. 대륙송사리와 달리 몸통에 무늬가 적고, 뒤쪽으로 크고 뚜렷한 검은색 점이 있다. 농수로, 연못 등에서 서식하며 소형 갑각류, 플랑크톤 등을 먹는다. 남해안, 동해안 주변과 일본에서만 서식한다. » 120

송장헤엄치게 송장헤엄치게과
몸은 굵은 원통형이며 끝으로 갈수록 뾰족하다. 윗면은 광택이 나는 검은색이고 회백색 굵은 줄무늬가 있다. 머리는 몸통보다 작고 눈이 크다. 뒷다리 안쪽에 미세한 털이 많이 나 있어 노처럼 물을 가르며 헤엄친다. 물웅덩이, 연못 등 물이 흐르지 않는 곳에서 다른 동물의 체액을 빨아 먹는다. 몸에 있는 털로 공기층을 만들어 배를 드러내고 누워서 헤엄을 쳐 '송장헤엄치게'라고 한다. » 154

쇠기러기 오리과
겨울 철새로 몸은 전체적으로 회갈색이며 배에 검은색 줄무늬가 있다. 부리는 노란색이고 이마에 흰색의 좁은 띠가 있다. 간척지, 논, 하구, 습지 등에서 물풀, 곡식, 갑각류, 무척추동물 등을 먹는다. 쇠기러기의 '쇠'는 작다는 뜻이다. 옛날 문헌에 기러기의 울음소리인 '그력', '그려기'에서 '기러기'로 바뀌었다. » 178

쇠딱다구리 딱다구리과
텃새로 등은 검은색이며 흰색의 가로 줄무늬가 있다. 배는 연한 갈색에 검은색 줄무늬가 있다. 산림 주변, 활엽수림에서 곤충류, 거미류, 열매나 씨앗 등을 먹는다. '딱따구리'는 나무를 쫄 때의 소리가 '딱따그르르' 하여 붙인 이름이다. '쇠'는 작다는 뜻이며, '쇠물닭', '쇠박새'도 마찬가지이다. » 192

쇠물닭 뜸부기과
여름 철새로 몸이 전체적으로 검은색이고 부리 기부와 이마는 붉은색이다. 다리는 청록색으로 발가락이 매우 길다. 옆구리에 흰색 점이 줄지어 있다. 연못, 저수지, 소택지 등에서 곤충류, 거미류, 연체동물, 물풀, 식물의 씨앗 등을 먹는다. » 183

쇠박새 박새과
텃새로 머리는 검은색이고 등은 연한 회색이다. 배는 흰색이며 무늬가 없다. 산림, 농경지, 공원에서 곤충류, 거미류, 열매, 식물의 씨앗 등을 먹는다. » 191

쇠백로 백로과
여름 철새이나 최근 남부 지방에서 겨울에도 관찰된다. 몸은 흰색이고 번식기에는 머리에 두 가닥 댕기깃이 있다. 부리는 검은색이고 발가락은 노란색이다. 하천, 해안, 하구, 논에서 어류, 양서류, 수서곤충 등을 잡아먹는다. 백로는 흰새를 말하며 크기가 작아 '쇠백로'라고 한다. » 184

쇠살모사 살모사과 📖
개체에 따라 색깔 변이가 심하다. 등 쪽은 흑갈색, 암갈색, 적갈색 바탕에 테두리가 암갈색, 검은색인 둥근 반점이 있고 반점 안쪽은 황갈색이다. 몸통의 반점은 줄무늬로 나타나기도 한다. 콧구멍과 눈 사이에 열을 감지하는 피트 기관이 있다. 살모사와 비슷하나 혀가 붉은색이다. 독이 있어 물리면 매우 위험하다. 산림, 농경지, 습지, 하천, 해안, 섬 지역까지 다양하게 관찰되며 지네, 양서류, 설치류, 파충류 등을 잡아먹는다. 이름에서 '쇠'는 크기가 작다는 뜻이다. » 170

쇠오리 오리과
겨울 철새로 부리와 다리는 검은색이다. 수컷은 머리가 밤색이며, 눈에서 뒷목까지 진녹색으로 넓은 무늬가 있다. 몸 옆에는 흰색 가로 줄무늬가 선명하다. 암컷은 갈색 바탕에 회갈색 얼룩무늬가 있다. 간척지, 습지, 하구에서 플랑크톤, 식물의 씨앗, 갑각류, 무척추동물 등을 먹는다. 오리 가운데 덩치가 작아 이름에 '쇠'를 붙였다. » 180

쇠제비갈매기 갈매기과
여름 철새로 제비갈매기보다 작아 이름에 '쇠'가 붙었다. 머리는 검고 부리는 노란색이다. 꼬리가 제비꼬리를 닮았다. 물 위에서 다이빙하여 어류, 갑각류, 무척추동물 등을 잡아먹는다. » 188

쇠측범잠자리 측범잠자리과
4~6월에 깨끗한 하천 상류에서 볼 수 있다. 암컷은 수면 위에서 비행하며 알을 떨어뜨린다. 날아다니는 곤충을 잡아먹는다. 가슴 옆면의 줄무늬가 호랑이 무늬를 닮았고 덩치가 작아 '쇠측범잠자리'라고 한다. » 95

쇳빛부전나비 부전나비과
날개 뒷면이 쇠(철)에 녹이 슨 것과 비슷하여 '쇳빛부전나비'라고 한다. 3~5월에 숲가, 길가 등에서 관찰된다. 날아다니는 속도가 빠르다. 애벌레는 진달래, 벚나무 등의 잎을 먹는다. » 56

수달 족제비과 📖
족제비처럼 생겼고 몸은 검은색이다. 발가락 사이에 물갈퀴가 있어 헤엄을 잘 친다. 주로 밤에 활동해 보기 힘들다. 물가 바위 위에 물고기 가시가 있는 똥을 누어 영역 표시를 한다. 저수지, 하천, 해안 등 물가에서 산다. 한자 이름을 그대로 따왔다. 천연기념물 제330호, 멸종 위기 야생생물 1급이다. » 206

수리부엉이 올빼미과 📖
텃새로 덩치가 매우 큰 올빼미류이며 뿔 모양의 귀깃

이 있고 눈은 노란색 바탕에 검은색이다. 몸은 황갈색이며 검은색 세로 줄무늬가 있다. 산림, 절벽에서 설치류, 포유류, 조류 등을 잡아먹는다. 부엉이류는 뿔 모양의 깃이 있으나 솔부엉이만 없다. 부엉이는 '부엉, 부엉' 하고 우는 소리에서 붙인 이름이다. 천연기념물 제324-2호, 멸종 위기 야생생물 2급이다. » 189

수염치레각날도래 각날도래과
앞날개에 불규칙한 갈색 무늬가 흩어져 있다. 성충은 4~11월에 하천 주변에서 관찰되며 불빛에 잘 모여든다. 애벌레는 흐름이 빠른 하천의 바위나 자갈 밑에서 그물을 치고 생활한다. » 109

수염치레날도래 애벌레 바수염날도래과
작은 돌맹이로 휘어진 원기둥 모양의 매끈한 집을 짓고 산다. 머리와 가슴의 위쪽은 적갈색이고 머리에 굵은 세로 줄무늬가 세 개 있다. 수온이 낮은 계곡, 산골짜기 시냇물 등에서 관찰된다. » 157

수중다리꽃등에 꽃등에과
성충의 뒷다리 넓적다리마디가 통통하게 부풀어 있다. 3~11월에 산과 들에 핀 꽃에서 관찰되며 꽃의 꿀을 먹는다. 애벌레는 물속에 산다. '수중'이란 부었다는 뜻으로 넓적다리마디가 부은 것처럼 굵어 '수중다리꽃등에'라고 한다. » 105

숲새 휘파람새과
여름 철새로 등이 연한 적갈색이고 배는 밝은 회갈색이다. 꼬리가 짧고 눈썹선은 흰색으로 뚜렷하다. 산림, 계곡 등 주로 숲 바닥에서 곤충류, 거미류를 잡아먹으며 활동한다. '수수수수숲' 하고 우는 소리에서 붙인 이름이다. » 190

쉬리 잉어과
몸이 가늘고 긴 편이며 주둥이가 뾰족하다. 입수염은 없다. 등 쪽은 어두운 황색이고 배 쪽은 청백색이다. 주둥이에서 꼬리까지 뻗은 적갈색과 검은색의 줄무늬가 있다. 자갈이 많은 하천의 중·상류 여울에서 살며 수서곤충과 작은 동물을 먹는다. 여울에서 사는 예쁜 물고기라 하여 '여울각시'라고 부르기도 한다. » 115

시베리아개미 개미과
배에 흰색 반점이 두 쌍 있다. 가슴에 붉은빛이 돈다. 4~10월에 공원, 숲 속 등에서 관찰된다. » 103

신부짤름나방 밤나방과
몸과 날개는 분홍색이며 황백색 가로줄이 선명하다. 5~8월에 주로 숲에서 관찰된다. 분홍색의 몸이 신부처럼 예뻐서 '신부짤름나방'이라고 한다. » 61

실노린재 실노린재과
몸과 다리가 실처럼 가늘고 길어 '실노린재'라고 한다. 3~10월에 산기슭, 풀밭 등에서 관찰된다. 식물의 즙을 빨아 먹는다. » 80

실베짱이 여치과
더듬이는 연한 갈색이고 다리는 녹색이다. 6~11월에 풀밭, 덤불 등에서 관찰된다. 꽃잎, 꽃가루 등을 먹는다. 베짱이류 가운데 몸이 가늘어 '실베짱이'라고 한다. » 92

십자무늬긴노린재 긴노린재과
등에 있는 검은색 무늬가 열십(十) 자 모양이라 '십자무늬긴노린재'라고 한다. 검은색 비율은 개체마다 다르다. 4~11월에 풀밭에서 관찰된다. 박주가리, 박하 등 식물의 즙을 빨아 먹는다. » 80

쌀미꾸리 종개과
몸은 원통형으로 길이가 짧고 통통하다. 주둥이는 짧고 뭉툭하고 입수염이 네 쌍 있다. 전체적으로 연한 갈색이며 등이 좀 더 진하다 몸에 매우 작은 반점들이 흩어져 있고, 수컷은 주둥이 끝에서 꼬리지느러미 부분까지 몸 옆면에 짙은 색의 가로줄이 있다. 물의 흐름이 느린 작은 하천, 농수로의 수초 지대에 살며 수서곤충, 실지렁이 등을 먹는다. » 117

쌍형꽃등에 꽃등에과
몸에 노란색 털이 빽빽하게 나 있다. 가슴과 배에 검은색의 넓은 띠가 있다. 6~8월에 산과 들에 핀 꽃이나 풀잎 위에서 관찰된다. » 105

쌕쌔기 여치과
더듬이는 적갈색이고 겹눈은 황백색이다. 암컷의 산란관은 녹색이며 뒷날개보다 길지 않다. 6~11월에 풀밭에서 관찰된다. 여러 가지 풀을 먹는다. '쌕-쌕-' 하고 울어서 '쌕쌔기'라고 한다. » 93

썩덩나무노린재 노린재과
썩은 나무의 색과 비슷하여 '썩덩나무노린재'라고 한다. 3~11월에 숲, 풀밭 등에서 관찰된다. 숲에서 흔히 볼 수 있는 종이지만 나무껍질에 앉아 있으면 찾기 힘들다. 풀이나 나무 열매의 즙을 빨아 먹는다. » 83

쏘가리 꺽지과
몸이 유선형이며 옆으로 납작하다. 주둥이는 길고 뾰족하며 입이 매우 크다. 등지느러미의 가시는 크고 강하다. 전체적으로 황갈색이고 검은색 반점이 흩어져 있다. 물이 맑고 바위와 자갈이 많은 큰 강이나 하천의 중·하류에 살며 물고기, 수서곤충, 새우류 등을 먹는다. 등지느러미의 가시로 쏜다는 뜻에서 '쏘가리'라는 이름이 붙었다. 쏘가리와 종이 같지만 몸에 황금색을 띠는 것은 '황쏘가리'라고 부른다. » 121

쏙 쏙과
가재와 비슷하게 생겼으나 배가 길어 전체적으로 갸름하게 보인다. 양쪽 집게다리는 크지 않고 모양이 같다. 모래가 많은 갯벌에 깊이 30센티미터 정도 구멍을 파고 살며, 밀물 때 나와서 먹이를 찾다가 위험을 느끼면 재빨리 갯벌 속으로 쏙 들어가서 붙인 이름이다. » 137

쏙독새 쏙독새과
여름 철새로 몸 전체가 흑갈색이며 회갈색 반점이 많아 지저분해 보인다. 땅에 앉아 있으면 위장이 잘 되어서 움직이지 않으면 찾기 힘들다. 부리가 작고 입 주변에 바늘과 같은 깃털이 있어 날아다니면서 먹이를 잡을 때 이용한다. 산림, 과수원 등에서 곤충류 특히 나방을 잡아먹는다. 밤에 "쏙쏙쏙쏙…" 또는 "쏙독, 쏙독" 하고 우는 소리에서 붙인 이름이다. » 190

쓰름매미 매미과
배 끝부분이 흰색이다. 6~9월에 공원이나 마을 주변, 야산 등에서 관찰되며 나무의 즙을 빨아 먹는다. '쓰-름 쓰-름' 하며 한 마리가 울기 시작하면 주변 수컷들이 함께 운다. '쓰름매미'는 이 울음소리에 따라 붙인 이름이다. » 85

아기늪서성거미 닷거미과
몸의 색깔과 무늬에 변이가 심하다. 3~9월에 산과 들에서 관목이나 풀숲 사이를 돌아다니며 먹이를 찾는다. 닷거미보다 작으며 한곳에 있지 않고 늪 주위를 자꾸 돌아다녀서 '아기늪서성거미'라고 한다. » 217
**비슷한 종: 닻표늪서성거미는 암컷의 외부 생식기가 닻 모양이다.

아기스라소니거미 스라소니거미과
몸은 황갈색이며 배에 암갈색의 하트 무늬가 있다. 5~8월에 산과 들이나 풀숲 등을 돌아다니며 먹이를 찾는다. 영어 이름을 그대로 해석해서 붙인 이름인데 우리말 스라소니는 살쾡이와 비슷한 고양이과의 동물이며, '아기'는 작다는 뜻이다. » 217

아무르불가사리 불가사리과
주로 항구에서 고기 그물에 걸려 딸려온 것을 관찰할 수 있다. 몸 위쪽은 밝은 노란색에서 자주색까지 다양한 색을 띠며 짧은 가시로 덮여 있다. 차가운 물을 좋아해 수심 100미터 정도 수온이 낮은 바다의 모랫바닥에서 관찰된다. 아무르 강 하구 바다에서 처음 관찰되어 붙인 이름이다. » 139

아무르장지뱀 장지뱀과
장지뱀은 도마뱀과 달리 비늘이 거칠고 뚜렷하게 보인다. 등 쪽은 황갈색과 적갈색이며 흑갈색 반점이 있다. 몸통 옆에는 콧구멍에서부터 검은색 줄무늬가 선명하다. 배 쪽은 회갈색, 담갈색이다. 뒷다리 허벅지 안쪽에 호르몬을 분비하는 구멍(서혜인공)이 있는데 보통 세 쌍에서 네 쌍이다. 산림, 계곡, 하천, 농경지 주변에서 곤충류, 거미류 등을 잡아먹는다. » 168

아시아실잠자리 실잠자리과
갓 날개돋이한 암컷은 주홍색을 띠며 성숙하면 녹색으로 변한다. 4~10월에 연못, 하천, 습지 등에서 관찰된다. 아시아 지역에서 관찰되어 '아시아실잠자리'라고 한다. » 99

아이누길앞잡이 딱정벌레과
몸은 광택이 나는 초록색 또는 붉은색이며 딱지날개에 황백색 무늬가 있으나 변이가 심하다. 4~6월에 하천가, 계곡 주변 등에서 관찰된다. 풀이 있는 마른 땅 위에서 생활하며 다른 곤충을 잡아먹는다. 학명(*Cicindela gemmata aino*) 가운데 *aino*를 따와 '아이누길앞잡이'라고 한다. » 64

알락꼬리마도요 도요과
나그네새로 부리는 매우 길고 아래로 휘어져 있다. 몸은 연한 갈색에 검은색 줄무늬가 있다. 마도요와 달리 꼬리에 줄무늬가 있어 '알락꼬리'라는 이름이 붙었다. 갯벌, 강 하구에서 갑각류, 갯지렁이, 어류, 조개류 등을 잡아먹는다. 멸종 위기 야생생물 2급이다. » 187

알락꼽등이 꼽등이과
날개는 없고 등이 굽어 있다. 몸은 갈색 바탕에 검은색 반점이 불규칙하게 있어 알록달록 하게 보여 '알락꼽등이'라고 한다. 1~12월에 창고, 헛간, 동굴 등 어둡고 습한 곳에서 주로 관찰된다. 죽은 동물, 식물 등을 먹는다. » 90

알락노랑불나방 불나방과
몸이 밝은 노란색이고 검은색 점줄무늬가 얼룩처럼 있어 '알락노랑불나방'이라고 한다. 6~8월에 풀밭이나 숲에서 주로 관찰되고 불빛에 잘 날아든다. 애벌레는 지의류, 솔이끼 등을 먹는다. » 59

알락도요 도요과
나그네새로 몸 윗부분은 회갈색에 흰색 반점이 있고 여름에는 더 선명해진다. 다리는 노란색이고 부리는 검은색이다. 논, 하천, 습지에서 수서무척추동물, 곤충류, 거미류 등을 잡아먹는다. 깃털에 흰 반점이 알록달록하다 하여 붙인 이름이다. » 186

알락수염노린재 노린재과
더듬이에 흰색과 검은색이 번갈아 있어 '알락수염노린재'라고 한다. 몸 전체에 회백색 털이 나 있다. 3~11월에 풀밭에서 주로 관찰된다. 식물의 즙을 빨아 먹는다. » 83

알락주홍불나방 불나방과
날개는 주홍색을 띠고 검은색 얼룩무늬가 있어 '알락주홍불나방'이라고 한다. 5~9월에 풀밭이나 숲에서 주로 관찰되고 불빛에 잘 날아든다. 애벌레는 여러 가지 식물을 먹는다. '불나방'은 불빛에 잘 모이는 나방이라는 뜻이다. » 59

알락하늘소 하늘소과
딱지날개에 흰점이 알록달록 퍼져 있어 '알락하늘소'라고 한다. 6~8월에 숲에서 관찰되며 버드나무, 자작나무 등을 먹는다. » 74

알락할미새 할미새과
여름 철새로 몸의 윗면과 꼬리는 검은색이고 배는 흰색이다. 얼굴과 이마는 흰색이고 가슴은 검은색이다. 하천, 하구, 해안에서 곤충류, 거미류 등을 잡아먹는다. » 188

알통다리꽃등에 꽃등에과
뒷다리 넓적다리마디가 알통처럼 부풀어 있어 '알통다리꽃등에'라고 한다. 5~10월에 산과 들에 핀 꽃에서 관찰된다. » 105

암끝검은표범나비 네발나비과
암컷의 날개 끝부분이 검은색이다. 3~11월에 남부 지방의 숲가나 풀밭 등에서 관찰된다. 애벌레는 제비꽃을 먹는다. 암컷의 날개 끝부분이 검은색인 표범나비라는 뜻으로 '암끝검은표범나비'라고 한다. » 54

암먹부전나비 부전나비과
암컷의 날개 윗면이 먹물처럼 검은색이라서 '암먹부전나비'라고 한다. 뒷날개에 꼬리 모양의 돌기가 있다. 4~10월에 숲가, 풀밭 등에서 관찰된다. 수컷은 활발하게 풀밭을 낮게 날아다닌다. 애벌레는 갈퀴나물을 먹는다. » 55

앞동갈베도라치 청베도라치과
몸이 가늘고 옆으로 납작한 형태이다. 머리를 포함한 앞쪽은 갈색 줄무늬가 선명하고 뒤로 갈수록 노란색이다. 주로 남해안의 깊지 않은 바다에서 관찰된다. 앞쪽 반만 갈색 줄무늬가 있는 베도라치라 하여 '앞동갈베도라치'라고 한다. » 143

앞붉은명나방 명나방과
펼친 날개의 앞쪽이 붉은색을 띠어 '앞붉은명나방'이라고 한다. 날개 색은 변이가 심하다. 6~8월에 풀밭에서 주로 관찰되고 불빛에 잘 모여든다. 애벌레는 콩, 팥, 칡 등을 먹는다. » 63

애기물방개 물방개과
몸은 타원형이며 전체적으로 연한 갈색에 아주 작은 검은색 반점이 흩어져 있다. 작은 점이 모여 생긴 줄이 두 개 있다. 논, 연못 등 흐름이 느린 곳에서 관찰되며 실지렁이, 올챙이 등 물속의 작은 동물을 먹는다. » 155

애기세줄나비 네발나비과
날개는 검은색 바탕에 흰색 줄이 세 개 있고 크기가 작아서 '애기세줄나비'라고 한다. 4~9월에 계곡, 숲가 등에서 볼 수 있다. 흰꽃을 좋아하고 습지에도 잘 앉는다. 애벌레는 등나무, 싸리나무, 칡 등의 잎을 먹는다. » 54

애매미 매미과
몸은 검은색 바탕에 녹색을 띤 줄무늬가 있다. 7~10월에 공원이나 마을 주변 숲에서 주로 관찰되며 나무의 즙을 빨아 먹는다. 울음소리는 '씨우츠 씨우츠르르르르'로 끝난다. 밤이 되면 불빛에 잘 날아든다. 덩치가 작아서 '애매미'라고 한다. » 85

애물결나비 네발나비과
날개 아랫면에 물결무늬가 있고 크기가 작아 '애물결나비'라고 한다. 5~9월에 숲가, 풀밭 등에서 관찰된다. 톡톡 튀듯이 날고 썩은 과일에 잘 모여든다. 애벌레는 벼, 억새 등을 먹는다. » 52~53

애사슴벌레 사슴벌레과
사슴벌레 가운데 덩치가 작아서 '애사슴벌레'라고 한다. 수컷의 큰턱은 비교적 가늘고 길며 수평으로 뻗는다. 6~9월에 활엽수의 수액이 흐르는 곳에서 주로 관찰된다. 애벌레는 썩은 오리나무, 떡갈나무 등을 먹는다. » 67

애우단풍뎅이 검정풍뎅이과
크기가 작으며, 우단(거죽에 곱고 짧은 털이 촘촘히 돋게 짠 비단)처럼 곱고 짧은 털이 빽빽하게 나 있어 '애우단풍뎅이'라고 한다. 7~10월에 산과 들, 풀밭 등에서 관찰된다. 낮에도 활발하게 활동하고 위험을 느끼면 죽은 척한다. 애벌레는 식물의 뿌리, 성충은 어린잎이나 꽃을 먹는다. » 67

애우묵날도래 KUa 애벌레 우묵날도래과
아주 작은 모래알갱이로 원뿔 모양의 집을 짓고 산다. 머리는 어두운 갈색이고 배는 흰색이다. 머리 위쪽에 그리 뚜렷하지 않은 반점이 있다. 계곡, 작은 하천의 여울 등에서 관찰된다. » 157

애홍점박이무당벌레 무당벌레과
크기가 작고 딱지날개에 붉은 점이 있어 '애홍점박이무당벌레'라고 한다. 4~10월에 벚나무 등의 나무에서 관찰되며 깍지벌레를 잡아먹는다. » 71

어름치 잉어과
몸 전체와 지느러미에 검은색 반점이 줄지어 있다. 입은 아래로 향해 있으며 입수염이 한 쌍 있다. 자갈이 깔린 깨끗한 하천의 중·상류에 살며 수서곤충, 작은 물고기, 새우 등을 잡아먹는다. 강바닥에 알을 낳고 알이 떠내려가지 않도록 주변의 자갈을 물어다 탑처럼 쌓아 올린다. 물속에서 헤엄칠 때 검은색 반점들이 어른어른거린다고 '어름치'라고 한다. 천연기념물 제259호이다. » 116

어리수검은깡충거미 깡충거미과
수컷이 검은색이고 크기가 작아 '어리수검은깡충거미'라고 한다. 배가 길다. 암컷은 배 윗면 양쪽에 암살색 줄무늬가 있으나 중간중간 끊어져 빈점치럼 보이기도 한다. 6~9월, 산과 들의 풀밭에서 관찰된다. » 220

어리장수잠자리 애벌레 측범잠자리과
몸은 둥근 형태로 배가 넓고 편평하다. 다리가 매우 길며 적갈색에서 흑갈색까지 색깔이 다양하다. 더듬이는 둥글고 넓다. 이동할 때 배에서 뒤로 물을 뿜어 빠르게 움직이기도 한다. 계곡, 하천, 연못 등에서 관찰되며 실지렁이, 수서곤충 등을 잡아먹는다. » 153

어리호박벌 꿀벌과
가슴은 황색 털로 덮여 있고 배는 검은색이다. 날개는 보랏빛이 감도는 검은색이다. 5~8월에 꽃을 옮겨 다니며 꽃가루와 꿀을 모은다. 호박벌보다 덩치가 작아 '어리호박벌'이라고 한다. » 102

어치 까마귀과
텃새로 '산까치'라고도 한다. 등은 회색이고 배는 연한 갈색이며 머리와 뒷목은 적갈색이다. 이마와 정수리에 검은색 줄무늬가 있고 부리 기부에 수염 모양으로 검은색 무늬가 있다. 매우 영리하여 다른 새들의 소리를 흉내 내기도 한다. 산림, 공원, 시골 마을에서 작은 동물, 열매, 씨앗, 도토리 등을 먹는다. 옛말 '언치'에서 '어치'가 되었다. » 192

얼룩날개모기류 애벌레 모기과
머리가 크고 가슴부가 하나로 합쳐져 넓으며 배 부분은 마디가 여러 개 있다. 주로 작은 물웅덩이나 물의 흐름이 없는 곳에서 관찰된다. 헤엄칠 때 장구를 치는 것처럼 몸을 움직여서 보통 모기류 애벌레를 '장구벌레'라고 부른다. » 156

얼룩동사리 동사리과
동사리와 비슷하나 등지느러미 중간과 등 쪽의 검은색 무늬가 끊어져 있다. 물 흐름이 느리고 모래나 자갈이 많은 하천의 중·상류에 살며 물고기, 수서곤충, 갑각류 등을 먹는다. » 122

얼룩뱀잠자리 뱀잠자리과
날개에 검은색 얼룩무늬가 있어 '얼룩뱀잠자리'라고 한다. 성충은 6~8월에 하천 주변에서 관찰된다. 애벌레는 물속에 살며 하루살이, 강도래 등 작은 동물을 잡아먹는다. » 108

얼룩장다리파리 장다리파리과
날개에 검은색 얼룩무늬가 있고 다리가 길어 '얼룩장다리파리'라고 한다. 4~10월에 숲이나 풀밭에서 관찰된다. 꽃의 꿀, 수액 등을 먹는다. » 107

에사키뿔노린재 뿔노린재과
앞가슴등판 양 끝이 뾰족하다. 작은방패판에 황백색 하트 무늬가 있다. 4~11월에 숲, 산기슭 등에서 관찰된다. 층층나무, 말채나무 등의 수액을 빨아 먹는다. 처음 발견한 사람의 이름을 따서 '에사키뿔노린재'라고 한다. » 80
**비슷한 종: 노랑무늬뿔노린재

여덟혹먼지거미 왕거미과
돌기가 배 앞쪽에 두 개, 뒤쪽에 여섯 개로 배 부분에 모두 여덟 개가 있어 '여덟혹먼지거미'라고 한다. 5~9월에 산기슭 등에서 수직 둥근 그물 가운데에 먹이 찌꺼기, 허물 등을 세로로 길게 붙이고 그 속에 숨어 있다. » 215

여우깡충거미 깡충거미과
몸은 흑갈색 바탕에 흰색, 갈색 등의 털이 복잡한 무늬를 이룬다. 5~10월에 산과 들에서 나뭇가지나 잎 위를 돌아다니며 먹이를 찾는다. 학명(*Pseudicius vulpes*) 가운데 *vulpe*가 '여우'라는 뜻이라 '여우깡충거미'라고 한다. » 221

여치 여치과
앞날개 옆면은 밝은 녹색이고 검은색 점줄이 뚜렷하다. 앞날개는 넓적다리마디를 넘지 않는다. 6~10월에 산기슭, 풀밭, 덤불 등에서 관찰된다. 식물과 곤충류를 먹는다. » 91

연가시 연가시과
몸이 지름 2~3밀리미터 이하로 가늘고 긴 철사 모양이라 '철사충'이라고도 한다. 보통 수서곤충이나 사마귀, 메뚜기, 딱정벌레 몸속에 기생하여 성충으로 자란다. 산란기가 되면 숙주를 물가로 유인하여 물에 빠져 죽게 한 뒤 숙주 몸을 뚫고 나와 물에서 알을 낳는다. 맑은 하천, 계곡, 저수지 등에서 관찰된다. » 148

연날개수염치레각날도래 애벌레 각날도래과
몸은 원통형이며 녹색 빛이 도는 갈색이다. 머리는 폭이 좁고 길며, 머리와 앞가슴에 검은색 점이 있다. 배 끝에 항문아가미 다섯 개가 다발 형태로 있다. 맑고 깨끗한 계곡, 작은 하천 등에서 관찰된다. » 156

연두어리왕거미 왕거미과
배는 연두색이며 앞쪽에 황색 테두리 무늬가 있다. 7~10월에 산기슭이나 풀숲 등에서 수직으로 둥근 그물을 치고 먹이를 기다린다. 낮에는 잎사귀 뒤에 숨어 있다. 몸 색이 연두색이고 크기가 작은 왕거미류이므로 '연두어리왕거미'라고 한다. » 214

열점박이노린재 노린재과
황갈색 바탕의 몸에 검은색 점이 열 개 있어 '열점박이노린재'라고 한다. 어깨 부분이 앞으로 크게 휘어 있다. 4~10월에 숲의 활엽수에서 관찰된다. » 83

열점박이별잎벌레 잎벌레과
딱지날개에 검은색 점이 열 개 있어 '열점박이별잎벌레'라고 한다. 덩치 큰 무당벌레처럼 생겼다. 3~11월에 포도나무나 담쟁이덩굴 등에서 관찰된다. » 78

엽낭게 달랑게과
몸이 둥글며 황갈색을 띤다. 집게다리로 모래에 있는 규조류를 걸러 먹고 모래 구슬을 만들어 놓는다. 집게발은 양쪽 크기가 같다. 하구나 모래 갯벌 등에서 관찰된다. » 135

옆새우류 옆새우과
몸이 옆으로 납작하고 등이 매우 굽어 있다. 몸은 회백색, 갈색 등으로 서식지에 따라 다양하고 마디가 여러 개로 되어 있다. 물이 맑은 계곡, 골짜기의 작은 하천 등에서 관찰된다. 옆으로 누워서 헤엄을 치기 때문에 붙인 이름이다. » 150

오각게거미 게거미과
몸은 갈색이며 배의 뒤쪽이 넓은 오각형이라 '오각게거미'라 한다. 수컷은 앞쪽 두 쌍의 다리가 매우 길다. 5~8월에 산과 들에서 관목이나 풀잎 위에서 먹이를

기다린다. » 218

오리나무잎벌레 잎벌레과
오리나무 잎을 먹어 '오리나무잎벌레'라고 한다. 몸은 어두운 남색에 광택이 있다. 5~8월에 오리나무 잎이나 그 주변에서 관찰된다. » 79

오목눈이 오목눈이과
텃새로 꼬리가 검고 길다. 이마에서 뒷머리까지는 흰색이며, 폭이 넓은 검은색 눈선이 등까지 이어진다. 목과 가슴은 흰색이고 날개깃은 검은색이다. 산림, 공원에서 곤충류, 씨앗 등을 먹는다. 눈 주변이 오목하게 들어가 있어 붙인 이름이다. » 191

오색딱다구리 딱다구리과
텃새로 등은 검은색에 흰색 무늬가 있고 어깨깃에는 커다란 하얀 반점이 있다. 배는 붉은색이고 수컷은 뒷머리에도 붉은색이 있다. 우거진 산림, 활엽수림에서 곤충류, 거미류, 열매나 씨앗 등을 먹는다. 붉은색, 흰색, 검은색 등 색이 다양하여 붙인 이름이다. » 192
** 비슷한 종: 큰오색딱다구리는 가슴과 옆구리에 흑갈색 줄무늬가 있다.

오스트리아꽃등에 꽃등에과
몸은 검은색이고 날개에 검은색 반점이 있다. 배는 납작하고 안쪽으로 말려 있는 것 같은 느낌이다. 4~9월에 산과 들에 핀 꽃이나 풀잎 위에서 관찰된다. 학명(*Pipiza austriaca*) 가운데 *austriaca*가 '오스트리아'라는 뜻이라 '오스트리아꽃등에'라고 한다. » 104

올빼미 올빼미과
텃새로 몸이 전체적으로 회색이며 검은색 줄무늬가 있다. 눈은 검은색이며 부리는 연한 노란색이다. 올빼미는 부엉이와 달리 머리 위쪽에 뿔 모양의 귀깃이 없다. 산림이나 시골 마을 주변의 굵은 나무 구멍에서 번식하며 중·소형 포유류, 조류, 양서류, 파충류 등을 잡아먹는다. 몸 색이 옻나무와 비슷하여 옻나무를 뜻하는 '옫'과 밤에 활동하여 '밤'이 더해져 '올바미'로 불리다가 '옷바미', '올밤이'를 거쳐 '올빼미'가 되었고, 또 올(울다) + 바미(밤), 밤에 우는 새라는 뜻으로 '올빼미'가 되었다고도 한다. 천연기념물 제324-1호, 멸종 위기 야생생물 2급이다. » 190

옴개구리 개구리과
등은 진한 흑갈색에 검은색 무늬가 있으며 크고 작은 돌기로 덮여 있다. 배 쪽에도 검은색 반점이 있다. 대부분 물속에서 생활하고 멀리 이동하지 않는다. 보통 개구리와 달리 이 올챙이는 이듬해 개구리로 탈바꿈한다. 계곡, 하천, 웅덩이에서 곤충류, 거미류 등을 잡아먹는다. 등에 덮여 있는 돌기가 피부병의 하나인 '옴'에 걸린 것 같다고 하여 붙인 이름이다. » 167

왕갈고리나방 왕갈고리나방과
앞날개 끝이 갈고리처럼 구부러졌으며 크기가 커서 '왕갈고리나방'이라고 한다. 5~9월에 관찰되며 애벌레는 박쥐나무의 잎을 먹는다. » 61

왕거위벌레 거위벌레과
다른 거위벌레보다 덩치가 커서 '왕거위벌레'라고 한다. 머리와 가슴은 검은색이다. 딱지날개는 적갈색이고 기부는 암갈색이다. 5~8월에 상수리나무, 떡갈나무 등의 잎을 말고 그 속에 알을 낳는다. » 75

왕귀뚜라미 귀뚜라미과
머리가 크고 둥글다. 겹눈 위쪽과 이마를 지나는 흰 띠무늬가 있다. 7~11월에 풀밭에서 관찰되며 식물성, 동물성을 가리지 않고 먹는다. 귀뚜라미 중 덩치가 커서 '왕귀뚜라미'라고 한다. » 90

왕깡충거미 깡충거미과
몸은 적갈색 바탕에 흰색과 검은색 따위의 털이 많이 나 있다. 5~11월에 건물 벽이나 나무껍질 등에서 먹이를 찾는다. 깡충거미류 가운데 큰 편이라 '왕깡충거미'라고 한다. » 220

왕꽃등에 꽃등에과
몸은 검은색이며 통통해 보인다. 배의 첫째 마디가 오렌지색이다. 4~11월에 산과 들에 핀 꽃에서 관찰된다. 꽃의 꿀을 먹는다. 꽃등에류 가운데 덩치가 커서 '왕꽃등에'라고 한다. » 105

왕바구미 왕바구미과
우리나라에 사는 바구미류 가운데 가장 커서 '왕바구미'라고 한다. 4~6월에 숲에서 관찰되며 떡갈나무, 소나무 등을 먹는다. » 76

왕바다리 말벌과
4~10월에 마을 주변, 공원, 숲 등에서 관찰된다. 건물의 처마에 종 모양으로 집을 짓는다. 곤충의 애벌레 등을 잡아먹는다. '바다리'는 쌍살벌류를 통틀어 가리키는 우리말이며, 덩치가 커서 '왕바다리'라고 한다. » 101

왕빗살방아벌레 방아벌레과
덩치가 크며 빗살 모양의 더듬이가 있어 '왕빗살방아벌레'라고 한다. 5~8월에 풀밭이나 나뭇잎에서 곤충의 애벌레 등을 잡아먹는다. 몸이 뒤집히면 몸을 활처럼 구부렸다가 툭 튀어 오르는데 그 모습이 방아를 찧는 듯하다고 하여 '방아벌레'라고 한다. » 70

왕사마귀 사마귀과
뒷날개를 펼치면 보랏빛을 띤 갈색 무늬가 있다. 8~10월에 숲 가장자리, 풀밭 등에서 관찰된다. 곤충이나 작은 동물을 잡아먹는다. 사마귀류 가운데 덩치가 커서 '왕사마귀'라고 한다. » 94

왕사슴벌레 사슴벌레과
사슴벌레 가운데 덩치가 커서 '왕사슴벌레'라고 한다. 수컷의 큰턱은 굵고 둥글게 안쪽으로 구부러져 있다. 6~9월에 활엽수의 수액이 흐르는 곳에서 주로 관찰된다. 참나무 수액, 익은 과일 등을 먹는다. » 66

왕실잠자리 실잠자리과
수컷은 배 끝 세 마디(제8~제10배마디)가 청색이며 그 위에 브이(V) 자 모양의 검은색 무늬가 있다. 5~9월에 연못, 하천 등에서 관찰된다. » 100

왕어리두줄깡충거미 깡충거미과
덩치가 크고 배 양쪽에 넓은 암갈색 줄무늬가 한 쌍 있어 '왕어리두줄깡충거미'라고 한다. 6~9월에 풀밭의 풀잎이나 나무 위에서 관찰된다. » 220

왕오색나비 네발나비과
날개 윗면 안쪽이 짙은 보라색이다. 6~8월에 산길 주변의 꽃이나 참나무 수액, 썩은 과일, 똥 등에서 관찰된다. 애벌레는 팽나무, 풍게나무 등의 잎을 먹는다. 청색, 황색, 적색, 백색, 흑색의 다섯 가지 색을 가진 나비 중 가장 큰 나비라서 '왕오색나비'라고 한다. » 54

왕우렁이 사과우렁이과
껍데기는 갈색이고 짙은 색의 줄무늬가 있다. 외래종으로 토종 논우렁이보다 껍데기가 약하고 더듬이는 긴 편이다. 물가 주변의 풀이나 돌에 분홍색의 알덩이를 붙여서 낳는다. 연못, 하천, 저수지, 논 등에서 관찰된다. 토종 논우렁이보다 커서 이름에 '왕' 자가 붙었다. » 148

왕자팔랑나비 팔랑나비과
수컷은 종아리마디에 긴 털다발이 있다. 5~9월에 숲가, 풀밭 등에서 관찰된다. 앉을 때 나방처럼 날개를 펼친다. 애벌레는 마, 단풍마 등을 먹는다. 대왕팔랑나비나 왕팔랑나비와 비슷한데 크기가 작아 '왕자팔랑나비'라고 한다. » 56

왕잠자리 왕잠자리과
가슴이 녹색이다. 4~10월에 연못, 저수지 등에서 볼 수 있다. 수컷은 연못가를 빠르게 날아다니며 영역을 지킨다. 날아다니는 곤충을 잡아먹는다. 덩치가 커서 '왕잠자리'라고 한다. » 95

왕잠자리 애벌레 왕잠자리과
몸은 긴 원통형이며 갈색 또는 짙은 갈색이다. 등 쪽에 밝은색 세로 줄무늬가 있고 꼬리가 뾰족하다. 머리에 큰 눈이 튀어나와 있다. 이동할 때 배에서 뒤로 물을 뿜어 빠르게 움직인다. 저수지, 하천, 연못 등에서 관찰된다. » 152

왕좁쌀무늬고둥 좁쌀무늬고둥과
껍데기는 적갈색이고 단단하며 표면에 큰 돌기가 있다. 주로 동물의 사체를 먹는데 떼로 몰려와 먹이를 먹는 모습을 볼 수 있다. 진흙 갯벌, 모래 갯벌 등을 빠르게 기어 다니며 죽은 동물을 찾아 먹는다. 껍데기에 좁쌀 같은 큰 돌기가 있어 붙인 이름이다. » 130

왕주둥이바구미 바구미과
몸은 암갈색이고 연두색 가루로 덮여 있으며 만지면 가루가 벗겨진다. 4~10월에 활엽수림에서 관찰되며 떡갈나무, 밤나무 등의 잎을 먹는다. » 76

왕침노린재 침노린재과
몸은 갈색이며 짧은 황색 털로 덮여 있다. 앞가슴등판 양 끝이 세모 모양으로 튀어나와 있다. 4~11월에 산기슭, 공원 등에서 관찰된다. 손으로 잡으면 주둥이로 찌르기도 한다. 주둥이가 침처럼 뾰족하고 덩치가 커서 '왕침노린재'라고 한다. » 85

왕통거미(등가시통거미) 굳은몸통거미과
덩치가 커서 '왕통거미'라고 하고 등에 가시가 있어 '등가시통거미'라고도 한다. 계곡 주변이나 숲 속 등 그늘진 곳에서 주로 관찰된다. » 221

왕파리매 파리매과
몸은 황갈색 또는 적갈색이다. 겹눈은 녹색과 적갈색으로 광택이 있다. 6~9월에 풀밭 등에서 볼 수 있다. 곤충을 잡아먹는다. 파리매류 가운데 덩치가 커서 '왕파리매'라고 한다. » 107

왕풍뎅이 검정풍뎅이과
덩치가 매우 커서 '왕풍뎅이'라고 한다. 7~9월에 활엽수림에서 관찰되며 참나무 잎이나 수액 등을 먹는다. 애벌레가 땅속에서 사과나무, 배나무 등의 뿌리를 먹어 과수원에 피해를 준다. » 67

왜가리 백로과
텃새로 몸과 날개는 회색이고 목은 흰색이다. 목 앞쪽으로 검은색 줄무늬가 두 줄 있다. 머리에 눈선과 연결된 검은색 댕기깃이 있다. 부리와 다리는 노란색이다. 하천, 논, 하구, 해안 등에서 어류와 양서류를 주로 먹는다. '왝- 왝-' 하며 우는 새라는 뜻으로 '왜가리'라고 한다. » 184

왜매치 잉어과
몸은 원통형이며 머리가 뭉툭하다. 주둥이는 둥글고 입은 아래를 향하고 입술이 발달해 있다. 매우 짧은 입수염이 한 쌍 있다. 등 쪽은 노란 갈색이고 몸에 검은색 큰 반점이 있다. 물의 흐름이 느리고 바닥에 모래와 펄이 있는 하천 중·하류에서 떼 지어 생활하며 부착 조류, 수서곤충, 유기물 등을 먹는다. » 116

왜몰개 잉어과
몸은 짧고 작다. 주둥이가 뭉툭하고 입수염은 없으며 머리가 작다. 몸은 푸른 갈색이거나 황갈색이고 몸 옆면에 짙은 갈색으로 가로줄이 희미하게 있다. 물의 흐름이 느린 하천, 수로, 저수지 등에서 떼 지어 생활하고 수서곤충, 갑각류, 수생 미생물 등을 먹는다. 몰개류 가운데 크기가 작다고 하여 붙인 이름이다. » 117

왼돌이물달팽이 왼돌이물달팽이과
껍데기는 긴 달걀형이며 진한 갈색 또는 적갈색에 밝은색 점무늬가 있다. 더듬이는 검고 가늘며 길다. 물달팽이와 더불어 오염이 심한 곳에서도 잘 살아남는다. 물의 흐름이 느린 논, 농수로, 연못 등에서 관찰된다. 우리나라 달팽이류 가운데 껍데기가 유일하게 왼쪽으로 꼬여 있어 붙인 이름이다. » 149

우리가시허리노린재 허리노린재과
어깨에 가시 모양의 돌기가 솟아 있다. 4~11월에 산기슭, 풀밭 등에서 관찰된다. 벼나 보리 이삭에서 즙을 빨아 피해를 주기도 한다. » 81

우리목하늘소 하늘소과
앞가슴 양쪽에 가시돌기가 나 있는 것이 특징이다. 딱지날개에 넓은 띠무늬가 두 개 있다. 6~8월에 활엽수림에서 관찰된다. 애벌레는 떡갈나무, 신갈나무 등을 먹는다. » 74

우리벼메뚜기 메뚜기과
논, 습지 주변의 풀밭에서 흔히 볼 수 있고 벼 잎을 갉아먹는다. 벼 잎을 갉아먹는다 하여 '우리벼메뚜기'라고 한다. » 88

우묵날도래 우묵날도래과
더듬이가 길고 날개맥이 발달해 있다. 4~8월에 하천 주변에서 볼 수 있다. 애벌레는 물속의 나뭇가지를 실로 붙이고 원통형의 집을 만들어 몸을 보호한다. 물속 낙엽 등을 먹는다. » 109

우산석회관갯지렁이 석회관갯지렁이과
딱딱한 석회질로 원통형 또는 똬리 형태의 집을 만들어 그 속에서 살아간다. 갯벌의 갯바위 또는 수심 5미터 정도 물속에서 관찰된다. 먹이 활동을 할 때 석회관에서 나오는 모양이 우산처럼 보여 붙인 이름이다. » 140

원앙 오리과
텃새로 수컷은 머리와 뺨에 늘어진 댕기깃이 있고 선명한 노란색을 띤 부채 모양의 장식깃이 있다. 암컷은 갈색 바탕에 회색 얼룩이 있고 배는 흰색이다. 계곡, 저수지, 하구 등에서 연체동물, 갑각류, 도토리 등을 먹는다. 한자어를 그대로 이름으로 삼았다. 천연기념물 제327호이다. » 179

유리딱새 딱새과 → 솔딱새과
나그네새로 수컷은 흰색의 눈썹선이 있고 머리와 등은 푸른색이고 배와 옆구리는 붉은색이다. 암컷은 눈썹선이 없고 몸 윗부분이 회갈색이다. 산림, 공원 등에서 나무열매, 곤충류, 갑각류 등을 먹는다. 딱새와 비슷하고 유리(보석의 한 종류)처럼 푸른색을 띠고 있어 붙인 이름이다. » 197

유리산누에나방 산누에나방과
각각의 날개 가운데 둥글고 투명한 막이 유리처럼 보이고 산에 사는 누에나방이라는 뜻으로 '유리산누에나방'이라고 한다. 7~11월에 활엽수림에서 볼 수 있다. 애벌레는 여러 가지 활엽수의 잎을 먹는다. » 58

유리창떠들썩팔랑나비 팔랑나비과
암컷은 암갈색 바탕에 주황색 무늬가 있다. 수컷은 앞날개 가운데에 띠무늬의 검은색 성표가 있다. 앞날개에 유리창처럼 반투명한 무늬가 있으며 활발하게 날아다니는 모습이 주변을 들썩이게 하는 것 같다고 하여 '유리창떠들썩팔랑나비'라고 한다. 6~8월에 산지나 농경지 주변의 풀밭에서 관찰되며 물가나 새똥 등에도 잘 모인다. » 56

유지매미 매미과
날개는 불투명하고 갈색, 검은색 등으로 얼룩무늬를 띤다. 7~9월에 숲이나 공원 등에서 관찰되며 나무의 수액을 빨아 먹는다. 지글지글 기름이 끓는 것 같은 소리를 내어 '유지매미'라고 한다. '유지'는 기름을 뜻하는 한자어이다. » 85

유혈목이 뱀과
개체에 따라 색깔 변이가 심하다. 등 쪽은 녹색 바탕에 검은색 반점과 적색, 황적색 무늬가 뚜렷하게 대비를 이룬다. '꽃뱀'이라고 불리기도 한다. 우리나라에서 가장 흔하게 관찰되는 뱀이다. 산림, 하천, 호수, 습지, 농경지, 초지에서 어류, 설치류, 양서류 등을 잡아먹는다. 또한 두꺼비를 먹고 두꺼비의 독을 몸에 축적해 독을 만드는 신비로운 뱀이다. 목 부근에 핏

빛의 붉은색 무늬가 있어 붙인 이름이라는 의견이 있다. » 169

육점박이범하늘소 하늘소과
몸은 녹황색을 띠며 딱지날개에 검은색 점무늬가 여섯 개 있어 '육점박이범하늘소'라고 한다. 6~7월에 여러 가지 꽃에 모여 꽃가루를 먹는다. » 74

은어 바다빙어과
몸이 길고 옆으로 홀쭉하다. 머리는 큰 편이고 주둥이는 뾰족하며 입술이 두툼한 것이 특징이다. 전체적으로 은색이고 등은 청갈색이며 배 쪽은 노란색이다. 어릴 때는 연안으로 나가 겨울을 지내고 이듬해 봄에 하천으로 다시 올라와 생활하다가 산란기에 하구로 내려간다. 어릴 때는 해양 플랑크톤을 먹고 담수 하천에서는 부착 조류, 미생물을 먹는다. 배 부분이 은색을 띤다 하여, 또 주둥이의 턱뼈가 은처럼 하얘서 붙인 '은구어'라는 이름에서 유래했다고도 한다. » 119

이끼도롱뇽 미주도롱뇽과
등 쪽은 적갈색과 암갈색이고 황색의 작은 반점이 줄무늬처럼 나 있다. 몸 옆면에는 흰색의 작은 반점이 있다. 머리가 뾰족한 편이고 눈은 작지만 튀어나왔다. 우리나라 도롱뇽 중에서 허파가 없어 피부로 호흡하는 특이한 종이다. 이끼가 많은 산림 계곡, 바위 등 울창한 산림에서 개미, 지렁이, 곤충류, 거미류 등을 잡아먹는다. 이끼가 많은 환경에서 관찰되어 붙인 이름이다. » 164

이나노대모꽃등에 꽃등에과
배는 노란색과 검은색 줄무늬로 되어 있어 말벌처럼 보인다. 애벌레는 땅속에 집을 짓는 말벌류와 뒤영벌 등의 집에서 청소부 역할을 한다. 6~8월에 참나무 수액이 흐르는 곳에서 관찰된다. » 104

이마무늬송장벌레 송장벌레과
이마 한가운데에 붉은색 점무늬가 있어 '이마무늬송장벌레'라고 한다. 딱지날개에는 주황색 무늬가 있다. 5~6월에 평지에서 주로 관찰되며 죽은 동물을 먹는다. » 66

이스라엘잉어(향어) 잉어과
잉어를 개량한 품종으로, 양식하기 위해 외국에서 들여와 우리나라 전역에 서식한다. 전체적으로 약간 노란빛을 띠고 있으며, 등지느러미 주변에만 큰 비늘이 있고 입수염이 두 쌍 있다. 주로 물이 흐르지 않고 바닥이 펄인 호수나 하천에 살며 조개류, 풀씨, 수서곤충, 수초 등을 먹는다. '향어'는 향기가 나는 물고기라는 뜻인데 양식업자들이 선전하기 위해 붙인 이름이라고 한다. » 114

인도볼록진딧물 진딧물과
주홍색 몸에 흰색 가루가 덮여 있기도 한다. 4~10월에 풀밭에서 관찰되며 원추리, 나리, 새콩 등의 즙을 빨아 먹는다. 식물의 잎과 줄기에 피해를 준다. 인도에서 처음 관찰되었고 생김새가 볼록한 진딧물이라는 뜻으로 '인도볼록진딧물'이라고 한다. » 87

일본날개매미충 큰날개매미충과
앞날개는 부채처럼 넓고 투명한 띠무늬가 두 개 있다. 6~10월에 칡이 있는 곳에서 생활하며 칡의 즙을 빨아 먹는다. 일본에서 처음으로 관찰되어 '일본날개매미충'이라고 한다. » 86

일본왕개미 개미과
3~10월에 공원, 공터 등에서 볼 수 있으며, 집은 주로 돌 밑이나 공터의 후미진 땅에 짓는다. 우리나라에서 가장 큰 개미이나. 동물이나 진딧물의 분비물 등을 먹는다. 덩치가 크고 일본에서 처음 관찰되어 '일본왕개미'라고 한다. » 103

일본통거미 굳은몸통거미과
크기가 작고 다리는 매우 길다. 숲 속에 있는 나무줄기나 땅 위, 풀잎 위를 돌아다니며 작은 곤충을 잡아먹는다. 학명(*Leiobunum japonicum*) 가운데 *japonicum*이 '일본'이라는 뜻이라 '일본통거미'라고 한다. » 221

잉어 잉어과

붕어와 생김새가 비슷하나 몸이 더 갸름하고 몸의 높이가 낮으며 입수염이 두 쌍 나 있다. 몸은 노란빛을 띤 갈색이고 배 쪽은 밝은색이다. 큰 강의 중·하류나 호수, 늪, 저수지 등 물이 많은 곳에 살며 새우, 어류, 수서곤충 등을 잡아먹는다. 한자어 '리어'에서 잉어로 변한 이름이라고 하며, 또 민물고기 중 왕이라 하여 '임금어'로 부르다가 잉어로 바뀌었다고도 한다.
» 114

ㅈ

자가사리 퉁가리과

몸이 길며 앞쪽은 둥글고 뒤쪽은 옆으로 납작하다. 머리와 주둥이는 크고 납작하다. 윗입술이 아랫입술보다 많이 튀어나와 있고 긴 입수염이 네 쌍 있다. 몸은 황갈색이고 각 지느러미 가장자리에 밝은색 테두리가 있다. 비늘이 없고 야행성이다. 물이 맑고 바위와 자갈이 많은 하천의 상류에 살며 작은 물고기, 올챙이, 수서곤충 등을 잡아먹는다. » 119

자라 자라과

등딱지는 암갈색, 황갈색이고 검은색 반점이 있고 가장자리는 말랑말랑하다. 배는 흰색, 노란색을 띤다. 목이 길고 코가 길게 튀어나왔다. 하천, 저수지 등에서 작은 물고기, 게, 새우, 양서류를 잡아먹는다. » 167

자루측범잠자리 측범잠자리과

가슴 옆면에 검은색 줄무늬가 호랑이 무늬며 가운데 줄무늬는 짧다. 5~9월에 하천 중류의 자갈과 모래가 있는 곳에서 관찰된다. 날아다니는 곤충을 잡아먹는다. » 95

작은검은꼬리박각시 박각시과

낮 동안 꽃을 옮겨 다니며 꿀을 빤다. 7~10월에 꽃이 피어 있는 곳에서 관찰되며 크기가 작고 배 끝에 검은색 털뭉치가 꼬리처럼 달려 있어 '작은검은꼬리박각시'라고 한다. » 59

작은멋쟁이나비 네발나비과

앞날개 끝 부분에 검은색과 흰색 무늬가 있다. 4~11월에 산, 공원, 하천 주변 등 꽃이 있는 곳에서 흔히 관찰된다. 애벌레는 엉겅퀴, 쐐기풀 등을 먹는다. 크기가 작고 한껏 멋을 낸 것처럼 색이 화려해서 '작은멋쟁이나비'라고 한다. » 53

작은모래거저리 거저리과

딱지날개에 세로줄이 있고 줄 사이로 불규칙한 검은색의 돌기가 있다. 마치 몸에 모래가 묻어 있는 것처럼 보여 '작은모래거저리'라고 한다. 4~10월에 산이나 밭의 땅 위를 기어 다닌다. » 75

작은주홍부전나비 부전나비과

3~10월에 길가, 풀밭 등 꽃이 있는 곳에서 흔하게 관찰된다. 애벌레는 애기수영, 소리쟁이 등을 먹는다. 날개 색은 주홍색이며 크기가 작아 '작은주홍부전나비'라고 한다. » 55

잔가시고기 큰가시고기과

몸이 유선형이며 옆으로 납작하고 몸통 끝 부분이 가늘다. 주둥이는 뾰족하고 눈이 크다. 전체적으로 짙은 갈색의 몸에 갈색 무늬가 있다. 등에는 검은색 막으로 연결된 가시가 9~10개 있다. 동해로 흐르는 하천의 중·하류에 살며 바다로 나가지 않는다. 물벼룩, 깔따구, 실지렁이 등을 잡아먹는다. » 120

잔날개여치 여치과

날개가 짧아 '잔날개여치'라고 한다. 앞가슴등판 옆면 뒤쪽에 흰색 테두리 무늬가 있다. 5~9월에 하천 등 물기가 많은 풀밭에서 관찰된다. 여러 가지 풀을 먹는다. » 92

잔산잠자리 애벌레 잔산잠자리과
전체적으로 넓고 납작하며 다리가 매우 길다. 몸은 옅은 갈색 바탕에 진한 흑갈색 무늬가 있다. 머리는 큰 편이고 눈이 돌기처럼 튀어나와 있고 더듬이 사이에 가시 모양의 돌기가 있다. 계곡, 하천, 저수지 등에서 관찰된다. » 153

잠자리각다귀 각다귀과
다리가 매우 가늘고 길다. 4~10월에 숲, 공원, 산기슭 등에서 관찰된다. 커다란 모기처럼 보이지만 사람을 물지 않는다. 성충은 먹이를 먹지 않는다. 잠자리처럼 날개가 길어 '잠자리각다귀'라고 한다. » 106

장구애비 장구애비과
몸은 길고 납작한 모양이며 어두운 갈색이다. 머리가 작고 뭉툭하고 앞다리는 낫 모양으로 다리 안쪽에 가시돌기가 있다. 배 끝에는 몸길이와 비슷한 호흡관 한 쌍이 꼬리처럼 있다. 물의 흐름이 없는 하천, 저수지, 연못 등에서 관찰된다. 큰 앞다리로 헤엄치는 모습이 장구 치는 것 같다고 하여 붙인 이름이다. » 154

장수갈거미 갈거미과
다리가 길고 가시털이 많다. 배 모양은 긴 원통형이며 황갈색 바탕에 은빛 비늘무늬가 있다. 5~10월에 산과 들이나 계곡 주변 등에서 수평 둥근 그물을 치고 먹이를 기다린다. 갈거미류 가운데 덩치가 큰 편이어서 '장수갈거미'라고 한다. » 216

장수꼽등이 꼽등이과
날개는 없고 등이 굽어 있다. 몸은 광택이 나는 흑갈색이다. 덩치가 크고 우람하여 '장수꼽등이'라고 한다. 성충은 6~10월에 밤에 숲 바닥에서 주로 관찰되고 낮에는 돌 밑, 바위틈, 썩은 나무 속 등에 들어가서 쉰다. » 90

장수말벌 말벌과
우리나라에 서식하는 벌 중에서 가장 크다. 4~10월에 마을 주변, 야산 등에서 관찰된다. 매우 공격적이며 독침이 강해 쏘이면 위험하다. 곤충, 과일즙, 나무 수액 등을 먹고 애벌레에게는 곤충을 사냥해서 경단으로 만들어 먹인다. 덩치가 크고 우람해서 '장수말벌'이라고 한다. » 101

장수잠자리 장수잠자리과
우리나라 잠자리 가운데 가장 크고 우람하여 '장수잠자리'라고 한다. 6~9월에 작은 하천에서 주로 관찰된다. 하천을 왕복 비행하며 영역 활동을 한다. 날아다니는 곤충을 잡아먹는다. » 95

장수풍뎅이 장수풍뎅이과
풍뎅이 가운데 덩치가 크고 힘이 장수처럼 세서 '장수풍뎅이'라고 한다. 수컷은 머리에 끝이 갈라진 사슴뿔 모양의 커다란 뿔이 있다. 7~8월에 활엽수림의 수액이 흐르는 곳에서 주로 관찰된다. 발톱이 날카로워서 나무껍질 같은 곳에 잘 붙는다. 애벌레는 썩은 식물, 성충은 참나무 수액, 과일 등을 먹는다. » 67

장수하늘소 하늘소과
몸은 적갈색이다. 6~9월에 서어나무, 참나무 등이 있는 숲에서 매우 드물게 관찰된다. 덩치가 크고 우람하여 '장수하늘소'라고 하는데 동아시아에서 가장 큰 하늘소이다. 멸종 위기 야생생물 1급이다. » 72

장수허리노린재 허리노린재과
몸 전체에 짧은 황갈색 털이 빽빽하게 나 있다. 뒷다리 넓적다리마디가 통통하게 부풀어 있다. 4~10월에 산기슭 풀밭 등에서 관찰된다. 족제비싸리, 개싸리 등의 즙을 빨아 먹는다. 덩치가 크고 우람하여 '장수허리노린재'라고 한다. » 81

재갈매기 갈매기과
겨울 철새로 등은 회백색에서 진한 회색이며 다리는 분홍색이다. 부리는 노란색이고 끝에 붉은 점이 있다. 해안, 항구, 하구에서 어류, 갑각류, 무척추동물 등을 잡아먹는다. '끼룩, 끼룩' 하고 우는 대표적인 갈매기로 몸 색이 잿빛(회색)이어서 '재갈매기'라고 한다. » 187

재두루미 두루미과
겨울 철새로 몸은 회색이고 머리와 뒷목은 흰색이다. 몸 아래는 진한 회색이고 눈 주변으로 피부가 드러나 붉은색을 띠는 것이 특징이다. 철원, 연천, 파주, 주남 등의 농경지, 하구, 갯벌 등에서 씨앗, 열매, 어류, 양서류, 곤충류 등을 먹는다. 이름은 잿빛 깃털을 가진 두루미라는 뜻이다. 천연기념물 제203호, 멸종 위기 야생동물 2급이다. » 198

재첩 재첩과
껍데기는 둥근 삼각형 모양이며 두껍고 단단하다. 색깔은 황갈색이지만 서식지에 따라 다양하다. 성장맥이 굵고 뚜렷하며 규칙적이다. 강, 저수지, 하구 등에서 관찰된다. » 150

저어새 저어새과
여름 철새로 몸이 흰색이고 부리는 넓적한 주걱 모양이며 다리는 검은색이다. 또한 부리와 눈 둘레는 검은색이다. 서해안 갯벌, 논, 하구 등에서 어류, 갑각류 등을 잡아먹는다. 먹이를 찾을 때 부리를 좌우로 젓는 모습에서 붙인 이름이다. 천연기념물 제205-1호, 멸종 위기 야생생물 1급이다. » 185
**비슷한 종: 노랑부리저어새는 부리가 노란색이다.

적갈색긴가슴잎벌레 잎벌레과
몸이 적갈색이고 앞가슴이 길어 '적갈색긴가슴잎벌레'라고 한다. 다리, 겹눈, 더듬이는 검은색이다. 5~8월에 풀밭에 있는 닭의장풀에서 관찰된다. » 77

적갈어리왕거미 왕거미과
몸이 전체적으로 적갈색을 띠어 '적갈어리왕거미'라고 한다. 8~10월에 산과 들의 활엽수나 풀줄기 사이에 둥근 그물을 치고 먹이를 기다린다. » 214

전복 전복과
껍데기는 한 장이며, 모양은 타원형으로 표면이 거칠고 가장자리를 따라서 구멍이 줄지어 나 있다. 껍데기 표면에 다양한 생물이 붙어 있다. 특히 안쪽은 광택이 고와 예부터 여러 공예품의 재료와 장식품으로 쓰이고 있다. 수심 5~50미터의 바위 등에서 해조류를 주로 먹으며 산다. » 128

점망둑 망둑어과
몸은 원통형이고 머리가 납작하다. 전체적으로 황갈색에 갈색 점무늬가 넓게 퍼져 있다. 꼬리와 몸통이 만나는 부분에 커다란 검은색 점이 있다. 갯바위 주변, 갯벌 웅덩이 등에서 관찰된다. » 143

점박이송장벌레 송장벌레과
딱지날개에 움푹움푹 들어간 작은 점이 빽빽하게 있어 '점박이송장벌레'라고 한다. 4~10월에 산이나 들에 있는 죽은 동물에서 관찰된다. » 66

점박이염소하늘소 하늘소과
얼굴 생김새가 염소를 닮았으며 딱지날개 위에 검은색 점이 세 쌍 있어 '점박이염소하늘소'라고 한다. 더듬이가 매우 길다. 4~8월에 불빛에 잘 날아들고 애벌레는 뽕나무를 먹는다. » 74

점흑다리잡초노린재 잡초노린재과
뒷다리 넓적다리마디 안쪽에 검은 무늬가 있어 '점흑다리잡초노린재'라고 한다. 막질부가 투명해 배 윗면이 잘 보인다. 4~10월에 풀밭에서 관찰된다. 식물의 즙을 빨아 먹는다. » 81

제비 제비과
여름 철새로 몸의 윗면은 푸른 광택이 있는 검은색이고 아래는 흰색이다. 바깥쪽 꼬리깃이 길게 나와 있다. 농경지, 마을 등에서 곤충류, 거미류 등을 잡아먹는다. '접-접-접' 하며 우는 새라는 옛말 '져비'가 '제비'로 바뀌었다. » 197

제비나방 제비나방과
앞날개 끝 부분이 갈고리 모양이다. 날개에 있는 여러 개의 회색 띠무늬가 날개 모서리 부분에서 만난다. 5~8월에 숲이나 풀밭에서 관찰된다. 애벌레는 박주가리를 먹는다. 제비나방과의 한 종이라 '제비나방'이라는 이름을 붙였다. 제비나방과의 나방들은 대체로 제비를 닮았다. » 62

제비나비 호랑나비과
날개 앞면에 청색 비늘가루가 있다. 4~9월에 집 주변, 공원 등에서 관찰된다. 주로 촉촉하게 젖은 땅바닥에서 물을 먹는다. 애벌레는 산초나무, 탱자나무 등의 잎을 먹는다. 일정한 영역을 활동 무대로 정하고 다른 나비가 들어오면 쫓아내기도 한다. 생김새가 제비를 닮았다고 하여 '제비나비'라고 한다. » 51

제비말매미충 매미충과
몸 윗면이 진한 청색이다. 6~9월에 풀밭에서 주로 관찰되며 쑥, 취 등의 즙을 빨아 먹는다. 앞날개를 펼치고 앉는 경우가 많은데 그 모습이 제비를 닮아 '제비말매미충'이라고 한다. » 86

조무래기따개비 조무래기따개비과
우리나라 연안에서 아주 흔하게 발견되는 종으로, 군체(많은 개체 수가 모여 한 몸을 이루어 살아가는 집단)를 이루어 바위 표면 전체를 덮기도 한다. 껍데기는 밝은 회색이거나 흰색이다. 갯벌의 갯바위나 방파제에서 관찰된다. 작다는 의미에서 '조무래기'라는 이름이 붙었다. » 138

족제비 족제비과
황적갈색 긴 몸에 꼬리가 굵고 길며 얼굴이 작다. 주로 쥐나 작은 새를 잡아먹고 간혹 농촌에서는 닭을 죽이기도 한다. 산림, 하천변, 농경지 등에서 산다. 옛말 '쪽겨비'에서 변한 이름이다. » 206

좀남색잎벌레 잎벌레과
몸이 진한 남새이고 크기가 작아 '좀남색잎벌레'라고 한다. 3~5월에 풀밭에 있는 소리쟁이에서 관찰된다. 애벌레와 성충이 무리 지어서 소리쟁이 잎을 먹는다. » 78

좀도요 도요과
나그네새로 도요류 가운데 가장 작다. 여름에 등 쪽은 적갈색과 검은색을 띠고, 아랫면은 흰색을 띤다. 겨울에는 적갈색이 사라지거나 연해진다. 부리와 다리는 검은색이다. 간척지, 갯벌, 하구에서 갑각류, 연체동물, 갯지렁이 등을 잡아먹는다. » 186

좀뒤영벌 꿀벌과
암컷의 몸은 검은색이고 배 끝은 적갈색이다. 수컷은 황색이고 배 끝은 주황색이다. 6~8월에 꽃을 옮겨 다니며 꽃가루와 꿀을 모은다. 뒤영벌은 뒤웅박 같은 애벌레 집, 또는 몸집이 뚱뚱해 뒤웅박을 닮았다는 뜻으로 붙인 이름이며, '좀'은 덩치가 작다는 뜻이다. » 102

좀말벌 말벌과
홑눈 주변이 검은색이다. 4~10월에 마을 주변, 야산 등에서 관찰된다. 대부분 관목 가지에 벌집을 짓는다. 곤충, 과일즙, 나무 수액 등을 먹고 애벌레에게는 곤충을 사냥해서 경단으로 만들어 먹인다. 말벌 가운데 덩치가 작아서 '좀말벌'이라고 한다. » 101

좀사마귀 사마귀과
앞다리 넓적다리마디와 종아리마디 안쪽에 검은색 무늬가 있다. 8~11월에 풀밭, 화단 등에서 관찰된다. 곤충이나 작은 동물을 잡아먹는다. 덩치가 작아 '좀사마귀'라고 한다. » 94

종다리 종다리과
텃새로 몸의 윗부분은 회갈색 바탕에 검은색 줄무늬가 있고 아랫부분은 흰색에 가까운 밝은 황갈색이다. 개활지, 밭 주변, 매립지 등에서 곤충, 씨앗, 거미류 등을 먹는다. '종달종달' 운다고 '종다리', '종달새' 또는 '노골노골 지리지리' 운다고 '노고지리'라고도 한다. » 196

주둥무늬차색풍뎅이 풍뎅이과
딱지날개에 흰색 털로 된 점무늬가 박혀 있다. 5~6월에 산길, 숲 속 등에서 관찰된다. 밤에 주로 활동하며 불빛에 잘 모인다. 애벌레는 식물의 뿌리, 성충은 식물의 잎을 먹는다. » 68

주둥이노린재 노린재과
앞가슴등판 양 끝에 침 모양의 돌기가 있다. 3~11월에 숲, 풀밭 등에서 관찰된다. 곤충이나 애벌레를 잡아 체액을 빨아 먹는다. 주둥이가 보통 노린재에 비해 커서 '주둥이노린재'라고 한다. » 83

주름개미 개미과
머리와 가슴에 세로줄의 주름이 많아 '주름개미'라고 한다. 3~11월에 풀밭, 공원, 화단, 공터 등에서 주로 관찰된다. » 103

주홍긴날개멸구 긴날개멸구과
몸은 주홍색이며 날개가 몸에 비해 매우 길어 '주홍긴날개멸구'라고 한다. 6~9월에 건조한 숲이나 풀밭에서 볼 수 있으며 칡의 즙을 빨아 먹는다. » 87

주홍더부살이거미 꼬마거미과
배는 주홍색이며 뒤쪽 끝이 솟아 있어 옆에서 보면 삼각형처럼 보인다. 7~9월에 왕거미, 호랑거미, 무당거미 등의 그물에 살면서 걸린 먹이를 훔쳐 먹는다. 이처럼 다른 거미의 줄에서 더부살이하는 주홍색 거미이므로 '주홍더부살이거미'라고 한다. » 216

주홍박각시 박각시과
몸이 주홍색이라 '주홍박각시'라고 하며 7~9월에 주로 관찰된다. 애벌레는 봉숭아, 털부처꽃 등을 먹는다. 애벌레는 눈알 무늬가 있어 뱀처럼 보인다. » 59

줄검은들명나방 명나방과
검은색 날개에 황백색 줄무늬가 있어 '줄검은들명나방'이라고 한다. 5~10월에 낮에도 활발히 활동하며 꽃 꿀을 빤다. 애벌레는 고추나무의 잎을 먹는다. » 63

줄납자루 잉어과
납자루류 가운데 체형이 가장 갸름하다. 몸은 푸른색 바탕에 등 쪽은 어둡고 배는 은백색이다. 입수염이 한 쌍 있다. '줄납자루'라는 이름에 걸맞게 옆줄이 선명하고 암청색 줄무늬가 여러 줄 있다. 긴 산란관을 이용해 조개 몸 안에 알을 낳는다. 펄과 자갈이 섞여 있고 수심이 깊지 않은 하천과 저수지에 살며 수서곤충, 부착 조류 등을 먹는다. » 114

줄노랑흰애기자나방 자나방과
몸은 흰색이고 날개에 연한 노란색 물결무늬가 있어 '줄노랑흰애기자나방'이라고 한다. 5~10월에 평지의 풀밭에서 주로 관찰된다. 애벌레는 왕벚나무 등의 잎을 먹는다. » 61

줄박각시 박각시과
가슴에 밝은 황색 세로줄이 두 줄 있고 배의 옆면에 금색 광택이 있다. 5~9월에 주로 관찰된다. 애벌레는 머루, 포도 등을 먹는다. 몸의 등 쪽과 날개에 줄무늬가 있어 '줄박각시'라고 한다. » 59

줄베짱이 여치과
머리부터 날개 접합부까지 줄무늬가 있어 '줄베짱이'라고 한다. 더듬이는 연한 갈색이다. 7~11월에 야산, 풀밭, 관목 위 등에서 관찰된다. 여러 가지 식물을 먹는다. » 93

줄새우 징거미새우과
몸은 연한 갈색 또는 회백색이고 몸 전체에 진한 갈색 줄무늬와 점무늬가 있다. 집게다리는 크지 않지만 잘 발달되어 있다. 다리마디에 노란색 반점이 있다. 이마에 있는 뿔이 수평으로 뻗어 있고 위쪽에 톱니가 4~8개 있다. 수초가 많은 하천, 호수 등에서 관찰된다. » 151

줄연두게거미 게거미과
몸은 연두색을 띤다. 5~10월에 산과 들에서 식물의 잎에 머물면서 파리나 개미 등을 잡아먹는다. 연두색

몸에 수컷의 배 옆쪽에 검은색 줄이 있어 '줄연두게거미'라고 한다. » 218

줄장지뱀 장지뱀과
비늘이 거칠고 뚜렷하지만 아무르장지뱀보다 조밀하고 작아 보인다. 콧구멍에서 몸통과 꼬리에 이르기까지 몸의 옆면을 따라 백색과 황백색의 선명한 줄무늬가 있으나 어린 개체에는 보이지 않는 경우도 있다. 아무르장지뱀과는 달리 서혜인공은 보통 한 쌍이다. 산림, 계곡, 하천, 농경지 주변에서 곤충류, 거미류 등을 잡아먹는다. » 168~169

줄점불나방 불나방과
날개에 검은색 점무늬가 줄지어 있어 '줄점불나방'이라고 한다. 6~9월에 풀밭이나 숲에서 주로 관찰되고 불빛에 잘 날아든다. » 59

줄점팔랑나비 팔랑나비과
뒷날개 아랫면에 흰색 점 네 개가 줄지어 있어 '줄점팔랑나비'라고 한다. 5~11월에 공원과 하천 주변의 풀밭 등 꽃이 있는 곳에서 흔히 관찰되며, 가을에 개체 수가 늘어난다. 애벌레는 벼, 강아지풀 등을 먹는다. » 57

중국청람색잎벌레 잎벌레과
몸은 통통한 편이며 광택이 화려한 남색이다. 4~10월에 들에 있는 박주가리, 고구마 등에서 생활하며 잎을 갉아먹는다. 중국에서 처음 관찰되었고 몸 색이 청람색이라 '중국청람색잎벌레'라고 한다. » 77

중대백로 백로과
여름 철새로 몸은 흰색이며 번식기에는 등 쪽에 장식깃이 생긴다. 부리는 여름에는 검은색, 겨울에는 노란색을 띠며 눈 앞쪽으로 녹색 피부가 느러나 있다. 겨울철에는 중대백로와 비슷한 대백로가 관찰된다. 논, 하구, 호수, 해안에서 어류, 양서류, 갑각류 등을 잡아먹는다. '백로'는 흰 새를 의미하며 덩치가 큰 편이어서 '중대백로'라고 한다. » 184

중부리도요 도요과
나그네새로 부리는 길고 아래로 휘어져 있다. 몸은 갈색이며 흰색 반점이 있다. 머리 양쪽에 검은색 띠가 있다. 갯벌, 간척지, 하구에서 갑각류, 갯지렁이, 어류, 조개류를 잡아먹는다. 도요류 중에서 부리 길이가 중간 정도 되어 붙인 이름이다. » 187

쥐머리거품벌레 쥐머리거품벌레과
머리는 검고 몸은 황갈색, 적갈색, 검은색 등 변이가 심하다. 5~9월에 숲이나 풀밭에서 주로 관찰되며 버드나무 잎을 먹는다. 머리 모양이 쥐를 닮아 '쥐머리거품벌레'라고 한다. » 87

지이어리왕거미 왕거미과
머리가슴은 적갈색이고 배 윗면은 황갈색, 검은색, 갈색, 흰색 등 복잡한 무늬가 있으며 변이가 심하다. 7~9월에 산과 들의 나무나 풀줄기 사이에 커다란 둥근 그물을 친다. » 214

직박구리 직박구리과
텃새로 몸은 회갈색이고 머리는 회백색이다. 뺨은 진한 갈색이고 날개와 꼬리는 짙은 회색으로 긴 편이다. 사람을 무서워하지 않아 산림보다는 주거지에서 곤충류, 거미류, 과일 등을 먹는다. » 194

진강도래 강도래과
날개는 연한 갈색으로 투명하고 다리는 주황색으로 중간에 검은색 무늬가 있다. 4~8월에 하천 주변에서 관찰되고 불빛에 잘 모인다. » 109

진노란잠자리 잠자리과
성숙하면 몸 전체가 진한 노란색이 되므로 '진노란잠자리'라고 한다. 6~11월에 연못, 습지, 산지 등에서 관찰된다 날개돋이 후 산지로 이동해서 생활하다가 가을에 연못이나 습지에 돌아와 생식 활동을 한다. » 97

진박새 박새과
텃새로 머리 꼭대기와 뺨, 목 아랫부분까지 검은색이다. 등은 진한 청회색이고 배는 회백색이다. 주로 침엽수림에서 곤충류, 거미류, 침엽수 열매를 먹는다.
» 191

진주배말 삿갓조개과
껍데기는 삿갓 모양이며 두껍고 단단하다. 짙은 흑갈색 바탕에 밝은색 무늬가 지저분하게 보인다. 동해와 남해 갯벌의 갯바위, 방파제 등에서 관찰된다. » 128
•• 비슷한 종: 흑색배말, 시볼트삿갓조개, 애기삿갓조개

집쥐 쥐과
사람에게 피해를 주는 쥐이다. 털은 갈색 또는 황갈색이며 꼬리가 길다. '시궁쥐'라고도 하며 사람이 먹는 것은 모두 먹을 수 있고 사납다. 집 주변, 하수구, 항구 주변 등 다양한 곳에서 관찰된다. » 207

짱뚱어 망둑어과
몸은 회청색이며 배 쪽은 연한 회청색이다. 몸 전체에 푸른색 작은 반점이 있다. 머리가 크고, 머리 꼭대기 옆으로 작은 눈이 튀어나와 있으며 눈 사이가 좁다. 등지느러미가 크고 수컷은 번식기 때 등지느러미를 펼친다. 물이 빠지면 굴에서 나와 갯벌에 있는 유기물을 걸러 먹는다. 주로 남부 지방의 갯벌 등에서 관찰된다. 눈이 튀어나왔다는 뜻의 옛말 '장뚜이'가 변한 이름이라고도 하며, 팔짝팔짝 뛰는 모습에서 붙인 이름이라고도 한다. » 142

찌르레기 찌르레기과
여름 철새로 등은 진한 회색이고 배와 허리는 회백색이다. 꼬리는 검은색이고 부리와 다리는 주황색이다. 주택 주변, 공원, 농경지에서 곤충류, 거미류, 열매 등을 먹는다. '찌르르, 찌르르' 하고 울어서 붙인 이름이라는 의견이 있다. » 197

ㅊ

참갈겨니 잉어과
전 세계적으로 우리나라에만 서식한다. 몸은 황갈색이고 가운데 청갈색 굵은 가로줄이 있으며 길고 옆으로 납작하다. 주둥이는 뭉툭하며 입은 위를 향하고 입수염은 없다. 배 쪽은 주황색이다. 참갈겨니는 갈겨니와 달리 눈동자에 붉은색 무늬가 없다. 물의 흐름이 완만한 하천의 중·상류에 살며 곤충, 수서곤충, 부착 조류 등을 먹는다. » 117
•• 비슷한 종 : 갈겨니는 눈의 위쪽이 붉은색을 띠고 있고 물의 흐름이 느린 우리나라 남부 지방에 분포한다.

참개구리 개구리과
암수에 따라 초록색 또는 갈색의 얼룩덜룩한 무늬가 등에 있다. 등 가운데 흰색 선이 있고 그 양옆으로 흰색 선이 돌출되어 있다. 옛날에는 아주 흔한 개구리였지만 요즘에는 보기 힘들다. 수컷은 볼에 울음주머니가 있어 소리 내며 운다. 논, 풀밭, 하천 주변 등에서 곤충류, 지렁이, 달팽이 등을 잡아먹는다. '개굴, 개굴' 우는 대표적인 개구리라서 '참개구리'라고 한다. » 166

참개미붙이 개미붙이과
딱지날개 기부(곤충의 부속기관에서 윗부분)는 붉은색을 띠며 뒷부분에 흰색 띠무늬가 있다. 4~8월에 나무껍질 밑에서 주로 관찰되며 곤충을 잡아먹는다. » 70

참길앞잡이 딱정벌레과
몸은 녹청색 또는 구릿빛이 감도는 검붉은색이고 딱지날개에 흰색 반점이 있다. 6~8월에 강이나 계곡의 모래밭에서 관찰된다. 애벌레는 모래밭에 굴을 파고 살며 지나가는 곤충을 잡아먹는다. » 64

참마자 잉어과

몸이 길고 뒤쪽은 옆으로 납작하다. 누치와 비슷하지만 크기가 작고 주둥이는 더 뾰족하고 길다. 가늘고 긴 입수염이 한 쌍 있다. 몸은 전체적으로 은갈색이고 옆에 검은색 작은 점이 여덟 줄가량 줄지어 나 있다. 모래와 자갈이 많은 맑은 하천의 중·상류 여울 등에서 살며 수서곤충, 부착 조류 등을 먹는다. '매자, 마자'라고도 한다. » 116

참매 수리과

텃새로 대체로 등은 어두운 청회색이고 가슴은 흰색 바탕에 검은색 가로 줄무늬가 있다. 두툼한 흰색 눈썹선이 선명하다. 매보다 덩치가 크고 예부터 꿩 사냥을 잘해 진정한 매라는 뜻으로 붙인 이름이다. 천연기념물 제323-1호, 멸종 위기 야생생물 2급이다. » 193

참매미 매미과

7~9월에 공원, 마을 주변 등에서 주로 볼 수 있으며 나무의 수액을 빨아 먹는다. 수컷만 '맴-맴-맴-' 소리를 낸다. 한번 울고 나면 이동하는 습성이 있다. 매미라는 이름은 이 울음소리에서 따왔다. 그래서 '진짜 매미'라는 뜻으로 '참매미'라고 한다. » 85

참밑들이 밑들이과

수컷이 배를 갈고리처럼 위로 말아 올리기 때문에 밑들이라는 이름이 붙었다. 4~8월에 풀밭, 산기슭 등에서 관찰된다. 짝짓기를 할 때는 수컷이 암컷에게 먹이를 주고 암컷이 먹이를 먹는 동안 짝짓기를 한다. 작은 곤충, 식물 등을 먹는다. » 109

참범게거미 게거미과

배 뒤쪽이 뿔 모양으로 솟아 있다. 5~8월에 산과 들에서 나무나 풀잎 위를 돌아다니며 개미 등의 곤충을 잡아먹는다. » 219

참붕어 잉어과

몸은 길고 옆으로 납작하며 주둥이가 뾰족하고 입수염은 없다. 몸은 금속성 은백색을 띠며, 수컷은 비늘의 무늬가 선명하고 암컷은 연한 색이다. 물 흐름이 거의 없는 강이나 호수에서 떼 지어 생활하며 부착 조류, 수서곤충, 물고기 알 등을 먹는다. » 115

참새 참새과

텃새로 윗면은 갈색에 검은색 줄무늬가 있고 배는 흰색이다. 머리는 적갈색이며 귀깃과 턱 밑은 검은색이다. 주거지, 농경지, 공원에서 열매나 씨앗, 곤충류, 거미류 등을 먹는다. 주변에서 흔하고 자주 보이는 새라는 뜻으로 붙인 이름이다. » 198

참실잠자리 실잠자리과

수컷은 파란색에 검은색 줄무늬가 있고 암컷은 색이 연하다. 5~9월에 연못, 하천, 얼마 동안 농사를 짓지 않는 논 등에서 관찰된다. » 100

참종개 미꾸리과

몸이 길고 입은 아래를 향하고 있으며 기다란 입수염이 세 쌍 있다. 등에 암갈색의 굵은 가로무늬가 있으며 옆줄 아래에는 뾰족한 삼각형 무늬가 톱니처럼 있다. 종개류는 무늬가 다양하고 변이가 심하여 구분하기 어렵다. 수서곤충, 부착 조류, 유기물 등을 먹는다. '종개'는 구덩이를 뜻하고, 우리나라 고유종이며 흔하다고 하여 '참' 자가 붙었다. » 118
•• 비슷한 종: 기름종개

참집게 십게과

몸을 지키려고 고둥류의 껍데기를 짊어지고 다닌다. 집게다리는 오른쪽이 왼쪽보다 크다. 몸과 다리는 작은 털로 덮여 있다. 물이 맑은 갯바위 등에서 고둥류 껍데기로 집을 삼는다는 뜻으로 '집게'라고 한다. » 137
•• 비슷한 종: 빗참집게

청개구리 청개구리과

보호색을 띠고 있으며 몸 색깔의 변화가 매우 심하지만 대부분 청색이다. 간혹 회백색과 갈색 등을 띠며 얼룩무늬를 지닌 개체도 있다. 수컷은 턱밑에 울음주머니가 있어 번식기에 큰 소리로 운다. 산지나 평지의 풀과 나무 위에서 파리, 날도래, 벌, 나비 등 곤충류와 거미류를 잡아먹는다. 몸이 푸른 청색을 띠어 붙인 이름이다. » 165

청다리도요 도요과

나그네새로 몸 윗부분이 흰색 바탕에 회색 무늬를 띠지만 번식기에는 회색 무늬가 짙어진다. 아래는 흰색이다. 부리는 검은색으로 약간 위로 휘었다. 다리가 청색을 띠어 '청다리도요'라고 한다. 해안, 습지, 논, 하구 등에서 연체동물, 갑각류, 조개류 등을 잡아먹는다. » 186

청둥오리 오리과

겨울 철새이다. 수컷은 머리가 광택이 있는 진한 녹색이고 몸은 밝은 회색이다. 암컷은 전체적으로 갈색에 검은색 줄무늬가 섞여 있다. 간척지, 습지, 하구 등에서 갑각류, 연체동물, 어류, 열매와 씨앗, 곡식 등을 먹는다. 대부분의 집오리는 청둥오리를 개량한 품종이다. 조선시대 의학서인 『동의보감』에서 청두압(靑頭鴨, 머리가 푸른 오리)이라고 한 데서 비롯된 이름이다. » 179

청딱다구리 딱다구리과

텃새로 등은 연한 녹색이고 배와 얼굴은 회색이다. 수컷은 이마가 붉은색이다. 산림이나 시골 마을 주변에서 보이며 곤충류, 거미류, 열매나 씨앗 등을 먹는다. » 192

청딱지개미반날개 반날개과

청색 빛이 도는 딱지날개가 반만 있는 것처럼 보여 '청딱지개미반날개'라고 한다. 4~11월에 계곡 주변, 썩은 식물이나 동물이 있는 곳 등에서 관찰된다. 체액에 독이 있어 피부에 닿으면 물집이 생긴다. » 66

청띠깡충거미 깡충거미과

머리가슴은 청록색이며 광택이 난다. 배 아랫부분에 검은색의 넓은 띠무늬가 있다. 6~9월, 산과 들의 바위나 땅 위에서 개미 등의 곤충을 잡아먹는다. 배갑 앞쪽에 청록색 털이 띠무늬를 이루고 있어 '청띠깡충거미'라고 한다. » 220

청띠신선나비 네발나비과

날개 윗면 가장자리에 청색 띠가 있다. 6월에서 이듬해 4월에 산, 공원, 하천 주변 등에서 관찰되며 참나무 수액이나 썩은 과일 등에 잘 모인다. 애벌레는 청가시덩굴, 청미래덩굴 등을 먹는다. 날개에 청색 띠가 있는 나비가 신선처럼 숲 속을 날아다닌다고 하여 '청띠신선나비'라고 한다. » 53

청띠제비나비 호랑나비과

날개 가운데에 가로지르는 뚜렷한 청색 띠무늬가 있고 제비를 닮아 '청띠제비나비'라고 한다. 5~9월에 남해안과 제주도, 울릉도 등 상록활엽수림에서 주로 볼 수 있다. 애벌레는 후박나무, 녹나무 등의 잎을 먹는다. » 50

청띠호리먼지벌레 딱정벌레과

딱지날개에 청색 띠가 있고 날씬해서 '청띠호리먼지벌레'라고 한다. 주로 습지 주변에서 생활하며 곤충의 애벌레나 죽은 동물을 먹는다. » 65

청분홍메뚜기 메뚜기과

뒷다리 종아리마디에 청색과 분홍색이 섞여 있어 '청분홍메뚜기'라고 한다. 6~10월에 해변이나 강변, 논과 밭 등 주로 건조한 풀밭에서 관찰된다. » 89

청설모 다람쥐과

청서라고도 하며 다람쥐와 비슷하게 생겼지만 몸은 잿빛 갈색, 배 쪽은 흰색이며 귀가 크다. 밤나무, 잣나무가 많은 야산에서 주로 관찰되며 잣, 밤, 호두, 도토리 등의 열매를 먹는다. 몸이 푸른빛이 감도는 쥐라는 뜻에서 한자어로 '청서'라고 하며, '청설모'는 청서

의 털을 가리킨 것에서 유래했다. » 207

청줄보라잎벌레 잎벌레과
등면은 초록색 또는 자주색 금속 광택을 띠며 붉은색 세로 줄무늬가 두 줄 있어 '청줄보라잎벌레'라고 한다. 5~8월에 산이나 들에 있는 층층이꽃, 들깨, 쉽싸리 등에서 관찰된다. » 77

청줄하늘소 하늘소과
딱지날개에 청록색 세로줄이 있어 '청줄하늘소'라고 한다. 6~8월에 자귀나무에서 관찰된다. 애벌레는 자귀나무를 먹는다. » 73

총알고둥 총알고둥과
껍데기는 회갈색이며 둥근형이고 매우 단단하며 돌기가 있다. 식물을 먹이로 하고 서해와 남해의 갯벌이나 갯바위 윗부분 등에서 흔히 관찰된다. 작고 둥근 껍데기 모양이 총알처럼 생겨서 붙인 이름이다. » 129

총채민강도래 민강도래과
날개맥이 뚜렷하고 날개 옆면 테두리가 황색을 띤다. 5~9월에 계곡, 하천 주변 등에서 관찰된다. 애벌레는 물속의 작은 생물을 잡아먹는다. 애벌레의 가슴에 있는 기관아가미의 모양이 총채처럼 생겨서 '총채민강도래'라고 한다. » 109

칠게 달랑게과
집게다리는 안쪽으로 굽이 있으며 갯벌 바닥에 구멍을 파고 떼 지어 산다. 썰물 때 갯벌에 나와 집게다리로 갯벌에 있는 규조류를 긁어먹는다. 몸이 어두운 갈색이라 갯벌과 구분하기 어렵다. 물이 빠진 갯벌에서 대규모로 관찰되지만 최근에는 마구 잡아들여 개체 수가 빠르게 줄어들고 있다. » 134

칠성무당벌레 무당벌레과
몸은 붉은색이며 딱지날개에 검은색 점 일곱 개가 별처럼 있어 '칠성무당벌레'라고 한다. 4~10월에 산과 들의 풀밭에서 생활하며 진딧물을 잡아먹는다. » 71

칠성풀잠자리 풀잠자리과
얼굴과 목에 검은색 점이 일곱 개 있고 몸이 초록색이어서 '칠성풀잠자리'라고 한다. 날개는 투명하고 몸에 비해 큰 편이다. 5~9월에 풀밭에서 볼 수 있다. 애벌레는 진딧물 등 작은 곤충을 잡아먹는다. » 108

ㅋ

칼납자루 잉어과
몸은 옆으로 넓적하고 입가에 입수염이 한 쌍 있다. 몸 색깔은 황갈색 또는 짙은 자갈색이고 배 쪽은 연한 색이다. 지느러미 가장자리는 흑갈색이 선명하다. 수컷은 암컷보다 색이 진하고 세로띠가 있다. 긴 산란관으로 조개 몸 안에 알을 낳는다. 물의 흐름이 느린 얕은 하천이나 강에서 가까운 연못에 살며 수서곤충, 부착 조류 등을 먹는다. 몸이 칼 모양으로 납작하다고 하여 붙인 이름이다. » 114

콩새 되새과
겨울 철새로 전체적으로 몸이 황갈색을 띠며 부리는 두툼하고 크다. 배 쪽은 연한 황색이다. 턱 밑, 부리 기부와 눈 주변이 검은색이다. 야산, 정원, 숲가에서 열매나 씨앗, 곤충류 등을 먹는다. 겨울철에는 곡물을 먹기도 하는데, 특히 콩을 잘 먹어 붙인 이름이다. » 196

콩중이 메뚜기과
앞가슴등판이 높게 솟아 있다. 뒷날개는 선명한 노란색이며 중간에 검은색 띠무늬가 있다. 7~10월에 건조한 풀밭 등에서 관찰된다. 주로 벼과 식물을 먹는다. 팥중이와 비슷하게 생겨 '콩중이'라고 한다. » 89

콩풍뎅이 풍뎅이과
몸은 광택이 나는 검은색이다. 5~10월에 산과 들, 풀밭 등에서 관찰된다. 콩과 식물의 꽃에 많이 모여 '콩풍뎅이'라고 한다. 애벌레는 식물의 뿌리, 성충은 여러 가지 꽃잎을 먹는다. » 68
**비슷한 종: 참콩풍뎅이

크로바잎벌레 잎벌레과
딱지날개는 검은색이며 기부에 황백색 점이 한 쌍 있다. 5~9월에 풀밭에서 관찰되며 토끼풀, 개자리 등을 먹는다. 토끼풀(크로바)을 먹어 '크로바잎벌레'라고 한다. » 79

큰검정파리 검정파리과
몸은 광택이 나는 남색이다. 3~11월에 산과 들에서 흔히 관찰된다. 겨울에도 햇빛이 비치는 따뜻한 곳에서 볼 수 있다. 죽은 동물, 똥 등을 먹는다. 덩치가 커서 '큰검정파리'라고 한다. » 107

큰검정풍뎅이 검정풍뎅이과
검정풍뎅이와 비슷하지만 덩치가 더 커서 '큰검정풍뎅이'라고 한다. 4~9월에 활엽수림에서 관찰되며 밤이 되면 불빛에 잘 모인다. 애벌레는 묘목의 뿌리를 먹어 농작물에 피해를 주기도 한다. 성충은 식물의 잎을 먹는다. » 67

큰고니 오리과
겨울 철새로 몸 전체가 흰색이며 다리는 검은색이다. 부리는 기부에서 콧구멍 뒤쪽까지 노란색이며 부리 끝과 아랫부리는 검은색이다. 고니보다 부리의 노란색 부분이 조금 넓다. 간척지, 갯벌, 하구, 습지 등에서 씨앗, 물풀, 열매를 먹거나 갑각류, 무척추동물, 작은 물고기 등을 잡아먹는다. 천연기념물 제201-2호, 멸종 위기 야생생물 2급이다. 고니를 흔히 '백조'라고 하는데 백조는 일본에서 붙인 이름이다. » 179

큰광대노린재 광대노린재과
금속 광택이 매우 강해 햇빛의 각도에 따라 여러 가지 색으로 보인다. 5~11월에 산기슭, 숲 속 등에서 볼 수 있다. 회양목, 측백나무 등의 수액을 빨아 먹는다. 광대노린재보다 덩치가 커서 '큰광대노린재'라고 한다. » 82

큰구슬우렁이 구슬우렁이과
껍데기는 둥글 납작하고 밝은 황갈색이다. 여름과 가을에 엎어놓은 사발 모양의 알주머니를 만든다. 발 근육으로 조개를 잡아 껍데기에 구멍을 뚫고 살을 먹는다. 모래나 모래질이 많은 갯벌 또는 수심 약 30미터 연안 등에서 관찰된다. » 129

큰기러기 오리과
겨울 철새로 몸 전체가 진한 갈색이다. 부리는 검은색이고 끝 부분에 노란색 띠가 있다. 배는 옅은 갈색으로 무늬가 없다. 다리는 주황색이다. 간척지, 논, 하구, 습지 등에서 곡식, 물풀을 먹거나 갑각류, 무척추동물, 작은 물고기를 잡아먹는다. » 179

큰남생이잎벌레 잎벌레과
딱지날개는 광택이 나며 검은색과 황백색 얼룩무늬이다. 몸 가장자리는 투명하다. 4~9월에 숲에서 관찰되며 작살나무의 잎을 먹는다. 덩치가 크고 생김새가 남생이를 닮아서 '큰남생이잎벌레'라고 한다. » 79

큰납지리 잉어과
납자루류 가운데 가장 큰 종으로 몸이 넓적하고 위아래 폭이 넓다. 등 쪽은 녹갈색이고 배 쪽은 은백색이다. 옆구리 뒤쪽으로 흑청색의 세로띠가 있다. 긴 산란관으로 조개 몸 안에 알을 낳는다. 물 흐름이 느린 하천이나 수초가 많은 호수에 살며 유기물이나 부착조류 등을 먹는다. » 115

큰넓적송장벌레 송장벌레과
크고 넓적하게 생겨서 '큰넓적송장벌레'라고 한다. 6~11월에 산이나 들에서 관찰된다. 죽은 동물이나 똥, 쓰레기 더미 등에 모인다. » 66

큰뒷부리도요 도요과

나그네새로 번식기에는 몸 전체가 적갈색이며 등 쪽에 검은 반점이 있다. 비번식기에는 회갈색으로 변하고 배는 흰색이다. 갯벌, 하구에서 수서무척추동물, 갯지렁이, 곤충류, 조개류 등을 잡아먹는다. 부리가 크고 위로 휘어져 있어 '큰뒷부리도요'라고 한다. » 187

큰딱부리긴노린재 긴노린재과

눈이 크고 튀어나와 '큰딱부리노린재'라고 한다. 머리는 주홍색이며 폭이 매우 넓다. 앞날개 막질부는 투명하다. 5~11월에 풀밭에서 관찰된다. 곤충, 식물의 즙을 빨아 먹는다. » 80

큰멋쟁이나비 네발나비과

뒷날개 윗면이 흑갈색이다. 5~10월에 산, 공원, 하천 주변 등의 꽃이나 참나무 수액, 썩은 과일, 똥 등에서 관찰된다. 애벌레는 거북꼬리, 모시풀, 느릅나무 등을 먹는다. 멋쟁이나비보다 좀 더 커서 '큰멋쟁이나비'라는 이름이 붙었다. » 53

큰명주딱정벌레 딱정벌레과

몸은 구릿빛 광택이 나는 검붉은색이며 딱지날개에 각각 세 줄씩 홈이 파여 있다. 4~10월에 섬, 산과 들, 마을 주변 등에서 관찰된다. 밤에 돌아다니며 곤충의 애벌레를 잡아먹고 죽은 동물에도 잘 모인다. 성충은 떼로 모여 소란스럽게 운다. » 65

큰밀잠자리 잠자리과

성숙한 수컷은 회색이고 암컷은 노란색 무늬가 넓게 있다. 6~9월에 하천, 연못, 습지 등에서 관찰된다. 날아다니는 곤충을 잡아먹는다. 밀잠자리보다 커서 '큰밀잠자리'라고 한다. » 96

큰뱀고둥 뱀고둥과

껍데기는 석회질이며 둥글거나 똬리 형태로 매우 단단하다. 평생 움직이지 않고 바위에 단단하게 붙어 있으며 유기물을 먹고 산다. 주로 바위가 많은 해안에서 관찰된다. 생김새가 뱀처럼 똬리를 틀고 있어 붙인 이름이다. » 130

큰부리까마귀 까마귀과

온몸이 검은색이고 부리가 매우 크고 두툼하여 '큰부리까마귀'라고 한다. 이마가 볼록하여 머리와 부리가 거의 직각을 이룬다. 번식기에는 산림에서 관찰되고 겨울철에는 시골 마을 주변, 농경지, 하천 등에서 설치류, 조류, 양서류, 파충류 등 작은 동물을 잡아먹거나 채소, 과일이나 열매, 음식물 찌꺼기 등을 먹는다. » 192

큰새똥거미 왕거미과

나뭇잎 위에 있으면 새똥처럼 보인다. 7~9월에 산기슭 등에서 둥근 그물을 치고 먹이를 기다린다. 그물 근처에 황갈색 방추형 알주머니가 매달려 있다. 새똥을 닮은 거미 가운데 큰 편이어서 '큰새똥거미'이다. » 215

큰실베짱이 여치과

더듬이는 검은색이고 흰색 고리 무늬가 있다. 머리부터 날개 접합부까지 적갈색을 띤다. 7~11월에 덤불, 관목 위에서 관찰된다. 여러 가지 식물을 먹는다. 실베짱이류 가운데 덩치가 커서 '큰실베짱이'라고 한다. » 93

큰유리새 딱새과 … 솔딱새과

여름 철새로 수컷의 등과 멱은 진한 청색이고 배는 흰색이다. 암컷은 전체적으로 갈색이고 배는 흰색이다. 산림의 계곡에서 곤충류, 거미류, 열매 등을 먹는다. 유리새보다 크다는 뜻으로 붙인 이름이다. » 191

큰이십팔점박이무당벌레 무당벌레과

덩치가 크고, 딱지날개에 검은색 무늬가 스물여덟 개 있어 '큰이십팔점박이무당벌레'라고 한다. 4~10월에 감자, 가지, 까마중 등에서 관찰된다. 잎을 잎맥만 남기고 먹어치워 그물처럼 만들어 놓는다. » 72

큰자실잠자리 방울실잠자리과
크기가 큰 편이고 암컷이 자줏빛을 띠어 '큰자실잠자리'라고 한다. 성숙한 수컷은 흑갈색이며 배 끝은 하늘색이다. 5~7월에 연못, 습지 등에서 관찰된다. » 100

큰조롱박먼지벌레 딱정벌레과
덩치가 크고 가슴 앞쪽과 뒤쪽이 잘록하여 전체적인 생김새가 조롱박처럼 보여 '큰조롱박먼지벌레'라고 한다. 7~8월에 바닷가 모래밭에서 주로 관찰된다. 낮에는 모래 속에 구멍을 파고 들어가 있다가 밤에 주로 활동하며 풍뎅이류의 애벌레를 잡아먹는다. » 65

큰주홍부전나비 부전나비과
수컷은 날개 가장자리를 제외하고 전체가 주황색이며 암컷은 앞날개 윗면에 검은 점무늬가 줄지어 있다. 5~10월에 논이나 풀밭 등에서 관찰된다. 애벌레는 소리쟁이 등을 먹는다. 날개 색이 주홍색이고 작은주홍부전나비보다 커서 '큰주홍부전나비'라고 한다. » 56

큰줄흰나비 흰나비과
앞날개 끝 부분과 날개맥을 따라 검은색을 띤다. 4~9월에 숲가, 계곡 주변, 풀밭 등에서 관찰된다. 애벌레는 배추, 케일, 양배추 등을 먹는다. 날개맥을 따라 검은색 줄무늬가 있고 크기가 커서 '큰줄흰나비'라고 한다. » 51

큰허리노린재 허리노린재과
앞가슴등판이 넓게 돌출하여 마치 갑옷처럼 보인다. 4~11월에 숲 속, 풀밭 등에서 관찰된다. 산딸기, 엉겅퀴 등 식물의 즙을 빨아 먹는다. 허리노린재류 중 가장 커서 '큰허리노린재'라고 한다. » 81

큰회색머리아비 아비과
겨울 철새로 동해안 항구나 바다에서 볼 수 있다. 목은 가늘고 길며 부리가 뾰족하다. 비슷한 종은 아비, 회색머리아비가 있다. 어류, 연체동물, 극피동물, 게, 새우 등을 잡아먹는다. 아비는 한자어 '아비(阿比)'를 그대로 사용한 이름이며 '머구리새'라고도 한다. » 178

ㅌ

탈장님노린재 장님노린재과
앞가슴등판에 있는 검은색 점이 탈을 쓴 모습과 비슷하여 '탈장님노린재'라고 한다. 6~10월에 풀밭, 산기슭 등에서 관찰된다. 산뽕나무, 칡 등의 즙을 빨아 먹는다. » 84

털두꺼비하늘소 하늘소과
딱지날개가 두꺼비처럼 울퉁불퉁하고 털뭉치가 나 있어 '털두꺼비하늘소'라고 한다. 4~10월에 숲에서 관찰되며 죽은 나무를 파먹는다. » 74

털매미 매미과
몸 전체에 짧은 털이 빽빽하게 나 있어 '털매미'라고 한다. 6~9월에 공원, 마을 주변, 숲 등에서 볼 수 있고 '찌이이이-' 하며 울음소리를 낸다. » 85

털보깡충거미 깡충거미과
몸 전체에 긴 털이 빽빽하게 나 있다. 5~8월에 산과 들에서 풀잎이나 나뭇잎 위를 돌아다니며 먹이를 찾는다. 털보처럼 몸에 털이 빽빽하여 이름 붙였다. » 219

털보바구미 바구미과
딱지날개 뒤쪽과 뒷다리 종아리마디에 긴 털이 나 있어 '털보바구미'라고 한다. 5~7월에 숲에서 관찰되며 식물의 잎을 먹는다. » 77

털보집갯지렁이 집갯지렁이과
모래로 된 연안에서 관찰되는 집 짓는 갯지렁이로 원

통형의 집은 3분의 1 정도만 땅 위에 노출된다. 집은 주로 조개껍데기, 온갖 잡동사니로 만들어 썰물 때 마치 쓰레기처럼 보인다. 몸 윗부분에 검은 털이 많이 나 있어 '털보'라는 이름이 붙었다. 모래와 진흙이 많은 연안에서 관찰된다. » 140
**비슷한 종: 밀짚날개집갯지렁이

톱날무늬노랑불나방 불나방과
앞날개에 붉은색 테두리가 있고 그 안쪽에 검은색 톱날 무늬가 있다. 6~9월에 숲에서 주로 관찰되고 불빛에 잘 날아든다. 애벌레는 여러 가지 식물을 먹는다. 날개에 톱날 무늬가 있어 '톱날무늬노랑불나방'이라고 한다. » 59

톱다리개미허리노린재 호리허리노린재과
애벌레는 개미와 비슷하다. 뒷다리 넓적다리마디에 톱니 모양의 돌기가 있어 '톱다리개미허리노린재'라고 한다. 1~12월(주로 성충은 5~10월에 활동)에 산과 들, 풀밭 등에서 주로 관찰된다. 콩, 칡 등 식물의 즙을 빨아 먹는다. » 82

톱사슴벌레 사슴벌레과
아래로 구부러진 큰턱에 날카로운 톱니가 있어서 '톱사슴벌레'라고 한다. 7~8월에 활엽수림에서 관찰된다. 야행성이지만 낮에도 수액에 모인다. 참나무 수액, 익은 과일 등을 먹는다. » 67

톱하늘소 하늘소과
몸은 검은색 또는 적갈색이며 앞가슴 가장자리에 톱니 같은 돌기가 있어 '톱하늘소'라고 한다. 뒷다리와 딱지날개를 비벼서 소리를 낸다. 6~9월에 활엽수림에서 참나무 수액을 먹고 불빛에 잘 날아든다. » 73

티엔무사통거미 참통거미과
눈두덩이 위에 뾰족한 돌기가 네 개 있다. 숲 속의 나무줄기나 바위 아래에서 관찰된다. » 221

ㅍ

파랑새 파랑새과
여름 철새로 몸은 녹색 빛이 도는 진한 청색이고 부리와 다리는 붉은색이다. 날 때 날개 아래 흰색 반점이 선명하게 보인다. 산림 주변, 농경지 주변 산림에서 곤충류, 거미류 등을 잡아먹는다. » 195

파리매 파리매과
배의 각 마디에 황색 가로띠가 있고 수컷은 배 끝에 흰색 털다발이 있다. 6~9월에 풀밭, 들판 공원 등에서 볼 수 있다. 매처럼 다른 곤충을 사냥해서 '파리매'라고 한다. » 107

팥중이 메뚜기과
앞가슴등판 위에 ✕ 자 무늬선이 있다. 뒷날개는 노란색 바탕에 옅은 검은색 띠무늬가 있다. 7~10월에 하천가, 풀밭 등에서 관찰된다. 여러 가지 풀을 먹는다. 몸 색이 팥 색깔처럼 칙칙하여 '팥중이'라고 한다. » 89

펄조개 석패과
껍데기는 둥근 타원형이며, 검은빛을 띠는 녹색 또는 노란색이다. 나이테처럼 가늘고 촘촘한 성장맥이 있다. 저수지, 연못, 강 등에서 관찰된다. 주로 펄이 많은 환경에서 관찰되어 붙인 이름이다. » 150

펄콩게 달랑게과
몸은 옆으로 긴 사각형이며 회갈색이다. 양쪽 집게다리는 모양과 크기가 같고 끝에 털이 있다. 다리에 적갈색 무늬가 있다. 하구나 갯벌에서 관찰된다. 펄에 살며 콩처럼 작아 '펄콩게'라고 한다. » 135

폭탄먼지벌레 딱정벌레과
위험을 느끼면 항문에서 뜨겁고 독한 가스를 뿜어내어 '폭탄먼지벌레'라고 한다. 손으로 만지면 화상을 입을 수도 있다. 죽은 동물, 지렁이 등을 먹는다. » 65

표범장지뱀 장지뱀과
몸은 황갈색이며 가장자리가 검은색이다. 안쪽에 황백색인 반점이 화려한 표범 무늬처럼 흩어져 있어 붙인 이름이다. 해안 개발과 하천 훼손으로 개체 수가 급격히 줄어들었다. 서해와 남해에 발달한 사구의 초지나 내륙의 큰 하천에서 거미류, 곤충류를 잡아먹는다. 멸종 위기 야생생물 2급이다. » 169

푸른부전나비 부전나비과
날개의 윗면이 푸른색을 띠어 '푸른부전나비'라고 한다. 날개 가장자리는 검은색이다. 3~10월에 길가나 하천 주변에서 주로 관찰된다. 애벌레는 싸리, 아까시나무, 고삼 등 콩과 식물을 먹는다. » 55

풀게 바위게과
몸 위쪽에 에이치(H)자 홈이 뚜렷하다. 집게다리는 크고 밝은색이며 검은색 반점이 있다. 색깔이 매우 다양하며, 수컷의 집게다리에는 털 뭉치가 달려 있다. 주로 물이 빠진 갯벌의 바위나 자갈이 많은 곳에서 관찰된다. » 137

풀무치 메뚜기과
녹색형과 갈색형이 있다. 큰턱 주변이 푸른색이다. 5~11월에 건조한 풀밭, 공터 등에서 관찰된다. 여러 가지 풀을 먹는다. '풀 사이에 묻혀 있다'는 뜻으로 '풀무치'라고 한다. » 89

풀색꽃무지 꽃무지과
몸이 대체로 풀색이며 꽃가루를 먹으려고 꽃에 파묻혀 있어 '풀색꽃무지'라 한다. 청색, 암갈색, 적갈색 등도 있다. 4~10월에 산과 들의 꽃에서 주로 관찰된다. 애벌레는 썩은 나무, 성충은 꽃가루를 먹는다. » 68

풀색꽃해변말미잘 해변말미잘과
우리나라 연안에서 쉽게 관찰되는 말미잘로 몸통 색은 공생하는 녹조류 때문에 녹색 또는 연두색으로 나타난다. 촉수는 흰색이고 몸통 외부에 끈적거리는 물질로 위장하거나 보호하는 물체를 붙인다. 물이 빠진 갯벌의 바위나 수심 1미터 정도의 물속에서 관찰된다. '말미잘'은 미잘(미주알), 즉 말(馬)의 항문과 닮아 붙인 이름이다. » 139

**비슷한 종: 검정꽃해변말미잘, 갈색꽃해변말미잘, 담황줄말미잘

풀색노린재 노린재과
몸이 전체적으로 초록색이라 '풀색노린재'라고 한다. 어깨 쪽이 황백색을 띠는 개체도 있다. 3~11월에 농경지, 풀밭 등에서 관찰된다. 콩, 고추 등 식물의 즙을 빨아 먹는다. » 84

풍년새우 가지머리풍년새우과
알 상태로 흙 속에서 휴면하고 있다가 환경이 좋아지면 부화하며, 빠르게 자라고 산란한 뒤 죽기 때문에 관찰하기 어렵다. 몸은 흰색이고 몸통에 기관아가미가 있으며 꼬리가 두 갈래로 갈라져 있다. 암컷은 알주머니를 달고 다닌다. 거꾸로 누워서 헤엄친다. 5~7월에 일시적으로 논에서 관찰되는데 이 새우가 많이 보이는 해에는 풍년이 든다고 해서 붙인 이름이다. » 150

풍뎅이 풍뎅이과
몸은 짙은 초록색으로 금빛 광택이 난다. 붉은색과 검붉은 색을 띠기도 한다. 산과 들, 풀밭 등에서 관찰되며 식물의 잎을 주로 먹는다. 애벌레는 식물의 뿌리를 먹는다. » 68

풍이 꽃무지과
뒤집어 놓으면 날갯짓으로 바람을 일으켜 '풍이'라고 한다. 7~8월에 산과 들, 과수원 등에서 관찰된다. 날 때 딱지날개를 닫고서 날아다닌다. 나무 수액이나 과일 등을 먹으며, 애벌레는 썩은 나무를 먹는다. » 69

플라나리아 플라나리아과
몸은 갈색으로 편평하고 길쭉하며 머리는 삼각형 모양에 점처럼 보이는 눈이 한 쌍 있다. 삼각형의 머리 끝은 더듬이 역할을 하기도 한다. 바닥에 붙어 있을

때는 끈적한 점액질을 분비하면서 미끄러지듯 이동한다. 맑은 하천이나 계곡의 돌 밑 등에서 관찰된다. 세포 재생(새로운 조직이 생겨 다시 자라남) 능력이 뛰어나 몸이 잘리면 다시 재생된다. 영어 이름을 그대로 따왔다. » 148

피라미 잉어과

몸은 길고 옆으로 납작하다. 주둥이는 뾰족하고 입은 위를 향하고 있으며 입수염이 없다. 뒷지느러미가 유난히 길다. 몸은 청록색으로 등 쪽이 진하다. 번식기가 되면 수컷은 붉은 선홍색과 청록색이 혼합된 혼인색을 띠고 지느러미가 붉게 변해 적색어(우리말로는 불거지)라고 한다. 하천의 중류나 저수지, 호수 등에 살며 잡식성으로 수서곤충, 부착 조류, 유기물 등을 먹는다. 옛 문헌에 날렵한 모양을 본떠 한자어로 '비필어', 일명 '필암이'라고 부른 데에서 유래되었다.
» 117

피라미하루살이 애벌레 피라미하루살이과

몸은 원통형이며 갈색 또는 어두운 갈색이다. 배 쪽에 달걀 모양의 기관아가미가 있고, 꼬리는 세 갈래로 갈라져 있으며 털이 나 있다. 계곡, 하천 등에서 관찰된다. 빠르게 헤엄치는 모양이 피라미 같아서 붙인 이름이다. » 152

ㅎ

하늘다람쥐 다람쥐과

다리 사이에 비막이라는 얇은 피부가 발달해 나무 사이를 활공하여 이동할 수 있다. 나무 구멍에서 새끼를 키우고 겨울잠을 잔다. 굵은 나무가 많은 산림에서 활동한다. 천연기념물 제328호, 멸종 위기 야생생물 2급이다. » 207

하늘소 하늘소과

머리의 생김새가 소를 닮았고 하늘을 날 수 있어 '하늘소'라고 한다. 몸에 회황색 털이 빽빽하게 나 있다. 6~8월에 활엽수림에서 관찰되며 밤이 되면 불빛에 잘 날아든다. 애벌레는 나무속을 파먹고 성충은 수액을 먹는다. » 72

한국강도래 강도래과

우리나라에서만 관찰되어 한국강도래라고 한다. 몸과 날개는 황갈색을 띤다. 성충은 6~8월에 계곡, 하천 주변 등에서 관찰된다. » 109

한국강도래 애벌레 강도래과

몸은 원통형이며 가슴 쪽이 납작하게 보인다. 연한 갈색과 짙은 갈색을 띠고 눈이 크며 검은색이다. 가슴 위쪽 가장자리에 짙은 갈색 테두리가 있다. 가슴 아래에는 다발 모양의 흰색 기관아가미가 있다. 산간 계곡, 하천의 중·상류에서 관찰된다. » 153
**비슷한 종: 그물강도래 애벌레

한국산개구리 개구리과

등은 황갈색과 적갈색이고 배는 흰색에 작은 반점이 있다. 보통 산개구리와 달리 주둥이 가장자리에 입술처럼 황백색의 줄무늬가 있는 것이 특징이다. 다리에는 검은색 줄무늬가 있다. 이른 봄 흐르지 않는 웅덩이에서 산란한다. 물웅덩이, 논, 농수로 주변에서 거미류, 곤충류, 지렁이 등을 잡아먹는다. 과거 아무르산개구리로 구분되었으나 우리나라에 사는 고유종으로 밝혀지면서 '한국'이라는 이름이 붙었다. » 166

한국큰그물강도래 애벌레 큰그물강도래과

비교적 덩치가 큰 대형 종이며, 몸은 갈색 또는 적갈색을 띠고 있다. 가슴마디가 사각형이고 모서리가 많이 튀어나와 갑옷을 입은 것 같다. 배는 여러 마디로 되어 있고 꼬리는 두 가닥이다. 수온이 낮은 계곡에서 주로 관찰된다. 우리나라에서 처음 관찰된 성충이 크고 날개에 그물 무늬가 있어 붙인 이름이다. » 153

한국홍가슴개미 개미과
가슴 부분이 붉은색을 띠며 우리나라에 살고 있어 '한국홍가슴개미'라고 한다. 3~11월에 울창한 숲이나 암석이 많은 지역, 등산로 등에서 관찰된다. » 103

해오라기 백로과
여름 철새로 머리와 등이 짙은 청색이 도는 검은색이며 번식기에는 흰색 댕기깃이 생긴다. 눈은 빨간색이고 다리는 노란색이다. 논, 해안, 하천, 저수지에서 어류, 양서류, 갑각류 등을 잡아먹는다. » 184

호랑거미 왕거미과
6~9월에 산기슭이나 풀밭 등에서 관찰된다. 햇볕이 잘 드는 곳에 커다란 둥근 그물을 치고 불완전한 엑스(X) 자 모양의 흰색 띠를 만든 뒤 띠 가운데에 거꾸로 매달려 있다. 배 윗면이 검은색과 노란색 줄무늬가 호랑이 무늬를 닮아 '호랑거미'라고 한다. » 214

호랑꽃무지 꽃무지과
검은색과 황색이 호랑이 무늬를 띠고 있어 '호랑꽃무지'라고 한다. 몸 전체가 황색 털로 덮여 있다. 4~8월에 산과 들의 꽃에서 관찰된다. 애벌레는 썩은 나무, 성충은 꽃가루를 먹는다. » 69

호랑나비 호랑나비과
연노란색 바탕에 검은색 줄무늬가 있다. 4~10월에 집 주변, 공원 등에서 관찰된다. 애벌레는 산초나무, 탱자나무 등의 잎을 먹는다. 날개에 있는 검은색 줄무늬가 호랑이 무늬를 닮아 '호랑나비'라고 한다. » 50
•• 비슷한 종: 애호랑나비는 호랑나비와 비슷하지만 크기가 작다.

호랑지빠귀 지빠귀과
여름 철새로 등은 황갈색이며 검은색 비늘무늬가 있다. 배는 흰색 바탕에 검은색 비늘무늬가 있다. 산림, 공원, 계곡에서 주로 지렁이, 곤충류, 거미류 등을 잡아먹는다. 주로 밤에 '휘~, 휘~' 하고 울어 '귀신새'라고도 한다. » 190

호리꽃등에 꽃등에과
몸이 가늘고 호리호리하여 '호리꽃등에'라고 한다. 가슴은 광택이 나는 구릿빛이며 세로 줄무늬가 있다. 3~10월에 산과 들에 핀 꽃에서 관찰된다. 애벌레는 진딧물을 먹고 성충은 꽃꿀 등을 먹는다. » 104

호리병벌 호리병벌과
배의 첫 마디가 자루처럼 되어 있다. 6~10월에 공원, 야산 등에서 볼 수 있다. 벽이나 바위에 진흙을 붙여 집을 짓는다. 애벌레는 나방의 애벌레, 성충은 꽃꿀 등을 먹는다. 집 모양이 호리병을 닮아 '호리병벌'이라고 한다. » 102

호박꽃과실파리 과실파리과
가슴은 검은색 바탕에 노란색 세로 줄무늬가 있으며, 배에는 검은색 가로 줄무늬가 있다. 7~10월에 호박꽃 주변에서 관찰된다. 애벌레가 호박꽃을 먹어 '호박꽃과실파리'라고 한다. » 106

호박벌 꿀벌과
암컷과 일벌의 몸은 검은색이고 배 끝은 적갈색이다. 수컷은 황색 바탕에 검은색 띠무늬가 있다. 4~10월에 꽃을 옮겨 다니며 꽃가루와 꿀을 모은다. 호박처럼 크고 뚱뚱해서 '호박벌'이라고 한다. » 102

혹바구미 바구미과
딱지날개 뒤쪽이 혹처럼 솟아 있어 '혹바구미'라고 한다. 몸은 회백색과 갈색의 비늘로 덮여 있고 항아리처럼 뚱뚱하다. 5~9월에 숲에 있는 칡이나 아까시나무 등의 잎을 먹는다. » 76

혹부리오리 오리과
겨울 철새로 몸은 흰색과 적갈색이 있고, 머리와 날개 끝이 검은색이다. 부리와 다리는 붉은색이다. 간척지, 갯벌, 하구 등에서 어류, 양서류, 연체동물, 곡식, 물풀 등을 먹는다. 번식기가 되면 수컷의 윗부리 기부가 크게 혹처럼 부풀어 올라 '혹부리오리'라고 이름을 붙였다. » 179

혹외줄물방개 물방개과
몸은 타원형이며 밝은 갈색 바탕에 검은색 줄무늬와 큰 반점이 있다. 딱지날개 양쪽 끝에 가시 같은 돌기가 나 있다. 하천, 강가 등 식물이 많은 물가에서 관찰된다. » 155

홀쭉귀뚜라미 귀뚜라미과
몸이 가늘고 날씬해서 '홀쭉귀뚜라미'라고 한다. 겹눈 뒤쪽으로 밝은 황색 줄무늬가 있다. 8~10월에 숲 속, 풀밭 등에서 관찰된다. 귀뚜라미 종류이지만 울지 않으며 여러 가지 풀을 먹는다. » 91

홍단딱정벌레 딱정벌레과
몸이 붉은색을 띠어 '홍단딱정벌레'라고 한다. 7~9월에 숲 속에서 관찰된다. 주로 밤에 활동하며 냄새로 곤충, 달팽이, 죽은 동물 등을 찾아 먹는다. » 66

홍딱지반날개 반날개과
홍색 딱지날개가 반만 있는 것처럼 보여 '홍딱지반날개'라고 한다. 머리와 가슴은 황갈색 털로 덮여 있다. 썩은 식물, 죽은 동물, 배설물 등에서 관찰되며 낮에도 활발하게 활동한다. » 66

홍비단노린재 노린재과
붉은색 바탕에 검은색 무늬가 비단처럼 고와 '홍비단노린재'라고 한다. 앞가슴등판의 검은색 방은 보통 여섯 개이지만 네다섯 개인 것도 있다. 4~10월에 농경지, 풀밭 등에서 식물의 즙을 빨아 먹는다. » 83

홍줄노린재 노린재과
몸에 주황색 세로줄이 여러 개 있어 '홍줄노린재'라고 한다. 6~10월에 농경지, 풀밭 등에서 관찰된다. 당귀, 인삼 등의 꽃과 열매에서 즙을 빨아 먹는다. » 84

홍합 홍합과
껍데기는 보라색이 도는 검은색이며 두껍다. 다른 담치류처럼 실 모양의 족사를 바위에 붙이고 무리 지어 산다. 물이 빠진 갯벌에서부터 수심 20미터 사이의 바위 등에서 관찰된다. 조갯살이 붉어서 붙인 이름이다. 우리가 홍합이라 알고 주로 먹는 것은 지중해가 고향인 '진주담치'이다. » 131

황나각다귀 각다귀과
몸은 황색이며 검은색 무늬가 있다. 다리가 매우 가늘고 길다. 5~8월에 숲이나 풀밭 등에서 관찰되며, 성충은 먹이를 먹지 않는다. » 106

황다리독나방 독나방과
앞다리의 종아리마디와 발목마디가 황색을 띠고 있어 '황다리독나방'이라고 한다. 6~7월에 관찰되며 주로 낮에 날아다녀 나비처럼 보인다. 애벌레는 층층나무, 때죽나무 등의 잎을 먹는다. » 60

황닷거미 닷거미과
몸 색과 무늬에 변이가 심하다. 6~9월에 산과 들의 풀숲 사이를 돌아다니며 먹이를 찾는다. 알주머니를 입에 물고 다닌다. 몸이 대부분 황색이라 '황닷거미'라고 한다. '닷거미'라는 이름은 닷거미과의 한 종인 '닷표늪서성거미' 암컷의 외부 생식기가 닷 모양이기 때문이다. » 216~217

황등에붙이 등에과
몸이 황백색이고 등에를 닮아 '황등에붙이'라고 한다. 몸은 털로 덮여 있으며 윤기가 난다. 8~9월에 풀밭에서 관찰된다. 암컷은 가축의 피를 빨고 수컷은 꽃가루, 수액 등을 먹는다. » 106

황로 백로과
여름 철새로 번식기에는 등과 머리, 목이 황갈색이지만 겨울에는 몸 전체가 흰색이다. 다른 백로류에 비해 목이 짧고, 황색을 띤 부리 또한 짧고 두툼하다. 논, 강, 하구에서 곤충류, 어류, 양서류, 파충류 등을 잡아먹는다. '황색의 백로'라는 뜻으로 붙인 이름이다. » 184

황새 황새과

겨울 철새로 몸은 흰색이고 날개깃은 검은색이며, 앉아 있으면 꽁지가 검은색처럼 보인다. 부리는 빨간색으로 매우 크고 굵다. 간척지, 하천, 논에서 어류, 양서류, 갑각류 등을 잡아먹는다. 황새의 '황'은 노란색을 뜻하는 것이 아니라 '크다'는 뜻의 '한'이 변한 것이다. '황소'도 누런 소가 아닌 몸집이 큰 소를 가리킨다. 천연기념물 제199호, 멸종 위기 야생생물 1급이다. » 185

황소개구리 개구리과

등은 녹색, 갈색, 황갈색으로 다양하며 흑갈색 반점이 다리까지 있다. 주둥이와 머리는 모두 녹색이다. 눈 뒤에 고막이 있으며 암컷보다 수컷이 더 크다. 북아메리카에서 서식하는 것을 식용으로 들여왔으나 우리나라 전 지역에 퍼졌다. 이에 따라 토종 생태계에 좋지 않은 영향을 미쳐 생태계 교란 야생동물로 지정되어 있다. 저수지, 하천, 강, 농수로 등에서 거미류, 곤충류, 가재, 어류, 파충류, 양서류까지 잡아먹는다. 울음소리가 황소 소리 같다고 하여 붙인 이름이다. » 167

황어 잉어과

몸은 황갈색에 유선형이고 옆으로 납작하다. 주둥이는 뾰족한 편이며, 등 쪽은 황갈색에 어두운 푸른빛이 있고 옆구리와 배는 은백색이다. 번식기가 되면 수컷은 몸에 적황색 줄무늬가 생긴다. 바다에서 살다가 자기가 태어난 강으로 돌아와서 알을 낳는다. 산란기에 암수 모두 황색으로 혼인색을 띤다고 하여 '황어'라는 이름이 붙었다. 주로 동해와 남해의 하천 하구에서 관찰된다. » 116

황조롱이 매과

텃새로 수컷의 머리와 꼬리는 청회색이고 등과 날개는 적갈색 바탕에 검은 반점이 있다. 암컷은 전체적으로 적갈색에 검은 반점이 있다. 정지 비행을 하다가 먹이를 찾으면 수직으로 내리꽂듯이 사냥한다. 농경지, 초지, 도심 공원에서 설치류, 작은 새, 곤충류 등을 잡아먹는다. 깃털이 황색인 조롱이라는 뜻으로 붙인 이름이다. 천연기념물 제323-8호이다. » 198

회색붉은뒷날개나방 밤나방과

앞날개는 회색이고 뒷날개가 붉은색이라서 '회색붉은뒷날개나방'이라고 한다. 6~8월에 관찰되며 애벌레는 버드나무, 사과나무 등의 잎을 먹는다. » 61

회양목명나방 명나방과

애벌레가 회양목 잎을 먹어 '회양목명나방'이라고 한다. 날개 안쪽은 은백색, 가장자리는 암회색이다. 5~9월에 회양목에서 볼 수 있지만 주로 잎 뒷면에 앉아 있어 눈이 잘 띄지 않는다. » 63

후투티 후투티과

여름 철새로 머리에 큰 장식깃이 있어 '추장새'라고 불리기도 한다. 머리와 등은 황갈색이고 날개는 검은색과 흰색의 가로띠가 있다. 농경지, 고목이 있는 산림 주변에서 곤충류, 거미류, 지렁이 등을 잡아먹고 특히 땅강아지를 잘 잡는다. '훗, 훗' 하고 울고 오디나무 주변에서 자주 보여 '오디'와 합친 '훗오디'가 변한 이름이다. » 195

휘파람새 휘파람새과

여름 철새로 등은 붉은색이 도는 황갈색이고 배는 황백색이다. 꼬리는 연한 적갈색이다. 하천 주변, 산림에서 곤충류, 거미류 등을 잡아먹는다. 울음소리가 휘파람 소리와 비슷하여 붙인 이름이다. » 189

흰그물왕가지나방 자나방과

더듬이는 암수 모두 빗살 모양이다. 암갈색 바탕에 흰색 그물무늬가 있고 크기가 커서 '흰그물왕가지나방'이라고 한다. 6~8월에 숲, 길가 등에서 관찰된다. » 62

흰꼬리수리 수리과

겨울 철새로 매우 큰 수리류이다. 성조는 몸이 갈색이고 머리는 밝은 황갈색이며 꼬리깃이 흰색이라 '흰꼬리수리'라고 한다. 부리는 노란색으로 매우 크다. 어린 새는 몸이 흑갈색이며 흰색이 섞여 있고 부리는 검은색이다. 주로 강 하구와 해안에서 큰 물고기나 조류를 잡아먹는다. 천연기념물 제243-4호, 멸종 위기 야생생물 1급이다. » 183

흰눈썹깡충거미 깡충거미과
수컷은 머리 앞쪽에 눈썹처럼 보이는 흰색 가로무늬가 있고, 암컷은 유(U) 자 모양의 흰색 목도리 무늬가 있다. 5~9월에 산과 들, 풀밭, 화단 등을 돌아다니며 먹이를 찾는다. 수컷의 머리 앞쪽의 무늬가 흰 눈썹 같다 하여 '흰눈썹깡충거미'라고 한다. » 219

흰눈썹황금새 딱새과 → 솔딱새과
여름 철새로 수컷은 흰색 눈썹선이 뚜렷하고 몸 아랫면이 노란색이라 '흰눈썹황금새'라고 한다. 머리와 날개, 꼬리는 검은색이다. 암컷은 등이 녹회색이고 배는 연한 노란색이다. 산림 계곡, 관목림, 야산에서 곤충류, 거미류 등을 잡아먹는다. » 191

흰독나방 독나방과
몸이 흰색을 띤 독나방의 한 종이다. 6~9월에 주로 관찰된다. 애벌레는 여러 가지 나무의 잎을 먹는다. » 60

흰띠명나방 명나방과
날개에 흰색 띠무늬가 있어 '흰띠명나방'이라고 한다. 7~10월에 낮에도 활발하게 활동하며 꽃을 찾아 꿀을 빤다. 애벌레는 시금치, 맨드라미 등을 먹는다. » 63

흰무늬왕불나방 불나방과
흰색 점무늬가 있고, 덩치가 큰 편이어서 '흰무늬왕불나방'이라고 한다. 5~9월에 주로 낮에 날아다니면서 꽃의 꿀을 빨고 밤에는 불빛에 모여든다. 애벌레는 여뀌, 고마리 등을 먹는다. » 59

흰물떼새 물떼새과
여름 철새로 몸 등은 회갈색이고 배는 흰색이다. 부리 기부에서 눈 뒤로 검은색 선이 이어져 있다. 수컷은 머리에 적갈색이 감돌지만 암컷은 그렇지 않다. 해안, 하구, 간척지에서 곤충류, 갯지렁이류, 갑각류 등을 잡아먹는다. » 185

흰발농게 달랑게과
수컷의 집게발 하나가 매우 크고 흰색이며, 크기가 다양하다. 몸은 눈 쪽이 넓은 사다리꼴 모양이고 위쪽은 회색에 검푸른 무늬가 있다. 시력이 매우 좋아 위험을 느끼면 구멍으로 빠르게 숨는다. 물이 빠진 갯벌에서 드물게 관찰된다. 멸종 위기 야생생물 2급이다. » 134

흰배지빠귀 지빠귀과
여름 철새로 등은 진한 황갈색이며 머리는 진한 청회색이다. 배는 흰색이다. 눈 테두리가 선명한 노란색이다. 산림, 계곡, 공원에서 지렁이, 곤충류, 거미류, 열매 등을 먹는다. » 190

흰부채하루살이 애벌레 납작하루살이과
몸은 납작하고 긴 꼬리가 두 개이다. 황갈색 또는 갈색이며 검은색 얼룩무늬가 있다. 배마디에는 암갈색 점이 한 쌍씩 있다. 배 쪽에 있는 흰색의 넓은 기관아가미가 부채처럼 보여서 붙인 이름이다. 물이 맑은 계곡, 하천 등에서 관찰된다. » 152
•• 비슷한 종: 부채하루살이 애벌레

흰비오리 오리과
겨울 철새로 수컷의 몸은 흰색이고 눈 주변, 댕기깃, 등, 가슴에 검은색이 있다. 암컷은 머리와 뒷목이 적갈색이고 몸은 회색이다. 하천, 하구, 해안에서 잠수하여 어류, 양서류, 갑각류, 연체동물을 잡아먹는다. » 182

흰뺨검둥오리 오리과
텃새로 몸은 밝은 갈색에 암갈색 줄무늬가 있다. 부리는 검은색이고 끝에 노란색 띠가 있다. 뺨은 밝은 색이다. 간척지, 습지, 논, 하구에서 갑각류, 연체동물, 어류, 곡식, 씨앗과 열매 등을 먹는다. 멀리서 보면 몸이 검은색으로 보이고 뺨이 흰색으로 보여 붙인 이름이다. » 180

흰뺨오리 오리과
겨울 철새로 수컷의 머리는 광택이 있는 청록색이고 뺨에 흰색 반점이 있다. 배와 옆구리는 흰색이다. 암컷의 머리는 갈색이고 몸은 회갈색이며 부리 끝이 노란색이다. 하천, 하구, 해안에서 잠수하여 어류, 갑각류, 조개류, 작은 동물 등을 잡아먹는다. » 181

흰얼굴좀잠자리 잠자리과
성숙한 수컷의 얼굴이 청백색이어서 '흰얼굴좀잠자리'라고 한다. 미성숙 개체는 배가 황색이지만 성숙할수록 붉은색으로 변한다. 6~10월에 산기슭, 풀밭, 습지 등에서 관찰된다. » 98

흰이빨참갯지렁이 참갯지렁이과
몸은 가늘고 길며 머리 쪽이 짙은 녹색이고 꼬리 쪽으로 갈수록 연한 녹색을 띤다. 다리는 투명한 흰색에 가깝다. 입에 흰 이빨이 한 쌍 있어 '흰이빨참갯지렁'이라고 한다. 진흙으로 된 갯벌에서 주로 관찰된다. » 140
* 비슷한 종: 두토막눈썹참갯지렁이는 주로 낚시 미끼로 많이 사용한다.

흰점빨간긴노린재 긴노린재과
붉은색 몸에 검은색 무늬가 있으며 막질부에 흰색 무늬가 있어 '흰점빨간긴노린재'라고 한다. 5~11월에 풀밭, 산기슭 등에서 관찰된다. 여러 가지 식물의 즙을 빨아 먹는다. » 80

흰죽지 오리과
겨울 철새로 수컷의 머리는 적갈색이고 몸통은 밝은 회색이다. 암컷은 머리와 가슴이 갈색이고 몸통은 회갈색이다. 저수지, 하구, 해안에서 잠수하여 어류, 갑각류, 조개류, 작은 동물 등을 잡아먹는다. 날갯죽지가 흰색이며 잠수하는 오리류를 대표한다. » 180~181

흰줄태극나방 밤나방과
날개는 짙은 갈색이며 앞날개 가운데에 커다란 태극무늬와 흰 줄이 있어 '흰줄태극나방'이라고 한다. 5~8월에 관찰되며 애벌레는 자귀나무, 청미래덩굴 등의 잎을 먹는다. » 61

흰줄표범나비 네발나비과
주황색 바탕에 검은색 점무늬가 표범의 무늬처럼 보이고, 날개 아랫면에 흰색 줄이 있어 '흰줄표범나비'라고 한다. 6~10월에 하천 주변, 풀밭 등의 꽃에서 관찰된다. 동물의 똥, 새똥 등에 잘 모인다. 애벌레는 제비꽃을 먹는다. » 54

흰줄푸른자나방 자나방과
몸과 날개가 푸른색이고 흰 줄무늬가 있어 '흰줄푸른자나방'이라고 한다. 5~8월에 숲에서 주로 관찰된다. 애벌레는 밤나무, 신갈나무 등의 잎을 먹는다. 자나방의 애벌레는 움직일 때 자로 재는 것처럼 움직여 '자벌레'라고 한다. » 61

흰표늑대거미 늑대거미과
배갑 가운데에 넓은 황갈색 줄무늬가 있다. 6~9월에 산지의 숲 속이나 풀밭, 낙엽 위를 돌아다니며 먹이를 찾는다. 암컷은 배에 알주머니를 달고 다닌다. » 216

사진을 제공해 주신 분들

- 구준희
    50쪽 청띠제비나비 ①, 꼬리명주나비 ①② / 51쪽 긴꼬리제비나비 ①
    52쪽 배추흰나비 ②, 굴뚝나비 ① / 54쪽 왕오색나비 ②, 흰줄표범나비 ①
    55쪽 작은주홍부전나비 ① / 58쪽 박각시 ① / 69쪽 늦반딧불이 암컷 ②
    91쪽 여치 ①② / 163쪽 대륙유혈목이 알 / 168쪽 도마뱀부치 ①②
    170쪽 까치살모사 ①② / 207쪽 등줄쥐 ①
- 김계형
    35쪽 배추흰나비 번데기, 날개돋이
    36쪽 호랑나비 날개 비늘, 호랑나비 알, 부화
    37쪽 나비와 나방 더듬이 / 38쪽 사슴벌레 날개 펼친 것
    41쪽 노랑배허리노린재 날개돋이 / 46쪽 벌의 침
    48~49쪽 모기 애벌레, 번데기, 성충, 피를 빨고 있는 모기
- 박헌우
    177쪽 시조새, 뼈 사진
- 박현규
    39쪽 방아벌레를 잡아먹는 이마무늬송장벌레
- 심헌섭
    116쪽 어름치, 왜매치 / 117쪽 미꾸라지 / 120쪽 가시고기, 둑중개 ①
- 이상철
    166쪽 북방산개구리 ① / 207쪽 등줄쥐(둥지 속 새끼와 어미)
- 이우만
    206쪽 고슴도치, 수달 / 208쪽 삵
- 이황구
    115쪽 참붕어 ②, 감돌고기 / 116쪽 모래무지 ① / 117쪽 피라미 수컷,
    120쪽 잔가시고기 / 121쪽 블루길 ①, 배스 ②
- 정광수
    44~45쪽 잠자리 한살이

감수

- 구준희(곤충)
- 송재홍(나비, 나방)
- 김원근(노린재, 딱정벌레)
- 이황구(담수어류)
- 장태호(해안동물)
- 조현덕(수서무척추동물)
- 이준호(거미)

나의 첫 생태도감 동물 편

초판 4쇄 발행일 2023년 3월 23일
초판 1쇄 발행일 2016년 3월 4일

지은이 최순규, 박지환

펴낸이 이원중
펴낸곳 지성사
출판등록일 1993년 12월 9일 **등록번호** 제10-916호
주소 (03458) 서울시 은평구 진흥로 68, 2층
전화 (02) 335-5494 **팩스** (02) 335-5496
홈페이지 www.jisungsa.co.kr **이메일** jisungsa@hanmail.net

ⓒ 최순규·박지환, 2016

ISBN 978-89-7889-313-8 (76490)

잘못된 책은 바꾸어드립니다. 책값은 뒤표지에 있습니다.

「이 도서의 국립중앙도서관 출판예정도서목록(CIP)은 서지정보유통지원시스템 홈페이지(http://seoji.nl.go.kr)와 국가자료공동목록시스템(http://www.nl.go.kr/kolisnet)에서 이용하실 수 있습니다. (CIP제어번호:CIP2016004432)」

⚠ **주의 사항**: 책장에 손을 베이지 않게, 책 모서리에 다치지 않게 주의하세요